U0524725

本书得到以下基金项目的支持:
潍坊学院2019年博士基金科研项目
"山东省农村普惠金融运行机理研究"(项目编号:2019BS22)
潍坊学院2016年优秀青年人才支持计划项目
2018年度山东省社会科学规划研究项目
"山东省农村普惠金融发展路径研究"(项目编号:18CJRJ08)

山东省农村普惠金融运行机制研究

杨婷 著

中国社会科学出版社

图书在版编目（CIP）数据

山东省农村普惠金融运行机制研究/杨婷著. —北京：中国社会科学出版社，2020.10
ISBN 978-7-5203-6826-1

Ⅰ.①山…　Ⅱ.①杨…　Ⅲ.①农村金融—研究—山东　Ⅳ.①F832.35

中国版本图书馆 CIP 数据核字（2020）第 126152 号

出 版 人	赵剑英
责任编辑	戴玉龙
责任校对	王洪强
责任印制	王　超
出　　版	中国社会科学出版社
社　　址	北京鼓楼西大街甲 158 号
邮　　编	100720
网　　址	http://www.csspw.cn
发 行 部	010-84083685
门 市 部	010-84029450
经　　销	新华书店及其他书店
印　　刷	北京明恒达印务有限公司
装　　订	廊坊市广阳区广增装订厂
版　　次	2020 年 10 月第 1 版
印　　次	2020 年 10 月第 1 次印刷
开　　本	710×1000　1/16
印　　张	18
插　　页	2
字　　数	266 千字
定　　价	98.00 元

凡购买中国社会科学出版社图书，如有质量问题请与本社营销中心联系调换
电话：010-84083683
版权所有　侵权必究

摘　　要

发展农村普惠金融是一个金融问题、经济问题，是经济在新常态背景下得以健康发展的有力保障。普惠金融可以推动经济的健康增长，这种具有包容性特征的增长能助力中国经济结构调整和发展方式的顺利转型；发展普惠金融还是一个社会问题、政治问题，是关乎农民社会福利的重大事业。基于此，中国积极发展农村普惠金融事业，农村地区的金融服务覆盖面明显提高，个人征信体系也在不断完善。然而，不应忽视的是，中国农村普惠金融发展仍存在一定欠缺。第一，信息不对称所导致的道德风险和逆向选择问题依然存在，农村金融抑制问题尚未得到有效解决。第二，尽管近年来新型农村金融机构发展迅速，然而支农效果有限，农村地区的大多数信贷仍来源于农村信用合作社，且民间借贷发展较快。第三，农村普惠金融在发展过程中仍存在路径依赖问题。因此，作为支持农村经济发展的重要力量，农村普惠金融运行机制问题，具有很强的研究价值。

首先，基于实地调研，本书分析了山东省农村普惠金融的需求和供给状况，指出了其在需求和供给层面存在的问题；其次，探究了影响山东省农村普惠金融发展的因素，从理论层面剖析了影响因素的作用机制，并通过构建计量模型对理论分析结论进行了实证验证，实证分析与理论分析结论相契合；最后，为了解决农村普惠金融的发展难题，运用博弈论方法对其发展路径的运行机制进行了深入剖析。研究结果如下：

首先，使用山东省 572 位农户的入户调查数据，考察了山东省农村普惠金融的供需状况。分析认为，山东省农村普惠金融需求得到一定程度的释放，农户小额贷款意愿有所上升，农户贷款结构趋于合理，民间金融的需求水平提升，但农村普惠金融需求抑制问题依然存在。从供给角度看，传统农村金融机构回归农村市场，新型农村金融机构发展迅猛，民间金融的支农支小作用不断增加。但仍存在传统金融机构管理机制陈旧，新型农村金融机构发展尚未成熟，民间金融缺乏有效监督等问题。总体而言，当前山东省农村普惠金融市场存在供需失衡问题，主要体现在农村普惠金融供需总额存在缺口以及农村信贷资金存在结构性失衡两个方面。

其次，构建理论模型，分析了逆向选择、道德风险和二元金融结构等农村普惠金融影响因素的作用机制。同时，对数理模型结论进行了实证验证。通过构建Logistic模型，发现农户家庭年收入水平，是否拥有信用卡、是否拥有储蓄卡以及是否拥有足额有效担保等因素会导致道德风险和逆向选择问题，影响农户足额信贷的可得性。通过构建三个VAR模型验证了二元金融结构对农村普惠金融发展的影响，认为，由于二元金融结构的存在，导致农村普惠金融排斥。在道德风险、逆向选择和二元金融结构的共同作用下，农村普惠金融发展状态不佳，其对农村经济发展、农户增收和城乡居民收入差距缩小的促进作用有限。实证分析结论与理论模型结论相契合。

再次，通过对农户、传统农村金融机构、新型农村金融机构、民间金融机构和政府监管部门等多方利益的博弈分析，指出了山东省农村普惠金融的发展路径：第一，通过发展农业保险、建立小组联保、引入竞争机制等举措，引导传统农村金融机构理性发展；第二，通过优化组织模式、创新经营方式、引入农业保险等措施，促进新型农村金融机构更好地服务农村普惠金融；第三，通过规划政府监督力度、加强立法建设等举措，促进民间金融的健康发展；第四，推动各类型金融机构的有效对接，共同服务农村普惠金融，释放被抑制的金融需求。

最后，结合上述研究的主要结论，提出合理规划政府干预强度、优化农村金融生态环境以及构建"多位一体"的农村普惠金融体系等对策建议，以促进农村普惠金融的可持续发展，为支持山东省农村社会经济发展提供强有力的支持，实现本书的研究目的。

目　　录

第一章　绪论 ································· 1

　1.1　研究背景 ······························· 1

　1.2　研究目的和研究意义 ······················· 4

　　1.2.1　研究目的 ·························· 4

　　1.2.2　研究意义 ·························· 4

　1.3　研究方法与研究思路 ······················· 5

　　1.3.1　研究方法 ·························· 5

　　1.3.2　研究思路 ·························· 6

　1.4　主要创新点 ····························· 8

第二章　文献回顾 ······························ 10

　2.1　普惠金融发展的研究综述 ··················· 10

　　2.1.1　核心概念的界定 ···················· 10

　　2.1.2　关于小额信贷与微型金融的研究 ········ 11

　　2.1.3　关于普惠金融的研究 ················ 15

　2.2　农村普惠金融相关运行机制的研究综述 ········ 19

　　2.2.1　核心概念的界定 ···················· 19

　　2.2.2　关于农村普惠金融影响因素作用机制的研究 ···· 20

　　2.2.3　关于农村普惠金融运行困境形成机制的研究 ···· 22

　　2.2.4　关于农村普惠金融发展路径运行机制的研究 ···· 24

　2.3　研究述评 ······························ 25

第三章　农村普惠金融发展的理论基础 …… 27

3.1 农村金融发展理论分析 …… 27
3.1.1 农村金融发展的三大理论流派 …… 27
3.1.2 各流派观点评析 …… 29

3.2 农村普惠金融供需理论分析 …… 31
3.2.1 农村普惠金融需求理论分析 …… 31
3.2.2 农村普惠金融供给理论分析 …… 35
3.2.3 农村普惠金融供需均衡理论分析 …… 39
3.2.4 农村普惠金融供需理论启示 …… 44

3.3 农村普惠金融运行机制的博弈论基础 …… 44
3.3.1 激励相容条件与参与约束条件 …… 45
3.3.2 路径依赖理论 …… 45
3.3.3 相关博弈模型 …… 46
3.3.4 博弈理论的运用与启示 …… 48

3.4 农村普惠金融体系的理论分析 …… 50
3.4.1 农村正规金融体系的理论分析 …… 50
3.4.2 农村非正规金融组织的理论分析 …… 53
3.4.3 农村正规金融机构与非正规金融组织的关系分析 …… 56
3.4.4 农村普惠金融体系理论研究评析 …… 61

3.5 理论研究启示 …… 62

第四章　山东省农村普惠金融运行状况分析 …… 63

4.1 现行农村普惠金融的运行机制 …… 63
4.1.1 农村普惠金融运行机制的社会目标 …… 63
4.1.2 农村普惠金融运行机制的制度创新 …… 65
4.1.3 信息成本与激励相容问题的制度安排 …… 69

4.2 山东省农村普惠金融需求状况分析 …… 70
4.2.1 农户基本收支状况分析 …… 71
4.2.2 农村普惠金融发展需求层面取得的成效 …… 76

  4.2.3　农村普惠金融需求层面存在的问题 …………… 83
4.3　山东省农村普惠金融供给状况分析 ………………………… 92
  4.3.1　农村普惠金融供给侧改革的政策与措施 ……… 92
  4.3.2　农村普惠金融供给侧改革取得的成效 ………… 97
  4.3.3　农村普惠金融供给层面存在的问题 …………… 112
4.4　山东省农村普惠金融供需均衡性分析 ……………………… 118
  4.4.1　农村普惠金融供需总额存在缺口 ……………… 118
  4.4.2　农村信贷资金存在结构性失衡 ………………… 120
4.5　本章小结 ……………………………………………………… 121

第五章　山东省农村普惠金融发展的影响因素及其作用机制分析 ……………………………………………………… 124

5.1　山东省农村普惠金融发展的影响因素分析 ………………… 124
  5.1.1　农业产业弱质性对农村普惠金融发展的
     抑制作用 ……………………………………… 125
  5.1.2　农村金融市场特点对农村普惠金融发展的
     制约作用 ……………………………………… 126
  5.1.3　相关制度不健全对农村普惠金融纵深发展的
     阻碍作用 ……………………………………… 128
5.2　山东省农村普惠金融发展影响因素的作用机制分析 …… 131
  5.2.1　逆向选择导致农村普惠金融排斥 ……………… 132
  5.2.2　道德风险抑制农村普惠金融供给 ……………… 136
  5.2.3　二元金融结构导致农村金融抑制 ……………… 140
  5.2.4　理论模型结论 …………………………………… 143
5.3　影响因素作用机制的实证分析 ……………………………… 144
  5.3.1　逆向选择和道德风险作用机制的实证分析 …… 144
  5.3.2　二元金融结构作用机制的实证分析 …………… 148
  5.3.3　实证分析结论 …………………………………… 160
5.4　本章小结 ……………………………………………………… 162

第六章 山东省农村普惠金融发展路径的机制分析
——基于博弈论 ·· 164

6.1 传统农村金融机构服务普惠金融的运行机制分析 ········ 164
  6.1.1 农村小额信贷供需双方的基本博弈模型 ············ 165
  6.1.2 农业保险与传统农村金融机构支农的博弈
     分析 ·· 169
  6.1.3 小组联保模式与传统农村金融机构
     支农的博弈分析 ····································· 171
  6.1.4 政府干预与传统农村金融机构支农的博弈
     分析 ·· 175
6.2 新型农村金融机构服务农村普惠金融的运行
  机制分析 ··· 184
  6.2.1 新型农村金融机构的市场进入博弈 ················ 185
  6.2.2 新型农村金融机构支农路径的演化博弈分析 ····· 191
6.3 新型与传统农村金融机构对接服务普惠金融的
  运行机制分析 ··· 195
  6.3.1 模型假设 ·· 196
  6.3.2 演化博弈模型的构建 ································· 197
  6.3.3 新型和传统农村金融机构策略的动态演化 ······· 199
  6.3.4 演化博弈结论 ·· 202
6.4 民间金融服务农村普惠金融的运行机制分析 ············· 203
  6.4.1 民间金融制度变迁博弈 ······························ 203
  6.4.2 民间金融机构内部博弈分析 ························ 206
  6.4.3 民间金融机构与政府的监管博弈 ·················· 209
6.5 本章小结 ··· 215

第七章 结论、政策建议与研究展望 ····························· 216

7.1 主要研究结论 ··· 216
7.2 对策建议 ··· 219
  7.2.1 合理规划政府干预的强度与路径 ·················· 219

  7.2.2 优化农村金融生态环境 …………………………… 222
  7.2.3 构建"多位一体"的农村普惠金融体系 ………… 226
 7.3 研究展望 …………………………………………………… 232

附录Ⅰ 山东省农户借贷行为调查问卷…………………………… 233

附录Ⅱ 改革开放以来中国农村金融发展历程概述……………… 240

参考文献 …………………………………………………………… 264

第一章 绪论

本章是本书绪论部分,介绍了本书的研究背景、研究目的和研究意义,评述了国内外研究动态,指明了本书的研究思路和研究方法,概述了本书可能存在的创新点。

1.1 研究背景

我国为促进农村社会经济发展,积极进行农村金融改革。2003年以前,我国的农村金融体系经历了四个阶段,分别是:单一银行体系阶段(1949年至1978年)、农村金融机构恢复成立阶段(1979—1993年)、现有农村金融体系格局形成阶段(1994—1996年)以及农村金融改革试点探索阶段(1997—2002年)。中国农村金融格局初步形成了"以合作金融为基础,商业金融与政策性金融协作分工体系"(徐忠等,2009;韩柏等,2010)[①],农村金融秩序得到了一定的整顿,然而,由于二元经济体系的存在,我国形成了二元金融结构——城市金融和农村金融,并体现出农村金融体系所谓的"系统性负投资"问题(王曙光等,2013)[②],农村金融改革并未达到理想的效果。

---

① 徐忠、张雪春、沈明高、程恩江:《中国贫困地区农村金融发展研究:构造政府与市场之间的平衡》,中国金融出版社2009年版。
韩柏、韩蕾:《农村融资体系的制度功能与重构》,《吉林金融研究》2010年第7期。
② 王曙光、王丹莉、王东宾、李冰冰、曾江:《普惠金融——中国农村金融重建中的制度创新与法律框架》,北京大学出版社2013年版。

2003年，我国启动新一轮农村金融改革，支持农村信用社等普惠金融主力机构改革以及促进农村新型金融组织发展。2005年普惠金融正式被引入中国，在此基础上"农村普惠金融"这一理念被提出。2014年中央1号文件提出"大力发展农村普惠金融"，2015年的1号文件进一步指出要"强化农村普惠金融"。普惠金融最重要的任务之一就是为"三农"提供金融服务，普惠金融的"根"位于农村（杜晓山，2014）①。为了促进农村普惠金融发展，中国人民银行积极实践，开展农村金融机构网点信息化建设，并推动农村小额贷款业务发展。随后中国农村普惠金融得到了一定的发展。首先，基本实现家家有账户，财政补贴直接到户。根据央行数据，截至2015年，农村地区个人银行结算账户达到33.04亿户，按照国家统计局2012年农户户数2.68亿户的统计数据，农户基本都有银行账户。其次，农村金融覆盖面明显提高。截至2015年末，农村地区共有99.75万个助农取款服务点，共覆盖53.49万个村级行政区，覆盖率大于90%，大大便利了农户获得查询、转账、汇款等金融服务。最后，个人征信体系不断完善，截至2016年7月31日，个人征信系统收录自然人9.0亿人，并开展了"信用村""信用户"等农村信用体制建设。根据央行数据，截至2016年6月末，全国累计9165万农户获得银行贷款。

然而，不应忽视的是，中国农村普惠金融发展仍存在一定欠缺。首先，部分群体由于金融知识匮乏而被排斥在外，农村金融排斥问题依然存在。此外，贫困农户属于弱势群体，其单笔贷款需求量很小但总量很大，传统金融机构的服务对象仍为那些经济基础较好的富裕农户，贫困群体依然受到排挤。其次，尽管近年来新型农村金融机构发展迅速，然而大多数信贷仍来源于农村信用合作社，民间借贷快速发展，以广西壮族自治区为例，其民间借贷数量超过该地区借贷总额的2/3，类似地区还有吉林省农户89.52%的借贷来源于民间（王慧梅，2016）②。最后，普惠金融地区分布不均衡。虽然全国农村地区个人

---

① 杜晓山：《贯彻十八届三中全会精神发展农村普惠金融》，《金融时报》2014年2月14日。
② 王慧梅：《农村普惠金融现状分析报告：可得性不足和缺乏金融知识仍是阻碍农村普惠金融发展的主因》，农金微官网2016年8月25日。

银行结算账户达到 33.04 亿户，整体数字显示人人有账户。然而，2015 年广西和吉林两省的调研数据显示，这两省的农村存折、储蓄卡和信用卡拥有率仅为 57.57%、50.55% 和 5.06%，即在这两省，约有 43.4% 的成年人没有获得银行服务。而数字化普惠金融的普及率则更低，网银、手机银行和第三方支付手段的使用率低至 6.9%、7.2% 和 11.2%。

山东省作为我国重要的农业大省，其农村经济呈现多样性和差异性，既有小农分散经营模式，也有集约化经营主体。与全国一样，山东省存在区域发展失衡的问题，东部沿海地区经济发达，中部次之，西部内陆地区经济发展相对滞后。此外，作为经济大省，山东省金融业的发展与经济体量不匹配。为促进金融业发展，山东省政府 2013 年出台"金改 22 条"，提出深入推进县域金融创新发展试点工作，力争到 2017 年建成与实体经济相匹配的金融体系的构想。在相关政策引导下，山东省金融业有所发展，但仍存在诸多问题：2017 年山东省金融产业附加值增加到 3130.6 亿元，占地区生产总值比重为 4.97%，远落后于全国平均水平；此外，山东省银行业一枝独秀，保险、基金、证券业发展滞后，存在金融结构失衡问题。这反映出山东省金融业发展存在深层次问题（李成友，2015）①。其中农村普惠金融发展的路径依赖问题严重，农村金融排斥问题尚未解决。

综上所述，以山东省为调研对象进行农村普惠金融问题研究具有代表性、示范性和典型性。现有农村普惠金融发展问题的研究多为实证分析，缺乏对其运行机制的系统性研究，这不利于促进山东省农村经济、社会发展，不利于缩小城乡居民收入差距。因此，本书基于山东省农村普惠金融调研数据，立足于当前的二元金融结构背景，综合运用经济学、金融学和博弈论等多学科理论，对农村普惠金融的运行发展问题进行系统的机制分析，希望能够为突破农村普惠金融发展困境，出台一系列配套协调政策措施提供新的思路。

---

① 李成友：《山东农村正规金融机构与非正规金融组织：运行、绩效和关系研究》，博士学位论文，山东大学，2015 年。

1.2 研究目的和研究意义

1.2.1 研究目的

研究农村普惠金融的运行机制问题,希望促进山东省农村普惠金融发展,帮助其实现服务"三农"的、可持续的发展路径。本书的研究目的主要如下:(1)从需求和供给层面分析山东省农村普惠金融的运行状况,指出其在供需层面存在的问题;(2)分析影响山东省农村普惠金融发展的因素及其发生作用的机制;(3)在数理推导和实证论证的基础上,分析山东省农村普惠金融发展路径的运行机制;(4)提出促进山东省农村普惠金融健康可持续发展的政策建议。

1.2.2 研究意义

1. 选题的理论意义

发展普惠金融是一个金融问题、经济问题,是经济在新常态背景下得以健康发展的有力保障。普惠金融可以推动经济的健康增长,这种具有包容性特征的增长能助力中国经济结构调整和发展方式的顺利转型;发展普惠金融还是一个社会问题、政治问题,是关乎农民社会福利的重大事业。本研究立足于山东省农村普惠金融的发展状况,研究分析了农村普惠金融运行机制,认为农村普惠金融的发展应遵循"机会平等、惠及民生;市场主导、政府引导;防范风险、推进创新;统筹规划、因地制宜"的基本原则[①],为助力农村普惠金融发展提供理论支撑。研究提出的促进农村普惠金融运行的相关建议,以及提出的各项相关配套措施的改革策略,对于均衡农村普惠金融发展,健全普惠金融体系,促进农村金融基础设施建设,提升各类型农村金融机构的商业可持续性,完善农村发展中的普惠金融体系等,具有一定的理论意义,该命题是一个值得深入研究的问题。

---

① 国务院:《国务院关于印发推进普惠金融发展规划(2016—2020年)的通知》,http://www.gov.cn/zhengce/content/2016-01/15/content_10602.htm。

2. 选题的现实意义

研究农村普惠金融的运行机制问题具有较强的现实意义，主要表现在以下三个方面：第一，研究农村普惠金融运行难题的形成机制，并探究出解决对策，能够推进农村普惠金融发展，有助于构建与全面建成小康社会相适应的普惠金融服务和保障体系，提高农村居民的金融服务可得性，增强农户对金融服务的获得感，从而提升金融服务满意度；有助于推进农村支付环境建设，促进普惠金融信用信息体系建立健全，完善普惠金融指标体系，农村金融发展环境得以进一步优化，从而促进农村金融良性可持续发展，更好地实现农村金融对现代农业的支撑作用。第二，通过对农村普惠金融发展路径运行机制的研究，探索出适合山东省农村普惠金融的发展路径，保证农村普惠金融健康发展，是科学发展观在农村经济和农村金融中的实现途径。紧跟国家社会主义新农村建设的政策步伐，加强农村金融知识普及，推进农村基础设施建设，扩大农村金融服务的覆盖面，满足农村居民日益增长的金融服务要求，实现农村金融支持新农村建设的任务。第三，农村普惠金融运行机制研究有助于健全农村普惠金融体系，从而影响山东省农村普惠金融发展战略的选择。农村普惠金融运行机制研究能够助力传统农村金融转型、规范新型金融机构发展和引导民间金融发展，更好地缓解农户融资难问题。各类型机构应协同服务农村普惠金融发展，包括发挥各类银行机构的优势、对接发展提供农村普惠金融服务、积极发挥保险公司保障优势；农村普惠金融鼓励以"互联网＋"为代表的数字普惠金融发展，能够充分发挥其网络金融产品销售平台低门槛、可负担、可信赖、变现快的特点，更好地满足各层次消费群体的金融服务需求；农村普惠金融体系的健全能够促进农村金融与农村经济双赢发展，农村普惠金融体系强大的支农作用将为农村经济增长做出巨大贡献。

1.3　研究方法与研究思路

1.3.1　研究方法

本书运用文献阅读、实地调研、系统分析和博弈论等方法，以山东省为例分析和评价农村普惠金融发展现状，指出了影响农村普惠金融发展的因素，并探究了各因素的作用机制；运用国际比较的方法阐述了国外农村普惠金融的运行状况，借鉴国际成功经验和吸取其失败教训；采用博弈论方法深入剖析农村普惠金融运行机制，最终提出政策建议。具体研究方法包括：

（1）文献阅读与实地调研相结合。通过阅读各种统计年鉴、各类型金融机构的年报、银监会年报以及访问国际"小额信贷信息交流中心"了解国内外农村普惠金融的发展状况；同时，在山东省各区域村镇对农户金融需求状况进行实地调研，并与当地金融办和金融机构负责人深入交谈以获取山东省农村金融机构普惠金融发展的各项数据资料。

（2）系统分析方法。将农村普惠金融作为一个完整的系统，构建能够促进农村经济和社会发展的农村普惠金融框架体系。

（3）计量经济分析法。运用 Logistic 模型实证分析了逆向选择和道德风险对农村普惠金融的作用机制；运用 VAR 模型对二元金融结构对农村普惠金融的作用机制进行了实证验证。

（4）博弈论方法。用博弈论方法对农村普惠金融的运行机制进行深入分析，包括农村金融供需双方的博弈、新型农村金融机构发展路径选择的演化博弈、新型与传统农村金融的对接博弈以及民间金融机构发展路径的博弈分析。

（5）定性分析法。在对山东省农村普惠金融发展状况实地调研过程中，通过访谈法、专家咨询法等定性分析法，了解不同类型农村金融机构的客户对于农村金融服务满意度，金融服务的可获得性等指标的现实情况。

1.3.2 研究思路

在国内外研究现状述评和相关理论阐述的基础上，第一，剖析了现行农村普惠金融的运行机制，指出了机制设计的初衷；第二，以山东省为例，采用问卷调查法和专家访谈法深入分析了山东省农村普惠金融的需求和供给现状，指出了供需层面存在的问题；第三，对山东省农村普惠金融发展的影响因素进行分析，通过构建理论模型剖析了影响因素的作用机制，并对理论模型结论进行了实证论证；第四，在理论和实证分析的基础上，结合山东省的实际情况，运用博弈论方法对山东省农村普惠金融发展路径进行机制分析；第五，提出了具体的政策建议。论文主要研究内容如下：

第一部分，文献回顾。首先，界定了小额信贷、微型金融和普惠金融等相关概念的内涵，梳理了普惠金融的相关研究文献；其次，对农村普惠金融运行机制的相关研究文献进行梳理和述评；最后，进行了文献综述，指出了进一步研究的方向。

第二部分，农村普惠金融发展的理论基础。基于明确的研究方向，对农村金融发展理论、农村普惠金融供需理论、农村普惠金融发展相关博弈理论和农村普惠金融体系理论等进行了阐述，并在理论研究的基础上构建了论文的基本研究框架。

第三部分，山东省农村普惠金融运行状况分析。首先，阐述现行农村普惠金融的运行机制设计；其次，分析了山东省农村普惠金融的需求状况，指出了农村普惠金融需求层面存在的问题；再次，研究了山东省农村普惠金融的供给状况，并探析了供给层面存在的问题；最后，对山东省农村普惠金融的供需均衡性进行了剖析。

第四部分，山东省农村普惠金融发展的影响因素及其作用机制分析。该部分从山东省农村普惠金融的供需现状入手，分析了山东省农村普惠金融发展的影响因素；其次，构建三个理论模型探究了山东省农村普惠金融运行难题的形成机制；最后，构建计量模型，实证验证了理论模型结论，指出山东省农村普惠金融有了一定程度的发展，但仍存在逆向选择、道德风险以及二元金融结构问题，这些制约了农村经济发展、阻碍了农户收入增长、加大了城乡居民收入差距。

第五部分，山东省农村普惠金融发展路径的机制分析——基于博弈论。本章运用博弈论的方法对农村普惠金融可持续发展的运行机制进行了深入的剖析。首先，传统农村金融机构服务农村普惠金融的机制分析。构建模型对农村普惠金融供需双方的博弈过程进行分析，指出农业保险和小组联保能够弱化普惠金融供需矛盾，而政府干预则需适时、适度。其次，新型金融机构服务农村普惠金融的机制分析。运用斯坦科尔伯格博弈模型研究了新型农村金融机构的农村市场进入博弈过程，通过演化博弈模型探究了新型农村金融机构的发展路径问题。再次，对新型与传统农村金融机构合作对接问题进行演化博弈分析,指出影响其对接合作的因素,并提出针对性建议。最后,阐述了民间金融制度变迁的内在机制,并基于演化博弈方法分析了其在农村地区的发展路径。

第六部分,结论、政策建议与研究展望。本章归纳了前文的研究结论,并根据全文内容分析,提出了促进农村普惠金融发展的对策建议,最后指出了进一步的研究方向。

本书的结构示意图见图1-1。

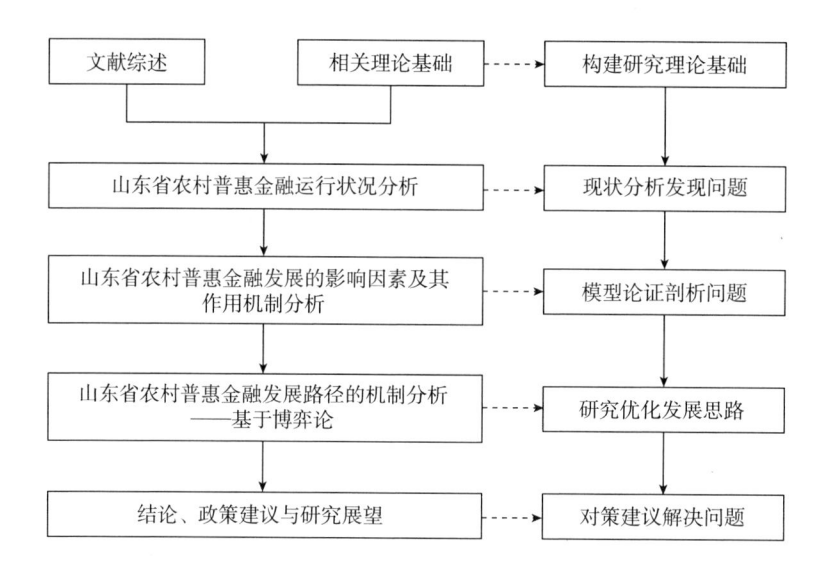

图1-1 研究路线

1.4 主要创新点

本书在以下三个方面有所创新:

(1)机制分析框架的构建。以往文献多采用实证分析方法对农村普惠金融效率、农村普惠金融深度等方面进行研究,对机制的研究很少。本书则系统构建了农村普惠金融运行机制的研究框架,从影响因素、运行难题的形成以及发展路径等方面对农村普惠金融的运行机制展开系统分析。

(2) 多学科理论综合运用。当前的相关论文多孤立使用计量经济学方法进行问题分析，缺乏从多学科角度进行制度构建的研究。本书综合运用多学科理论，研究农村普惠金融的运行机制：用经济学理论分析了现行农村普惠金融的机制设计问题；基于山东省的农村金融调研数据，用统计学原理分析了山东省农村普惠金融的需求和供给状况；用经济学、社会学和博弈理论剖析了影响山东省农村普惠金融发展的因素及其作用机制；用计量经济学方法对影响因素的作用机制进行了实证验证，实证分析结果与数理模型研究结论相契合；用比较制度学理论借鉴了国外农村普惠金融发展的经验与教训；用博弈理论对农村普惠金融的发展路径进行了机制分析。这些学科理论的综合运用在农村普惠金融的研究领域具有一定的创新性。

(3) 依据本书构建的框架进行了系统的分析，提出了优化山东省农村普惠金融运行模式的改革思路。本书指出各类金融机构可以对接发展，以他人之长补己之短，实现优势互补，联合发展，形成多元化、多层次的农村普惠金融体系，更好地为农村市场提供普惠金融服务。这一改革思路并非仅仅基于对农村普惠金融发展现状的数据分析，而是在理论分析、实践分析和机制分析的基础上有针对性地提出的，体现了其真实性和科学性。

第二章 文献回顾

农村金融问题就经济发展水平的视角而言是一个区域金融概念，属于欠发达地区的金融理论（吴晓灵，2003）[①]。农村地区有大量的贫困人群，而扶贫是普惠金融的核心宗旨，（白澄宇，2016）[②]，因此农村普惠金融是普惠金融体系中的一个重点问题，它的运行机制从某种意义上决定了普惠金融的整体发展。虽然有关农村金融发展的理论研究取得了一些积极的成果，但对于农村普惠金融运行机制领域的研究相对较少且依然存在诸多的争论，我国对于普惠金融改革的许多方面仍处于试点阶段，其成效需待时间检验。本章首先介绍了小额信贷、微型金融和普惠金融的演进史并对相关概念予以界定，分析了三者之间的关系。其次，对农村普惠金融影响因素的作用机制、运行困境的形成机制以及发展路径的运行机制等内在机制问题进行综述。最后，在文献回顾的基础上，指出了进一步研究的方向。

2.1 普惠金融发展的研究综述

2.1.1 核心概念的界定

普惠金融雏形起源于15世纪意大利的小额信贷，之后在探索如何

[①] 吴晓灵：《重构农村金融体系 支持县域经济发展》，《中国金融》2003年第20期。
[②] 白澄宇：《普惠金融及这个词汇的由来》，新浪博客，http://weibo.com/baichengyu?is_hot=1。

为多层次消费人群特别是贫困群体提供金融服务的实践中，人们不断总结并积极创新，将其从小额信贷阶段发展到为贫困人群提供贷款、储蓄、保险支付等涵盖多项金融服务的微型金融阶段，并最终演化为现今的广覆盖、多层次、可持续的普惠金融阶段。

普惠金融概念源于英文 Inclusive Financial System（普惠金融体系），直译为"包容性金融体系"。所谓"普惠金融"就是指要将以往被排斥在金融体系之外的群体吸纳进来。被排斥的人群主要是弱势群体和贫困人群。联合国对"普惠金融"的定义为，基于成本可负担的前提，以有效的方式使金融服务到欠发达地区和社会低收入人群，促使金融服务惠及每个人，特别是那些传统金融体系下难以获得金融服务的被排斥群体，提升金融服务的可获得性。

所谓"农村普惠金融"是基于普惠金融的研究，在农村金融排斥严重并对农村经济发展形成阻碍制约的背景下提出的（马九杰，沈杰，2010）[①]，被认为是普惠金融的升级版和细化版。农村普惠金融发展的核心问题在于提升农村居民金融信贷服务的可获得性（张郁，2015）[②]。因此，农村普惠金融强调金融服务对农村地区，特别是边远、贫困农村的包容性，这是指在成本可以负担的前提下，将以往受到传统金融体系排斥的农村地区的贫困群体吸纳进来，促使农村地区的金融能够服务到每个个体，提升农村金融服务的可及性。农村金融排斥与农村普惠金融是站在不同视角上去看待同一个问题的，也就是说，正是由于农村金融排斥的存在，才需要发展农村普惠金融（粟芳，方蕾，2016）[③]。

2.1.2 关于小额信贷与微型金融的研究

普惠金融思想由来已久，其实践探索也在积极进行。15 世纪，意大利修道士通过开展信贷业务来遏制高利贷，这被认为是普惠金融的

---

① 马九杰、沈杰：《中国农村金融排斥态势与金融普惠策略分析》，《农村金融研究》2010 年第 5 期。

② 张郁：《结构视角下中国农村普惠金融发展的现实困境与制度选择》，《南方金融》2015 年第 9 期。

③ 粟芳、方蕾：《中国农村金融排斥的区域差异：供给不足还是需求不足——银行、保险和互联网金融的比较分析》，《管理世界》2016 年第 9 期。

萌芽。

18世纪20年代初期，爱尔兰以其"贷款基金"为贫困农户提供零利率无抵押的小额贷款，并以"共同监督"（Peer Monitoring）机制督促贷款者按期还款；1823年，爱尔兰通过特别法案，允许"贷款基金"对其发放的贷款收取利息，并同意其对吸收的存款支付利息；1836年，成立专职负责监管"贷款基金"运行的管理委员会①。在这些举措的激励下，截至1840年，爱尔兰共有300家此类可持续发展的机构，鼎盛时期此类机构为20%的爱尔兰家庭提供服务。爱尔兰贷款基金的兴盛让人们认识到仅仅依靠慈善捐款无法实现金融机构的可持续发展。随后，德国发展出社区储蓄信贷合作社，其遵循自愿原则，在当地吸收居民储蓄存款，积累金融资产，发放贷款，以此来提高社区居民福利。德国储蓄银行在德国扶贫成效显著，在世界范围内得到快速扩展。爱尔兰和德国关于小额信贷业务的积极探索契合了现代小额信贷的经营理念，组织模式也具有较大相似性，它们均具有双重目标，即扩大金融服务覆盖面消除贫困与金融机构的可持续性发展。

自19世纪起，欧洲、日本等国，邮政系统作为储蓄和支付等金融服务的主要提供者。亚洲、非洲和拉丁美洲的一些国家，国有银行扩大服务范围，为之前未覆盖群体提供金融服务，将为农民提供农业信贷产品等业务作为政府运行的信贷项目。另有许多国家通过规模经济等策略降低大型金融机构服务成本，促进其为贫困群体提供金融服务。

20世纪以来，小额贷款（Microcredit）先后在亚洲和拉丁美洲等发展中国家出现。70年代，尤努斯创办孟加拉乡村银行开展小额信贷，随后其小额信贷模式在全球为世界各国效仿。至20世纪80年代，小额信贷打破了早期扶贫投资融资的观念，小额信贷机构的运作模式演变为吸收区域内存款，并以弥补其运行成本的较高利率发放小额商业贷款和信用贷款，从而在实现扩大覆盖面的同时保证自身发展的可持续性。自此，小额信贷机构摆脱了单纯依赖政府补贴和社会捐赠的短板，实现了财务独立，能够通过自身财务的可持续性不断向贫困群体提供金融服务。

---

① 焦瑾璞：《构建普惠金融体系的重要性》，《中国金融》2010年第6期。

现代小额信贷是一种为低收入阶层提供服务的小规模金融服务方式。小额信贷以其自身财务独立实现可持续性发展，其旨在通过金融服务为贫困群体提供获得就业和自我发展的机会，帮助其摆脱贫困。因此，小额信贷的性质区别于一般的扶贫贷款。

自 20 世纪 90 年代起，考虑到贫困人群对金融服务的多层次需求，除小额贷款外也需要其他金融服务，国际范围的小额信贷发展逐步从最初的"小额贷款"向为贫困人口提供全面的、多层次金融服务的"微型金融"（Microfinance）演变，并涌现出一批致力于此的微型金融机构（MFIs）。根据世界银行扶贫咨询小组（CGAP）的定义，微型金融机构是指为贫困人群提供贷款、储蓄、保险支付等一系列金融服务，以帮助其实现收入增长和财富积累的金融机构。不难看出，微型金融机构建立的初衷是为贫困人口服务，是一种普惠制的制度安排。

此外，传统金融机构，如国家政策性金融机构、大型商业银行、信用合作社等也都在最大范围内为包括贫困群体在内的客户提供储蓄、信贷、保险、支付等多样化全方位的金融服务。

微型金融是在小额信贷已无法满足低收入群体多层次金融服务需求的背景下产生的。微型金融的服务范围和服务种类都远超小额信贷，它既包括正规金融机构所开展的微型金融服务，也包括非正规金融机构所提供的微型金融服务；微型金融服务既包括传统的小额商业和信用贷款，也包括保险、储蓄和汇款结算等金融服务。

国外研究认为小额信贷和微型金融的两个最基本原则是扩大贫困人群的覆盖面和财务可持续性。小额信贷通过在农村地区注入资金，扩大贫困人群的覆盖面，改变劳动力和资金比例失衡、资金获取率低的状况，从而提高农业生产和农户生活水平（Hossain M.，1988；Otero M.，Rhyne E.，1994）[1]。可持续性是指提供小额信贷服务的各个机构能够不依附于政府的优惠措施以及国际组织和慈善机构的捐款而独立存在发

---

[1] Hossain M.，*Credit for Alleviation of Rural Poverty: The Grameen Bank in Bangladesh*，Washington：IFPRI Research Report，1988.

Otero M.，Rhyne E.，*The New World of Microenterprise Finance*，London：IT Publications，1994，p. 65.

展（Christen R. P., Rhyne E., Vogel R. C., et al, 1995）[①]。Waller（2001）指出，为弥补借贷成本，小额信贷一般具有较高的利率，高利率并不违背小额信贷的延伸性，但是利率过高会增加金融风险并进一步导致政治风险，给社会稳定带来不良影响[②]。然而，通过对小额信贷的性质、作用和监管研究发现，小额信贷在消除贫困方面能够起到积极的作用（Christen R. P., Lyman T. R., Rosenberg R., 2003；Christen R. P., Rosenberg R., et al, 2004）[③]，并认为小额信贷通过多种手段提高穷人收入水平，可将其作为帮助贫困群体摆脱贫困的基本途径（Littlefield E., Morduch J., Hashemi S., 2003）[④]。

国内学者的研究认为，小额信贷和微型金融均源于农村金融运行机制创新和制度创新，其实质为金融创新形式（刘大耕，1999）[⑤]。杜晓山和孙若梅（2000）指出，微型金融机构的服务目标应为弱势群体或贫困阶层，且能够在扩大金融对贫困群体服务覆盖面的同时实现自身财务可持续发展。因此，小额信贷可持续发展的两个基本条件：一是金融覆盖面的扩大，即为以往的被排斥人群提供金融服务；二是实现金融机构财务的可持续性[⑥]。

金融市场是不完全竞争市场，根据斯蒂格利茨的不完全竞争市场理论，不完全竞争市场不能完全依靠市场机制来发展培育，政府应该对其进行有效监管，并于适当时进行政策干预（杨天宇，2000）[⑦]。小额信

[①] Christen R. P., Rhyne. E., Voge R. Cl., McKean C., *Maximizing the Outreach of Microenterprise Finance: An Analysis of Successful Microfinance Programs*, Washington: Agency for International Development, Program and Operations Assessment Report, 1995.

[②] Waller G. M., "Mcrocredit as a Grass – Roots Policy for International Develop ment", *Policy Studies Journal*, No. 2, 2001, pp. 266 – 282.

[③] Christen R. P., Lyman T. R., Rosenberg R., *Microfinance Consensus Guidelines: Guiding Principles on Regulation and Supervision of Microfinance*, Washington: CGAP, 2003, pp. 21 – 35.
Christen R. P., Rosenberg R., Jayadeva V., *Financial institutions with a "Double Bottom Line": Implications for the future of microfinance*, Washington: CGAP, 2004, p. 36.

[④] Littlefield E., Morduch J., Hashemi S., "Is Microfinance an Effective Strategy to Reach the Millennium Development Goals", Focus Note, No. 24, 2003, pp. 1 – 11.

[⑤] 刘大耕：《小额信贷必须走可持续发展之路》，《中国农村信用合作》1999 年第 12 期。

[⑥] 杜晓山、孙若梅：《中国小额信贷的实践和政策思考》，《财贸经济》2000 年第 7 期。

[⑦] 杨天宇：《斯蒂格利茨的政府干预理论评析》，《学术论坛》2000 年第 2 期。

贷本质是市场经济行为，小额信贷组织是金融中介机构，政府应制定各项政策措施，为其发展创造良好的外部环境（陈浪南，谢清河，2002）①。因此，微型金融是金融创新的信贷行为与扶贫项目相结合的新型的金融扶贫活动（杜晓山，2004）②。

此外，金融基础设施创新在促进金融技术进步、金融机构资本积累及金融结构演变路径方面也可以起到关键性作用，这一结论肯定了金融基础设施对于经济和金融发展的作用（张捷，陈皓，2001）③。我国民间资金呈现过剩态势，小微企业却融资困难，这种不协调性制约了民营经济的发展，阻碍了货币政策的传导，增加了民间金融的风险，要阻止矛盾进一步加剧，就必须健全各项金融基础设施，推进金融民营化建设（钱小安，2003）④。

2.1.3 关于普惠金融的研究

进入21世纪以来，微型金融开始向普惠金融转变，普惠金融体系意味着相关金融服务提供者以其各自的比较优势向贫困人口和小微企业提供金融服务。

1. 国外研究动态

"普惠金融"这个理念首次出现在大家视野中是联合国将2005年定为"国际小额信贷年"，旨在促进千年发展目标实现。2006年联合国出版了《构建普惠金融促进发展》（*Building Inclusive Financial Sectors for Development*）（United Nations，2006），在全球倡导建立普惠金融体系，并致力于帮助各国制定适合促进本国发展的普惠金融发展政策。2006年联合国提出普惠金融的发展目标为"每个国家都应该完善政策、法律和监管构架，建立一套为各阶层群体提供产品和服务的金融机构体系"。普惠金融就是建立一个可以覆盖全体社会阶层的金融服务体系。世界银行扶贫咨询小组随后提出的普惠金融体系的概念，认为"普惠

---

① 陈浪南、谢清河：《我国小额信贷研究》，《农业经济问题》2002年第3期。
② 杜晓山：《中国农村小额信贷的实践尝试》，《中国农村经济》2004年第8期。
③ 张捷、陈皓：《金融基础设施创新与经济发展》，《中国软科学》2001年第11期。
④ 钱小安：《金融民营化与金融基础设施建设——兼论发展民营金融的定位与对策》，《金融研究》2003年第2期。

金融目标的核心是让所有阶层，尤其是贫困群体平等地拥有金融权利和享受金融服务"。小额信贷的基本宗旨是以小额信贷服务助力低收入或贫困群体摆脱饥饿与贫困。普惠金融发展理念契合了小额信贷的这一宗旨。

普惠金融得以发展的经济学原理在于，基于传统经济学理论，拥有的资本数量和边际回报应成反比。然而受到信息不对称、风险不确定、交易成本高、抵押物欠缺、逆向选择以及道德风险等因素影响，资本边际回报曲线发生扭曲。普惠金融的出现和发展就是帮助扭曲的资本回报曲线回归正轨。这一原理反映在社会实践中，即为大多数正规金融机构仅关注较为富裕的阶层，而忽视小微企业和贫困人群的金融服务需求，同时部分微型金融机构的目标偏移也使其背离服务贫困群体的建立初衷而向服务较为富裕的群体转移。这样的忽视和目标转移，损害了贫困群体的利益，使其无法享受到正常的金融服务。为了生存，他们只能借助非正规金融途径获得所需金融服务，以较为高昂的代价获取极为有限且不可持续的金融服务，这严重影响了贫困群体的生活，使其陷入贫困的恶性循环，社会贫富差距加剧，基尼系数扩大，不利于经济发展与社会稳定。因此，应致力于消除金融排斥（financial exclusion），将贫困群体也作为金融体系的服务对象，使这个被排斥的群体能够获得储蓄、信贷、保险和支付结算等金融服务，这对于贫困群体自我发展、尽早脱贫具有重要意义。

普惠金融体系旨在将分散的微型金融机构和各项微型金融服务有效整合，并使其和金融整体发展战略有机融合。普惠金融不再囿于零散的微型金融机构和零散的金融产品，其旨在建立一个全面的具有包容性的金融体系，这一体系的构建不仅意味着需要进一步强化微型金融机构和微型金融网络，将其融入正规金融体系，还意味着各类型金融机构将会参与到普惠金融中来，从而为包括贫困群体的各阶层人群提供全方位多层次的金融服务，并改善金融服务环境。唯有如此，小额信贷和微型金融才能得到更大范围的可持续发展。这种有机融合过程即为普惠金融体系的建立过程。

2. 国内研究动态

最初接触 Inclusive Financial System 这个概念的是中国小额信贷联盟

及中国国际经济技术交流中心。2005年，中国小额信贷联盟大会成立期间，时任小额信贷联盟秘书长的白澄宇提议将其翻译为"普惠金融体系"。焦瑾璞等（2009）对"普惠金融体系"概念的论述认为，普惠金融应在商业可持续的前提下，将处于社会弱势地位的贫困阶层纳入其中，即为各阶层人群提供全面的金融服务，这体现了社会公平，因此普惠金融的发展有助于提高贫困群体的收入，避免陷入生存困境，提高生活质量[①]。普惠金融的基本特征体现在服务对象的广覆盖与金融服务提供者多元化等方面（杜晓山，2010）[②]。可通过税收优惠政策引导县级金融机构向涉农领域增加资金投放，促进农村普惠金融发展（吴晓灵，2010）[③]。周小川（2013）指出，普惠金融通过完善金融基础设施，以能够负担的成本将原本提供给较富裕阶层的金融服务向低收入阶层和欠发达地区延伸，为其提供可承担的、便捷的金融服务，提高金融服务的覆盖面和可获得性[④]。此外，普惠金融体系不是金融业务或金融产品，也不是金融机构，而是一个金融生态系统，包括宏观、中观和微观三大层面；普惠金融的核心宗旨是扶贫，强调社会公平因素，致力于消除社会中对贫困群体的金融排斥现象（白澄宇，2016）[⑤]。

发展普惠金融体现了促进金融机构可持续发展、推动经济有序发展，实现社会公平公正的必然要求（蔡荣鑫，2009）[⑥]。普惠金融在发展过程中应以提升金融体系包容性、引导金融市场平等参与权、加大金融要素覆盖面、降低金融服务成本等为目标（张平，2011）[⑦]。普惠金融体系在微观层面上强调金融服务提供者的广泛性，低收入和贫困群体是其服务的中心之一；中观层面上要求金融市场的丰富性、产品的层次性。中观层面具体包括完善的金融基础设施和促进金融服务提供主体缩减交易成本、扩大覆盖面、增加服务深度和提高透明度的金融中介，这

[①] 焦瑾璞、陈瑾：《建设中国普惠金融体系》，中国金融出版社2009年版。
[②] 杜晓山：《小额信贷与普惠金融体系》，《中国金融》2010年第10期。
[③] 吴晓灵：《建立现代农村金融制度的若干问题》，《中国金融》2010年第10期。
[④] 周小川：《践行党的群众路线 推进包容性金融发展》，《求是》2013年第9期。
[⑤] 白澄宇：《普惠金融及这个词汇的由来》，新浪博客，http://weibo.com/baichengyu?is_hot=1。
[⑥] 蔡荣鑫：《"包容性增长"理念的形成及其政策内涵》，《经济学家》2009年第1期。
[⑦] 张平：《发展农村小额信贷，完善普惠金融体系建设》，《开发研究》2011年第2期。

些服务主体可以是区域性的或全球性的组织；宏观层面上，中央银行、财政部、银监会等相关政府机构，应制定各项相关政策以保障诸如小额信贷等金融活动的健康发展（见图2-1）（张平，2011）[①]。

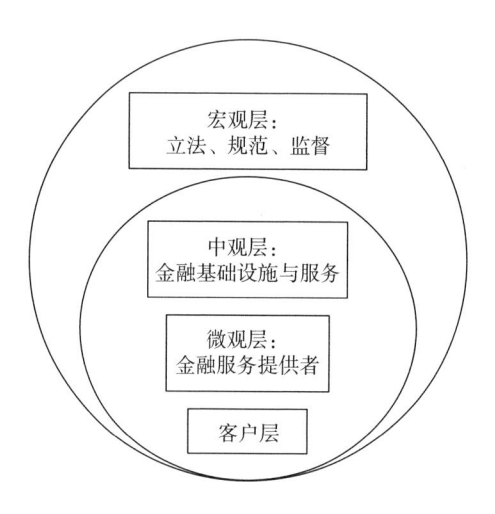

```
宏观层：
立法、规范、监督

中观层：
金融基础设施与服务

微观层：
金融服务提供者

客户层
```

图2-1 普惠金融体系

普惠金融的发展要求各类型金融机构都要致力于为社会各阶层群体提供金融服务。这不仅需要小额信贷机构优化发展路径，更需要正规金融机构对小额信贷领域的积极介入。在发展小额信贷上，正规金融机构享有更好的政策环境，与农村贫困地区的扶贫小额信贷相比，其优势主要表现在：资金实力较之NGO更为雄厚；信用评级制度有利于农户信用观念的培育（何广文，2002）[②]。正规金融机构推行的小额信贷模式，在一定程度上解决了农村地区资金供求双方博弈中由于信息不对称所导致的小额信贷固定成本较高的问题，从而缓解了农户贷款难和正规金融机构放款难的问题。该模式以常规贷款记录决定后续贷款及贷款累增额度，对农户产生动态激励，提高了农户主动还款意识，使农户贷款回收率得以提升。但值得注意的是，对农户的贷款激励机制仍需要继续完

[①] 张平：《发展农村小额信贷，完善普惠金融体系建设》，《开发研究》2011年第2期。
[②] 何广文：《农户融资中的信用担保行为研究》，农业部软科学委员会委托课题，2002年。

善，信息收集与信息披露技术也有待进一步提高（何广文，2002）[①]。王景富（2002）通过对黑龙江案例的实证分析，发现作为一种金融产品创新，小额信贷能够满足农户的资金需求，有助于优化农村信贷市场结构、促进农村产业结构升级以及增强农户信用水平，然而不应忽视的是，实践中仍存在资金供给不足和供求错位的问题，业务风险也较大[②]。通过分析金融机构发放的小额信贷与政府扶贫性质的小额信贷之间的不同之处，指出农村信用社小额信贷本质是一项金融活动，它是正规金融机构实施贷款营销的现实选择，但还需相应的配套支农服务才可实现持续性经营（张迎春，2002）[③]。实施小额信贷的金融机构的可营利性是农村信用社提供小额信贷的前提，也是正规金融机构愿意提供小额信贷的根本保证。吴国宝（2003）认为，正规金融机构的小额信贷很可能在小额信贷业务的未来发展过程中发挥越来越重要的作用[④]。但是，要防止过度的政策性干预（汤敏，2003）[⑤]。

2.2 农村普惠金融相关运行机制的研究综述

近年来，中国积极开展农村金融改革，大力发展农村普惠金融，旨在缓解农村贫困地区信贷约束以及帮助贫困农户增加收入。当前，学者们的关注点多在实证分析，对于普惠金融运行机制的研究相对较少。部分学者研究了农村普惠金融的影响因素、运行困境及其发展路径的机制问题。

2.2.1 核心概念的界定

机制通常指事物变化的理由，或者是在一定的系统结构中，为了实

[①] 何广文：《农户融资中的信用担保行为研究》，农业部软科学委员会委托课题，2002年。

[②] 王景富：《农村信用社推广农户小额信用贷款的实证研究》，《金融研究》2002年第9期。

[③] 张迎春：《浅析农村信用社农户小额信贷》，《财经科学》2002年第7期（增刊）。

[④] 吴国宝：《中国小额信贷政策》，《联合国开发计划署驻华代表处政策和宣传文集》2003年第1期。

[⑤] 汤敏：《从国外经验看中国当前农村信用社小额信贷的发展问题》，《中国审计》2003年第8期。

现某种功能,各个要素的自身运行方式以及在外在环境下相互作用的运行原理。运行机制则是指在一定的外部环境和系统结构中,某一事物在运行过程中其各个要素的运行状况及其之间相互联系、相互影响的运作规则。运行机制研究的领域包括事物运行状态的机制分析、事物运行困境的形成机制分析、事物运行发展路径的机制分析等。

农村普惠金融的运行机制是指在微观和宏观环境影响下,农村普惠金融在运行过程中受到各个因素影响的运行状况以及这些因素间相互联系、相互影响的运作规则。农村普惠金融运行机制的研究范围主要是农村普惠金融运行状况的内在机制、影响因素的作用机制以及农村普惠金融发展路径的运行机制。通过系统分析农村普惠金融的运行机制问题,帮助农村金融摆脱路径依赖,探寻出一条兼顾"社会扶贫"和"财务可持续"双目标的农村普惠金融发展道路。

2.2.2 关于农村普惠金融影响因素作用机制的研究

农村普惠金融与农村金融排斥是在不同视角去说明同一个问题,即正是由于农村金融排斥的存在,农村金融受到抑制,才需要发展农村普惠金融。农村金融排斥的原因参照耶鲁大学经济学家帕特里克(1966)对于金融和经济关系问题的研究方法分为"需求追随"与"供给领先"[①]。"需求型"认为金融排斥根源于需求方的有效需求不足,"供给型"认为农村金融排斥源于供给方的有效供给不足。对此,姚耀军等(2005)认为中国学术界对农村金融排斥状况类型的观点主要分为以下三种[②]。

1. 供给型农村金融排斥

正规金融机构在农村地区的信贷资金不足导致了我国农村金融抑制,因此我国为供给型农村金融排斥(叶兴庆,1998;乔海曙,

---

① Patrick H. T., "Financial Development and Economic Growth in Underdeveloped Countries", *Economic Development and Cultural Change*, No. 2, 1966, pp. 174 – 189.
② 姚耀军、陈德付:《中国农村非正规金融的兴起:理论及其实证研究》,《中国农村经济》2005 年第 8 期。

2001)①。根据萨伊定律"供给会自行创造需求",认为供给在农村金融中发挥重要作用。此外,某些金融服务只有在提供过程中才能让使用者发现其便捷性优点,潜在需求才能被激活。在经济落后地区,农民缺乏通畅的对外沟通渠道,缺乏与正规金融服务的直接接触,因此当地金融排斥的根源仍为供给不足(谢平,2001)②。任伟(2006)认为,我国的金融体系是一个城市与农村割裂的二元金融市场,在这个二元金融市场中资金流动是不畅的,甚至认为这是一个农村向城市输送资金的单向流动金融市场,这种割裂的金融组织制度安排使"三农"问题面临严重的资金不足问题,因此农村金融排斥为供给不足③。

2. 供给型与需求型农村金融排斥共存

我国既存在正规金融机构的农村信贷资金供给不足,也存在农户对正规金融机构金融服务的有效需求不足,反映出我国供给型和需求型农村金融排斥共存的特点(高帆,2002;房德东等,2004)④。具体来说,农村经济发展水平落后,农业为弱质产业,抗风险能力弱,加之信息不对称带来的高交易成本,缺乏完善的风险分担和补偿机制,使农村正规金融机构缺少资金供给热情,出现供给型排斥;同时正规金融机构贷款手续烦琐,贷款难,压制农村资金需求;近年来,农产品市场低迷,加上自身技能上的欠缺,农民借钱经营意愿不高;此外,农村非正规金融机构对正规金融机构的替代和挤出效应,使农户对正规金融部门的资金需求相对有限,出现需求型农村金融排斥(曹力群,2000)⑤。粟芳和方蕾(2016)基于"千村调查"数据,指出我国农村地区存在一定程度的银行排斥、保险排斥和互联网金融排斥,金融供给不足;同时,也

---

① 叶兴庆:《农业生产结构:变化过程与政策启示》,《中国农村经济》1998年第6期。
乔海曙:《农村经济发展中的金融约束及解除》,《农业经济问题》2001年第3期。
② 谢平:《中国农村信用合作社体制改革的争论》,《金融研究》2001年第1期。
③ 任伟:《西部农村金融业的现状、问题和对策》,《生产力研究》2006年第10期。
④ 高帆:《我国农村中的需求型金融抑制及其解除》,《中国农村经济》2002年第12期。
房德东、王坚等:《试论我国农村领域的金融抑制问题》,《中国农村信用合作》2004年第8期。
⑤ 曹力群:《农村金融体制改革与农户借贷行为研究》,课题报告2000年。

存在金融知识欠缺所导致的自我排斥，需求不足①。

3. 我国农村金融排斥供给型金融排斥为主，需求型金融排斥为辅

我国农村金融排斥以供给型金融排斥为主，需求型金融排斥和供需结构型金融排斥处于次要地位，原因有三：第一，先有量的满足再有质的提高是经济发展的一般规律。因此应先减轻供给型金融排斥问题，再考虑增加需求与需求结构问题。第二，从经济发展阶段考虑，早期阶段的金融"供给领先"模式已在多个国家，特别是东亚国家实施并证实。第三，在一些欠发达农村地区，供给型金融排斥有时也会显示为其他金融排斥的形式，虽然表面显示为农户的信贷资金需求不足，但其实质仍为供给问题，政策性金融缺位，合作性金融虚弱，商业性金融趋利，从根源上看都是金融供给总量欠缺（何志雄，2003；吴艳辉，2009；何志雄，曲如晓，2015）②。进一步讲，需求型排斥一方面是由农村市场特征导致的需求不足。农村市场的消费自给程度较高，多数农业产品未实现商品化和货币化的转换，农户对交易性资金需求不足。另一方面，这种需求性金融排斥却源于制度因素，即政策压抑导致的制度供给短缺，例如，正规金融部门在农户的消费信贷领域的缺位，导致农户被迫求助非正规金融部门，表现为对正规金融部门的资金需求不足（马晓河，蓝海涛，2003）③。

2.2.3 关于农村普惠金融运行困境形成机制的研究

对于农村普惠金融运行困境的形成机制问题，学者们主要从两个角度展开研究。

一是基于内生性视角对农村普惠金融运行困境的研究，研究发现，

---

① 粟芳、方蕾：《中国农村金融排斥的区域差异：供给不足还是需求不足——银行、保险和互联网金融的比较分析》，《管理世界》2016年第9期。

② 何志雄：《解决农村供给型金融抑制有效途径》，三农数据网2003年11月2日。

吴艳辉：《关于广东韶关地区农村金融服务改进研究》，硕士学位论文，湖南大学，2009年。

何志雄、曲如晓：《农业政策性金融供给与农村金融抑制——来自147个县的经验证据》，《金融研究》2015年第2期。

③ 马晓河、蓝海涛：《当前我国农村金融面临的困境与改革思路》，《中国金融》2003年第6期。

当前我国农村普惠金融发展过程中,外生性的农村普惠金融机构占据绝对优势(农村商业银行、农村信用社、农村合作银行以及邮储银行等),内生性的农村普惠金融机构(如农村资金互助合作社)发展受阻,农村普惠金融运行不畅。农村普惠金融运行困境的内在机制主要为:首先,我国长期以来形成的对于外生性金融供给的依赖,锁定效应导致路径依赖问题;其次,农村地区资金、土地、劳动力等资源的流失阻碍了农村普惠金融内生性发展的进程;最后,政府的行政主导性使农村普惠金融运行难以真正实现"市场化",导致农村普惠金融发展缓慢(蔡洋萍,谢冰,2016)①。

二是从农村普惠金融市场弱质性入手研究农村普惠金融运行难题的形成机制(见图2-2)。研究认为,农村金融市场的弱质性导致了高信贷成本,农村金融机构为了弥补成本获得利益必然制定高利率;农村地区信息体系建设滞后导致信息不对称问题,在高利率和信息不对称情况下,作为资金供给方的金融机构进行逆向选择;就资金需求方而言,贫困农户普遍缺乏足额担保,加之受到政策保护,其仅需承担有限责任,农户的道德风险增加。逆向选择和道德风险提高了农村地区的信贷风险,而高风险反过来再次提高农村信贷成本,从而形成恶性循环,农村普惠金融运行陷入困境(郭兴平,2010)②。

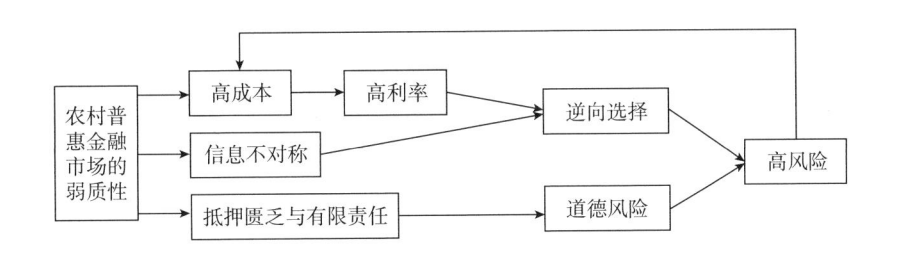

图2-2 农村普惠金融困境的形成机制

---

① 蔡洋萍、谢冰:《我国农村普惠金融内生化发展机制、障碍及对称研究》,《金融与经济》2016年第2期。

② 郭兴平:《农村金融市场均衡理论及对中国的启示》,《农村金融研究》2010年第12期。

2.2.4 关于农村普惠金融发展路径运行机制的研究

农村普惠金融发展路径的运行机制方面，现有研究主要从内生性和外生性角度考虑：

第一种观点认为农村普惠金融应该走内生性的运行路径。在发展内生性农村普惠金融的道路上应该通过完善制度、规范管理来鼓励农村金融机构适度竞争；给予必要税收财政扶持以改善农村地区支付环境；创新和扩大抵押担保范围、建立并逐步完善农村信用体系以培育内生性金融力量；同时，健全农业保险体系，加强市场引导，鼓励技术创新，从而降低农村普惠金融贷款风险，为内生性金融的可持续发展提供保障；加强农村地区文化建设，提高农户素质，形成健康的价值观，降低农户道德风险，解决农村信贷约束（何登录，2014）①。蔡洋萍和谢冰（2016）进一步指出，农村普惠金融内生性运行路径的内在机制应考虑环境、需求和制度三个因素。（1）环境因素。我国农村地区还保留着小农经济传统，小农经济社会的社交网络化特点显著，这一特征在克服信息不对称问题上具有绝对优势，因此内生性金融组织发放贷款，不会产生"柠檬市场"问题，降低了逆向选择和道德风险的发生概率。（2）需求因素。我国农户资金需求多样化。有学者将我国农村居民的信贷需求划分为生存、发展和特殊三个层次信贷需求，其中住房改善和传统农业生产为生存层次的资金需求，比重为42.5%；创业发展和子女教育等为发展层次的资金需求，占比最大，为54.2%；婚丧支出和大病医疗为特殊层次资金需求，占比最低，为3.3%。这一信贷需求层次划分反映出我国农户的信贷需求不确定性较强，这与现行外生性金融机构的信贷审批和风险控制制度的匹配性较差，农户的自有资金和抵押担保状态很难契合外生性金融机构的放贷要求。（3）制度因素。外生性金融机构的最大弊端为政府主导的供给制度与微观农村信贷需求不符，农村金融服务意愿较低且效率低下。而内生性金融机构内生于农村地区，广泛的社会网络有效降低了信息不对称所带来的逆向选择和道德风险问题，加上其灵活的管理方式、简便的审批流程、变通的担保方

---

① 何登录：《农村普惠金融内生机制研究》，《农村金融研究》2014年第4期。

式、市场化的利率策略等都能较好满足农村普惠金融需求主体小额、快速、频繁的信贷需求①。

第二种观点认为农村普惠金融发展路径为建立内生和外生农村金融机构联动机制,其内在机制为内生、外生农村金融机构各有优劣势,因此可以通过建立联合机制克服劣势,实现优势互补。就内生性农村金融机构而言,虽然可以借助地缘和人缘优势灵活设立担保制度、监督制度、分期偿还机制和动态激励机制,在一定程度上克服信息不对称引起的道德风险和逆向选择(马九杰,吴本健,2012)②,但其也具有法律监管不力、外部融资渠道狭窄、风险控制能力不足和政府培养力度不足等劣势,因此需要借助外生性金融机构扩宽融资渠道、增强风控能力,通过内外联动发展实现将外生性金融机构的资金、技术优势与内生性金融机构的人缘、地缘优势有效结合,从而更好地为农村地区提供普惠金融服务(李润平,刘兰勇,2012)③。

2.3 研究述评

从农村普惠金融发展沿革和运行机制方面的文献可以看出,国内外学者从多个视角对农村普惠金融运行机制问题展开了深入研究,并取得了众多的研究成果。但不应忽视的是,现有研究仍存在一定的欠缺,需要进一步探讨。

首先,欠缺对农村普惠金融影响因素作用机制和发展路径内在机制的系统性研究,而对农村普惠金融运行机制理解的欠缺,使中国农村地区难以挣脱农村金融抑制的桎梏,无法真正走上普惠金融的发展道路。这个困境在农户融资难问题上得以充分反映。信息经济学的发展虽然带来了新的研究思路和研究方法,但其对农村普惠金融运行机制方面的研

---

① 蔡洋萍、谢冰:《我国农村普惠金融内生化发展机制、障碍及对称研究》,《金融与经济》2016 年第 2 期。

② 马九杰、吴本健:《利率浮动政策、差别定价策略与金融机构对农户的信贷配给》,《金融研究》2012 年第 4 期。

③ 李润平、刘兰勇:《微型金融发展的内外生联动机制研究——基于农村普惠金融分析视角》,《农村金融研究》2012 年第 12 期。

究，仍然存在欠缺。

其次，对于农村普惠金融发展路径运行机制的研究多为宏观层面研究，从内生性和外生性角度进行考虑，欠缺对微观金融主体发展路径运行机制的研究。不同类型的金融机构，其资源禀赋不同，承担的金融功能也存在差异性。当前各类金融机构在发展路径上均存在一定的问题，如传统农村金融机构的路径依赖问题、新型农村金融机构的目标偏移问题以及民间金融的合理监管问题等，不同类型的金融机构（或组织）如何克服困难，走上为农村普惠金融服务的发展路径需要进行深入的机制分析。然而，现有文献对这些问题的研究较为欠缺，存在不足。

综上所述，需要在厘清农村金融发展理论的基础上，基于系统性的研究思路和研究方法，对农村普惠金融的运行机制问题进行更加深入的探讨。此外，机制设计方面，应从制度演化的视角探讨各类型农村金融机构优势互补、对接发展的问题，从而对农村普惠金融发展进行更为有效的制度设计。

第三章 农村普惠金融发展的理论基础

从理论研究层面而言，农村普惠金融的运行机制问题属于农村金融发展理论中的一部分，本章从理论角度出发，探讨了相关学术研究成果。本书对农村普惠金融运行机制问题的研究主要是从农村普惠金融的供需角度展开，并最终期望通过多方博弈建立一个可持续的农村普惠金融体系，因此本章对农村金融发展理论、农村普惠金融供需理论、农村普惠金融发展相关的博弈理论和农村普惠金融体系理论进行了分析。

3.1 农村金融发展理论分析

3.1.1 农村金融发展的三大理论流派

农村金融理论自20世纪初步奠基形成后，经历了三个基本的理论流派：农业信贷补贴理论、农村金融市场理论和不完全竞争市场理论。

首先，农业信贷补贴理论。农业信贷补贴理论于20世纪80年代在西方国家占据主导地位。该理论的前提假设是，农业生产效率低，农民的收入来源少，贫困阶层储蓄微薄使农村投入贫乏、储蓄转为投资总量稀少成为亟待解决的问题。然而由于农业的劳动生产率低下、生产受季节因素影响大、收入不稳定以及生产周期长等特点，其一直备受银行冷落，无法得到有效的资金支持。因此，为了发展农村经济，国家必须积极注资，而不能只依赖其自有资金的积累。农业信贷补贴理论主张重点解决农户特别是贫困农户的信贷需求,对其信贷供给实行优先政策。其原因在于,多数发展中国家的农村正规金融机构存在数量欠缺、制度不完善等问题,农户信贷只能转而依靠非正规金融机构(Besley,2001)[①]。该理论实质为"金融抑制论"。20世纪中期,该理论在一些发展中国家(尤其是亚洲)得以有效实施,取得了一定的正面效应。它们通过贴息贷款等方法将低息资金不断注入农村地区,一定程度上解决了农户融资难问题,有效促进了农村经济发展。

然而这种单纯依靠政府的模式不可避免地出现了负面效应:一是农村正规金融机构丧失吸储动力。其在农村的金融分支机构已演变为政府主导的中介,政策性地向农村地区注入低成本资金,促使农民产生国家将对其长期扶持的预期,对政府依赖增强,自我发展动力趋弱;此外,政策性地抑制农村信贷利率不利于在农村地区吸储,农村资金外流,农村正规金融机构发展受到影响。二是低息信贷资金的利用目标与原有的信贷目标构想不符,出现目标偏离(Braverman A. & Huppi M.,1991)[②]。三是农村金融机构可持续发展能力低下。农村金融机构单一地执行国家政策,过度依赖政策性福利,不考虑市场需求问题,最终导致机构臃肿与低效。

其次,农村金融市场理论。随着农村金融市场的不断发展,农村金融市场理论逐渐取代农业信贷补贴理论在农村金融发展理论中占主导地位。该理论重点强调市场机制的功能,认为当利率提高到一定程度时,农户(包括贫困农户)会产生储蓄需求,农村资金供求能在农村金融体系内部得以平衡;而低利率则会降低农户的储蓄意愿,妨碍农村经济发展;农村金融机构对外部融资依赖大,农户过分依赖政府的低成本资金,会导致资本回收率低下;此外,由于农业贷款的信贷风险大,管理成本高,农村非正规金融机构应适当提高利率。

农村金融市场理论认为应当放开利率管制,利率市场化可以给予

---

① Besley T. J., Jain S., Tsangarides C., "*Household participation in formal and informal institutions in rural credit markets in developing countries: evidence from Nepal*", http://www.doc88.com/p-1846983896726.html.

② Braverman A., Huppi M., "Improving Rural Finance in Developing Countries", Finance and Development, No. 1, 1991, pp. 42 – 44.

金融机构利润动机，增加金融机构农村吸储动力，并增强其资金管理责任。该理论认为应发挥农村金融机构中介功能，在农村地区积极吸储，并使资金从盈余部门向短缺部门合理流动；农村金融机构信贷利率高低应由农村信贷市场来决定。其实际利率应为正值，达到农村储蓄（资金的供给）和融资需求的平衡；衡量农村金融中介质量的标准包括其资金数量，业务能力以及独立操作能力；不再针对特定人群提供特定的信贷政策；农村非正规金融机构的存在具有合理性，它是农村信贷市场竞争的产物，应与正规金融机构共同满足农村融资需求。

再次，不完全竞争市场理论。20世纪末，拉丁美洲和一些亚洲国家出现经济动荡，市场经济局限性凸显，金融市场稳定需要政府适当干预。在此背景下，产生了主张政府合理、适当干预金融市场的不完全竞争市场理论。斯蒂格利茨运用信息经济学分析了农村金融市场，发现金融机构对借款人相关信息了解不充分，信息收集不全面，金融市场易产生市场失灵，对此，不完全竞争市场理论认为：（1）保持通货膨胀率处于较低水平，保持经济的稳定发展；（2）金融市场建立和完善之前，利率市场化应有计划、有步骤地实施，不可操之过急；（3）推行各种政策（如提高农村金融市场准入门槛）以保护金融机构的良性发展；（4）在确保银行的最低收益的前提下，实施低利率的金融政策，以实现特定部门的目标；（5）针对农村金融市场中的信息不对称，贷款回收率低等问题，应鼓励借款人合作获取信贷支持；（6）通过担保融资等措施减少信息不对称，降低贷款风险；（7）将融资和借款人实际销售结合，确保贷款收回；（8）政府给予适当政策支持解决非正规金融市场的低效问题。

3.1.2 各流派观点评析

虽然上述三种金融发展理论在其假设前提或政策观点中隐含农村金融的评价标准，但实践证明，这些评价标准并不利于增强农村金融机构的可持续性。世界农村金融顾问 Yaron（1994）在对发展中国家农村金融发展状况考察后发现，农村金融发展应主要从两方面来评价：（1）农村金融对农村经济发展的贡献度水平；（2）农村金融市场的独立性与发展的可持续性①。实践中,农村金融机构普遍存在业务量较小、业务品种较窄、服务效率较低的现象,加之其目标具有的独特性,所以对其制定全面、恰当的衡量标准具有较大难度。因此,Yaron综合农村金融发展的实际情况,提出了两个评价标准:一是农村金融的覆盖面。二是农村金融可持续发展能力②。Zeller和Meyer(2002)提出了农村金融机构小额贷款评价指标的三角框架,即覆盖率、可持续性以及社会福利③。

表3-1　　　　　　　农村金融发展理论流派及其观点

理论流派	农业信贷补贴理论	农村金融市场理论	不完全竞争市场理论
政府干预	必要,政府积极干预	没必要,市场机制充分发挥作用	政府进行一定程度的干预,用以弥补市场失灵
利率问题	利率管制,农村地区采取低利率	利率水平由市场机制决定,政府不进行干预	在确保银行最低收益前提下,实施低利率的金融政策
金融机构的保护与管制	采取优惠措施保护农村金融机构,并对其进行管制	政府不保护和管制农村金融部门,鼓励其自由竞争	农村金融发展初期进行适当保护与管制,随后逐步放松管制,鼓励合理竞争
资金筹措方式	通过贴息贷款等方法从外部向农村金融机构注资	在农村地区内部积极吸储,反对外部注资	农村内部资金为主,外部资金注入为辅
政策性金融	建立发展政策性金融,对农村地区成立扶贫专项贷款	认为政策性金融无效,反对专项贷款,积极动员农村内部资金	金融市场正当竞争为主,政策性金融在市场失灵区域存在

---

① Yaron J., "What Makes Rural Financial Institutions Successful?", *Word Bank reseach observer*, No.1, 1994, pp.49-70.

② Yaron J., "What Makes Rural Financial Institutions Successful?", *Word Bank reseach observer*, No.1, 1994, pp.49-70.

③ Zeller M., Meyer R. L., *The Triangle of Microfinance: Financial Sustainability, Outreach, and Impact*, Baltimore and London: Johns Hopkins University Press, 2002, pp.32-51.

续表

理论流派	农业信贷补贴理论	农村金融市场理论	不完全竞争市场理论
非正规金融	弊大于利,应予以取缔	有效的金融形式,存在有合理性,应正确引导,规范发展	政府适当介入非正规金融,帮助其提高金融效率

资料来源:王曙光、乔郁《农村金融学》,北京大学出版社 2008 年版。

农村金融市场发展三大理论的核心问题都是在考虑政府在农村金融中该发挥何种作用以更好地促进农村经济增长。农业补贴论依赖政府补贴和政策倾斜,在初期取得了一定的效果,但其信贷配给政策所致的扶贫与经营效率低下等弊端受到抨击。而农村经济发展并不稳定,在此环境中实施金融深化,又遭遇市场失灵等弊端。20 世纪末提出的以信息经济学理论为基础的、从市场运行机制出发的不完全竞争市场理论,细致地甄别了信贷市场与资本市场等的功能,主张政府对农村金融的适度干预,契合渐进性改革的发展思路。

3.2　农村普惠金融供需理论分析

农村普惠金融的供需均衡问题是当前农村普惠金融发展面对的关键问题之一。因此,农村普惠金融理论研究的主要目的就是厘清市场中的供求关系,探究如何通过合理资源配置,解决农村普惠金融中的供求均衡难题。

3.2.1　农村普惠金融需求理论分析

农村地区对普惠金融的需求涵盖很多方面,如农村信贷、保险、支付等。其中最为紧迫和直接的是信贷需求。农村小额信贷可以帮助农户特别是贫困阶层改善生产条件、增加收入、摆脱贫困,最终促进农村经济、社会发展。农村普惠金融需求层面的影响因素较多,在理论层面上,主要包括市场因素、产业因素和制度因素三个维度。

1. 基于市场维度的需求理论分析

市场层面最主要的影响因素是农村普惠金融市场的交易成本。农村普惠金融市场中，借贷双方所处的地理环境、宗教文化和社会阶层等方面的差异都会对双方信息的沟通造成阻碍，从而增加农村金融机构的信息成本、代理成本、管理成本和签约成本（Claudio Gonzalez - Vega, 2003）①。农村地区交通不便、金融基础设施建设不足导致的"最后一公里"问题，加大了农村普惠金融需求主体往返金融机构之间的交通成本，进一步提升了其交易成本，出于成本和便利性考虑，需求主体对农村普惠金融服务的有效需求被迫减少。相对于农村地区正规金融机构商业性和政策性信贷业务的较高交易成本，非正规农村金融机构具有独特的地域和人脉优势，它们通过利用其熟悉的地区网络、广泛的人脉资源和频繁的交易往来降低各项交易成本。

国内学者研究认为，交易成本包括信息成本、代理成本、管理成本和签约成本（刘锡良，董青马，2008）②。此外，不同地域间的社会文化和种族宗教差异也会抑制需求主体对普惠金融服务的需求。例如，在一些穆斯林地区，与银行发生借贷关系是违反教义的。这些宗教文化遏制了农村普惠金融的有效需求。此外，农村地区的信用体系建设尚未完善，信息不对称问题广泛存在，相关信贷支持信息缺乏传导到农村地区的有效途径，闭塞的信息抑制了农村普惠金融需求主体的资金需求。因此，加强农村交通、通信等基础设施建设，增加农村地区的基础金融服务设施，能够较好地解决"最后一公里"问题，降低农村普惠金融的交易成本，进而释放农户对普惠金融服务的有效需求；农村基础设施的建设和改善可以提升农户参加市场交易的效率，获得自我发展，进一步增加对金融服务的需求量（郭兴平，2010）③。

2. 基于产业维度的需求理论分析

不同于其他产业，农业产业的生产经营具有其独特的特点，而它们对农村普惠金融的需求产生较大影响。

---

① Claudio Gonzalez - Vega., "*Deepening Rural Financial Markets: Macroeconomic, Policy and Political Dimensions*", http://www.aede.osu.edu/Programs/Rural/Finance/PDF% 20Docs/Publications/BASIS/woccu.pdf.

② 刘锡良、董青马：《中国新农村建设中的金融体系问题研究：基于金融功能的视角》，西南财经大学出版社2008年版。

③ 郭兴平：《农村金融市场均衡理论及对中国的启示》，《农村金融研究》2010年第12期。

首先,农业生产的季节性较强,这导致其对农村信贷资金的需求往往根据生产循环周期产生,具有时间特点。特别是林业生产,由于林木生产周期多在 10 年以上,即使是果树等经济树种,其成熟结果期也常常在 5 年左右。过长的生产周期,导致其需要较长的贷款期限,造成资金流动性差,信贷风险也随之提升。

其次,农业生产受自然因素影响较大,易受到自然灾害威胁,这导致农村金融机构开展农业信贷具有较大的风险性。为降低风险,农村普惠信贷必须通过健全相关农村保险体系、扩大抵押品范围等途径进行风险转移和补偿,从而缓解农村金融机构的风险压力。

再次,多数发展中国家的农业生产受到生产力发展水平、土地资源和自然环境因素的影响,生产经营规模较小,生产率较低,这导致了农业产业的信贷资金需求具有规模小、分散广和收益低的特点,过高的利率水平会抑制农业贷款需求,增加贷款回收难度,不利于农业生产的发展。

最后,农业生产要素的特点也会影响农村普惠金融需求的产生。具体而言,各个国家所运用的农业生产技术、农户拥有的土地生产面积、农业生产人力资本投入等农业生产要素都会对农村普惠金融需求产生影响,此外,阻碍这些生产要素发挥作用的农业政策也会对农村普惠金融需求产生较大的影响(Claudio Gonzalez – Vega,2003)[1]。农业科学技术在生产领域的推广应用,促进农业生产力发展;土地政策的制定和实施,明确了农户所拥有的土地权利,土地市场的作用彰显,对农户土地改良的投入和生产作物的选择产生影响,提高农户的有效信贷需求;农村教育的发展,将提高农村居民受教育水平,提高其生产经营能力,促进其科学生产,增加收入;农村基础设施建设的发展,能够改善农业生产条件,降低借贷双方的交易难度,从而增加农户的有效信贷需求。因此,改善农业生产要素,能够促进农业生产力发展,提高农业生产经营收益,提升农户收入水平,进而增加其对农村普惠金融产品的需求

---

[1] Claudio Gonzalez – Vega.,"*Deepening Rural Financial Markets:Macroeconomic,Policy and Political Dimensions*",http://www.aede.osu.edu/Programs/Rural/Finance/PDF% 20Docs/Publications/BASIS/woccu.pdf.

(申睿波，2012)①。

3. 基于制度维度的需求理论分析

制度因素对农村金融需求的影响最早由麦金农提出。通过研究金融发展与经济增长之间的关系，麦金农认为在发展中国家的金融制度中广泛存在"金融抑制"现象，双重二元金融特征显著，一是成熟健全的城市金融和滞后的农村金融长期并存；二是农村金融市场中存在正规金融和非正规金融。"金融抑制"在发展中国家主要表现为利率形成机制的扭曲、农村信贷资金供求矛盾尖锐、大型国有商业银行的市场经营垄断、金融工具和金融信用产品严重匮乏、信贷补贴政策大量存在以及资金使用效率低下，这一状况严重影响了发展中国家的经济发展与社会稳定，急需进行金融深化（Shaw，1973）②。其中，利率形成机制的扭曲以及农村信贷资金配置的非市场化严重影响了农村金融市场中储蓄的投资转化率，加剧了农村资金的流出，形成"系统性负投资"（Boartight，1999）③。因此，农村普惠金融被抑制的主要原因来自制度层面的制约，是政策制定导致的结果，属于制度供给不足。例如，农村正规金融机构在满足农村普惠金融需求方面的乏力，主要源于信贷抵押制度、农村信用制度和农业保险制度的不到位。

中国的金融体系存在双重二元结构，除了城市与农村间的二元化、差异性金融体系外，还存在第二个二元金融对立结构，即农村普惠金融体系中正规金融与非正规金融之间的对立。长久以来，正规金融在国家政策法律的保护之下发展，国家给予正规金融机构财政和税收政策倾斜，支持其进一步发展壮大，然而，现实中，农村正规金融机构服务农村经济的效率并不高，远未满足农村地区的金融需求，其所提供的金融服务范围较窄且效率低下；农村非正规金融包括范围较广，既包括民间互助性借贷行为，也包含高利贷、地下钱庄、合会等灰色行为，还包括目前高速发展的互联网金融。虽然这些非正规金融组织于一定程度上弥

---

① 申睿波：《中国农村金融体系的结构优化研究》，博士学位论文，中央财经大学，2012年。

② Shaw E. S., *Financial Deepening in Economic Development*, New York: Oxford University Press, 1973, pp. 126 – 154.

③ Boart J. R., *Ethics in France*, Oxford: Blackwell publisher, 1999, pp. 36 – 41.

补了正规金融在农村地区的资金需求缺口,但多数并没有得到国家政策法律的规范指导,融资成本、信息获取成本均较高,导致了金融风险的累积。相较于第一重二元金融结构的"系统性负投资"对农村经济发展的阻碍作用,第二重二元金融结构中的非正规农村金融的快速发展则对农村经济发展产生了促进的正向作用,然而却存在着巨大的金融风险问题。

双重二元金融结构在一定程度上抑制了我国农村经济的发展进程。首先,城市和农村的二元金融结构加剧了农村资金的外流,对原本就资本匮乏的农村地区经济发展造成了雪上加霜的不利影响。伴随着资金的不断外流,农户贷款难度大为增加,贷款可得性下降,农村基础设施建设乏力,农民收入增长被抑制,导致城乡收入差距进一步扩大,基尼系数超过国际警戒线水平。而城乡收入差距的不断扩大,又反过来加剧了城乡二元金融结构特征。其次,正规金融在农村地区缺位导致资金缺口增大。在这一背景下,农村非正规金融发展迅速,组织形式多样化,规模也日趋增大,甚至在某些地区成为农村信贷资金的主要供给者。然而,缺乏约束的非正规农村金融容易累积金融风险,20世纪90年代的农村合作基金会就是一个典型的案例。同时,非正规农村金融机构的迅速发展也又导致了农村正规金融体系与非正规金融体系二元金融结构特征的加剧(王曙光,邓一婷,2007)[①]。

3.2.2 农村普惠金融供给理论分析

在完全竞争市场中,影响农村普惠金融供给的因素既包括制度层面,也包括市场层面和产业层面,具体而言,包括农村信息不对称导致的逆向选择和道德风险、农村金融的弱质性特点、金融抑制等。

1. 信息不对称对农村普惠金融供给的影响

根据经济学理论,农村普惠金融市场在完全竞争市场环境中,若农村信贷需求大于供给,利率将上升,进而刺激供给增加;若农村信贷需求小于信贷供给,则利率下降,产生对信贷需求的刺激效应,需求会随

---

① 王曙光、邓一婷:《农村金融领域系统性负投资与民间金融规范化模式》,《改革》2006年第6期。

之上升。因此在利率完全市场化的作用机制下，农村普惠金融供给将趋于平衡。在这一均衡机制下，农村金融机构通过向高风险融资者收取高利率、向低风险融资者收取低利率来实现农村金融资源的高效配置，实现自身效益最大化。

然而，现实情况却是由于缺乏完善的信用体系，农村普惠金融市场中借贷双方并未实现完全信息，即信息不对称现象严重，进一步导致了农村普惠金融信贷市场产生逆向选择（adverse selection）和道德风险（moral hazard）。

农村普惠金融市场的信息不对称在信贷市场贷前主要引发逆向选择问题。由于信息不对称，农村金融机构发放贷款前并不清楚借款方的风险特点，也不知晓融资项目的风险概率，无法将低风险与高风险借款者有效区分，因此只能对全部借款者实施单一利率。单一利率所导致的结果就是低风险项目融资者支付的利率水平过高而造成收益受损；高风险项目融资者支付的风险补偿低于其实际风险而从中获益，亦或项目投资失败丧失信贷资金偿还能力。由于高风险者支付的利率远低于其风险补偿，低风险者支付的利率却高于其承受能力，最终低风险者退出农村普惠金融借贷市场，市场中仅剩高风险融资者，产生农村普惠金融市场中的逆向选择，亦即经济学中的"劣币驱逐良币"问题。农村普惠金融市场由于信用体系尚未完善，农村金融机构通常缺乏评估借款者信用风险的有效工具，也无法直接监督项目融资者的贷后行为，只能凭借自身利益来制定农村市场信贷条件，导致信贷配给现象。逆向选择的存在将加剧高利率背景下低风险融资者的退出，因此其无法将利率作为有效信贷配给工具，从而产生非价格的信贷配给问题（Stiglitz & Weiss，1981）[1]。

农村普惠金融市场的信息不对称在信贷市场贷后主要引发道德风险的问题。在信息不对称环境中，农村金融机构缺乏对融资者行为的有效监督工具，无法监督融资项目的相关情况，如融资项目的实施进度、收益程度、贷款资金的使用状况以及融资者的努力程度等，因此缺乏监管

---

[1] Stiglitz J. E., Weiss A., "Credit Rationing in Markets with Imperfect Infor – mation", American Economics Review, No. 12, 1981, pp. 912 – 927.

的融资者可能会倾向高风险行为，导致无力清偿贷款，最终使农村金融机构遭受放贷损失。此时，若存在一个包括足值抵押的信贷合约将会大幅降低其信贷风险。足值抵押将产生"激励相容"效应，能够有效缓解信贷合约中的"道德风险"问题，因为抵押合约的存在使融资者从违约行为中不能得到任何利益，违约成本的增加对融资者的行为产生激励约束作用。

然而，这种有效的风险化解机制却不能充分发挥作用，原因在于农村融资者可用于抵押的资产严重匮乏。在现行法律规定范畴内，农户和涉农小微企业所拥有的合法抵押品严重不足，且这些可抵押品多数与农户或企业生活和生产经营紧密联系，加上法律体系不健全，使抵押品变现的执行阻力很大。在这种抵押品匮乏且变现困难的背景下，融资者趋向风险偏好，道德风险问题严重，最终损害借贷双方缔结信贷合约的基础，使农村金融机构对农村客户的贷后管理成本增加。作为有限理性个体，为实现自身财务可持续和利益最大化目标，农村金融机构会减少农村信贷资金的供给。

2. 农村金融的弱质性对农村普惠金融供给的影响

农村金融市场存在客户规模小、资金需求分散等特点，农村金融机构投入在农村地区的金融基础设施的建设成本难以得到正常分摊（Chaves & Claudio，1996）[1]，导致了农村金融机构缺乏农村地区进行基础设施建设的动力，农村地区存在通信、交通等基础设施的建设水平低下的问题；再加上多数贫困的农村地区地广人稀，导致商业性金融机构高昂的农村信贷交易成本。交易成本的提升又会增加农村金融机构资金贷出的总成本，甚至使其远高于信贷资金的机会成本，为覆盖高成本只能通过提高资金的使用边际收益，而这种高边际收益的使用方法在农村地区常常难以寻找（Cuevas & Graham，1984）[2]。

农村居民大多缺乏相应的金融知识，金融机构在进入和深耕农村市场之前，为了提高金融服务效果，必须投入大量的时间和货币成本在农

---

[1] Chaves R. A., Claudio G. V., "The Design of Successful Rural Financial Inter-mediaries: Evidence from Indonesia", *World Development*, No. 1, 1996, pp. 65-78.

[2] Cuevas C. E., Graham D. H., *Agricultural Lending Costs in Honduras*, Boulder: Westview Press, 1984, p. 8.

村地区开展相关金融知识培训，对于先进入农村地区的金融机构而言，市场开发成本高昂；此外，先行进入农村地区的金融机构的市场开发成本还包括：投入大量时间和资金构建农村信息数据库，并不断完善该信息系统；为农户和涉农小微企业开展相关金融知识培训；探索建立多形式的信贷风险分散机制，如建立信贷小组等。因此，先行进入农村市场的金融机构的市场开发成本较高。然而，在竞争的市场环境下，随着市场开发的逐步成熟和信用体系的建立健全，市场吸引力增大，竞争者增多，行业竞争日趋激烈，金融机构收益逐步下降，使前期进行市场开发的金融机构面临巨大的市场开发成本风险。

3. 金融抑制对农村普惠金融供给的影响

农村地区的储蓄顺利转化为农村投资，实现当地的农村资本积累，能够体现农村普惠金融市场受宏观调控后的微观结果。然而，不同于城市金融的迅速发展，中国农村金融发展缓慢且滞后，农村金融抑制现象广泛存在，二元金融结构特征显著。农村金融抑制表现为农村地区储蓄的投资转化渠道不畅，农村资金多流入城镇地区，导致"系统性负投资"问题（王曙光等，2013）[①]；此外，由于农村储蓄资源不能得到有效配置，具有潜力的优质企业无法获得发展必需的金融资源，最终导致金融机构的投资效率不高，投资收益低下（雷蒙德·W. 戈德史密斯，1999；申睿波，2012）[②]。

在金融抑制比较突出的农村地区，由于农户普遍生产能力较弱，涉农企业经营规模较小，金融需求分散且较小，偿债能力较弱；交通不便、基础设施匮乏和信用体系的不健全导致的资金供求信息不对称进一步加剧了农村金融市场的道德风险与逆向选择问题；同时，部分地区存在的不良偿债文化以及社会对弱势群体的泛政治化宽容，都会弱化贷款合同义务的如约履行和违约惩罚的确定实施（Aguilera – Alfred & Clau-

---

[①] 王曙光、王丹莉、王东宾、李冰冰、曾江：《普惠金融——中国农村金融重建中的制度创新与法律框架》，北京大学出版社2013年版。

[②] 雷蒙德·W. 戈德史密斯：《金融结构与金融发展》，周朔等译，上海三联书店1999年版。

申睿波：《中国农村金融体系的结构优化研究》，博士学位论文，中央财经大学，2012年。

dio，1993)①，最终导致农村金融市场信用缺失严重，不仅货币类金融产品转让受阻，商业票据、股票、期权期货、债券等非货币性金融工具也无法在农村金融市场全面推广，难以形成健全的农村普惠金融市场体系。故而，农村金融抑制现象广泛存在于金融市场、金融机构、金融产品和金融工具中，对农村储蓄转化为投资产生阻碍作用，减少了农村普惠金融信贷资金的供给，加剧了系统性负投资。

3.2.3 农村普惠金融供需均衡理论分析

1. 交易成本较高

农村金融市场的弱质性特点导致信息不对称出现，使各项交易成本增加。作为供给主体的农村金融机构发放信贷资金的交易成本涉及贷前、贷中和贷后整个信贷周期的运营成本。贷前产生对农村融资者进行信用状况、经营能力、借款用途和融资项目风险性的调查成本，贷中产生签约成本，贷后则有各项监督成本。

农村金融市场的特点为资金需求量小且分散、信用体系不健全、受教育水平较低、有限责任约束等特点，增加了农村金融机构的贷前调查成本、贷中签约成本和贷后的监督成本，交易成本居高不下。为了化解成本压力，农村金融机构采取通过提高信贷价格的途径将其转嫁给信贷资金的需求方，即提升信贷利率。反映到供给曲线上，就是过高的交易成本导致供给曲线上移，以较高的利率水平和较少的可贷资金数量实现供求均衡，如图 3-1 所示。

从图 3-1 可以看出，有效的农村金融中，市场均衡点为供给曲线 S 和需求曲线 D 的交叉点 E_0，均衡的信贷价格（利率）为 R_0，均衡的信贷资金数量为 Q_0。然而，由于存在交易成本 c，使得资金供给方提供 Q_0 信贷资金数量时的对应利率上升为 $R_1(R_1 = R_0 + c)$，供给曲线向上平移 c 个单位到 S'，供求曲线在 E_1 点实现新的市场均衡。E_1 点对应的均衡可贷资金数量 $Q_1 < Q_0$，而利率 $R_2 > R_0$，与原有市场均衡点 E_0 对

---

① Aguilera A. N., Claudio G. V., "A Multinomial Logit Analysis of Loan Targeting and Repayment at the Agricultural Development Bank of the Dominican Republic", Agricultural Finance Review, No. 53, 1993, pp. 55–64.

比，E_1 点并非有效的市场均衡点，农村地区融资者的信贷资金需求被抑制，被抑制的资金需求数量为 $Q_0 - Q_1$，同时其还要承受更高的利率水平。因此，交易成本会抑制农村普惠金融发展，应采取各种手段降低农村普惠金融交易成本（申睿波，2012）[①]。

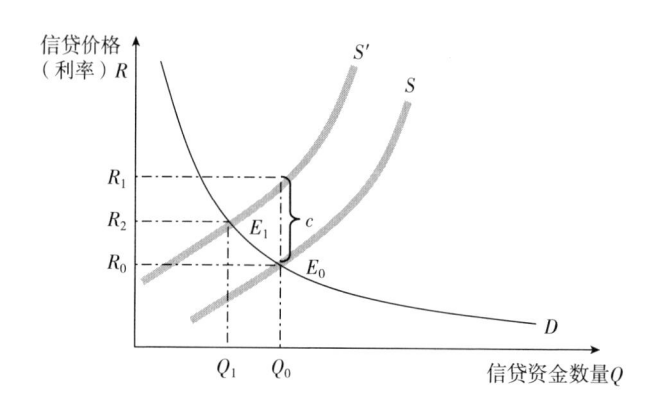

图 3-1　交易成本对供求均衡的影响

2. 利率管制问题

金融抑制问题在发展中国家普遍存在，利率管制则是金融抑制的主要表现形式和核心所在。正规金融机构多为国有性质，实施国家制定的金融抑制政策，其利率多受到管制，利率传导机制被扭曲。由于农村普惠金融需求的重点是信贷资金的需求，而利率作为影响信贷资金供求的重要因素，对农村普惠金融市场的资金供给产生很大影响。20 世纪 30 年代，俄林（瑞典学派）和罗伯逊（剑桥学派）的可贷资金理论（Loanable – Funds Theory of Interest）分析了借贷资金的供求问题和利率形成机制。据此理论，农村地区的可贷资金的需求量与信贷利率呈反向变动趋势，信贷资金需求包括投资 I、中央银行货币供应的增加量 ΔM_d 以及表现为货币的财富窖藏数量。农村地区可贷资金的供给量与信贷利率呈正向变动趋势，可贷资金的供给包括储蓄 S 和反窖藏 ΔM_s。在利率

[①] 申睿波：《中国农村金融体系的结构优化研究》，博士学位论文，中央财经大学，2012 年。

管制背景下，利率不能根据市场需求自由波动，导致其正规金融机构的信贷利率水平严重偏离市场均衡条件下的利率水平，从而影响农村普惠金融市场的信贷资金供求均衡。由于无法从正规金融机构获得足够的资金支持，许多资金需求者只能从非正式金融机构寻求资金支持。利率对农村地区信贷资金供求的影响以及农村普惠金融市场中利率的形成机制如图3-2所示。

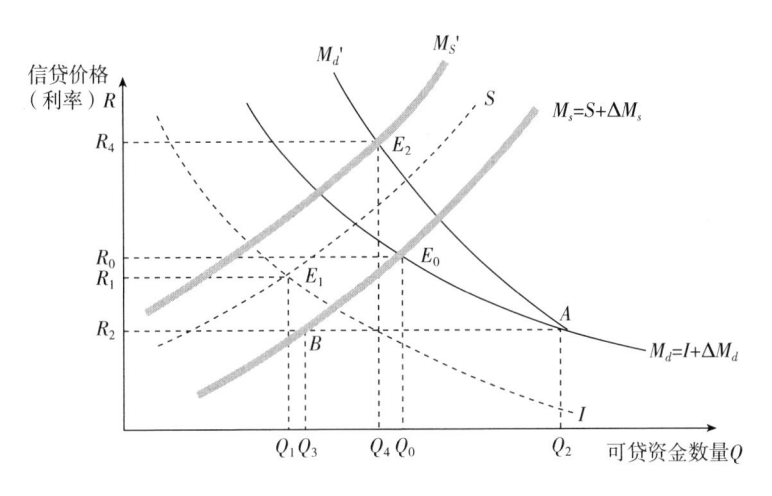

图3-2 利率对供求均衡的影响

图3-2中，M_d和M_s分别代表农村普惠金融市场的需求曲线和供给曲线，M_d和M_s的交叉点E_0代表农村普惠金融市场供求均衡，均衡的信贷价格（利率）为R_0，均衡的可贷资金数量为Q_0。由于农村普惠金融市场具有受自然因素影响大、资金需求量小且分散、信用体系不健全等特点，正规金融机构在农村地区的运行成本较高，导致农村金融市场的均衡利率水平高于其他产业的均衡利率水平。考虑到按照较高的均衡利率发放信贷资金会导致农村融资者还款压力较大，挫伤其生产经营积极性，因此政府常常采用低于均衡利率水平的利率政策以降低农业生产的利息成本，此时执行利率R_2远低于均衡利率R_0。正规金融机构作为国家政策的执行者按照R_2的利率水平在农村地区发放贷款，由于资金需求是利率的减函数，资金供给是利率的增函数，低利率水平下，正规金融机构在农村地区的资金供给量缩小为Q_3，而农村地区的资金需求

量增加到 Q_2，资金供求缺口出现，为 $Q_2 - Q_3$，反映出正规金融机构的可贷资金供给量无法满足资金的需求量，农村融资者只能到非正规金融机构寻求资金。

农村非正规金融市场利率的信贷资金需求弹性大于农村正规金融市场，因此其信贷资金需求曲线 M'_d 较之 M_d 更为陡峭。若农村非正规金融机构执行政府的利率水平 R_2，则 M'_d 与 M_d 重合，即在利率水平低于 R_2 时，农村正规和非正规金融市场的需求曲线重合。考虑到非正规金融市场常常得不到政府的有效监管，信贷合约缺乏法律保护，其发生违约的概率以及损失额度都远高于正规金融，所需的风险补偿也就相对较高，反映在图 3-2 上就是 M'_s 在 M_s 曲线之上。推导可得，农村非正规金融市场的资金供求均衡点为 E_2，均衡利率为 R_4，均衡的可贷资金数量为 $Q_4 - Q_3$，农村正规和非正规金融机构的可贷资金数量之和无法满足 R_2 利率水平下的可贷资金需求量 Q_2。因此利率管制情形下，即使加上非正规金融市场的高利率资金供给，仍无法满足农村市场对资金的需求，农村普惠金融市场存在资金供求缺口，农村普惠金融发展受到阻碍（郭兴平，2010）①。

3. 政府补贴的存在

农村普惠金融市场是否需要政府提供补贴支持？政府又该如何实现适时适度补贴？这在农村普惠金融领域颇有争议。按照传统的信贷补贴理论观点，政府必须对农村金融发展进行必要的干预。在农村金融发展初期，几乎所有涉及农村信贷的金融机构都为政府投资所建，政府为这些金融机构服务农村市场提供有力的资金支持。政府部门通过补贴或再补贴的方式给涉农金融机构提供补贴，传导到农村融资者手中就是为其进行转移支付，希望能够提高农户收入。然而，信贷补贴理论的实施结果却远未达到实施补贴政策的初衷，反而弱化了对农村融资者的金融约束，增加了道德风险，导致政府财政负担沉重。

农村金融市场流派认为，不需要对农村金融进行干预，应鼓励金融机构按照市场规律自由竞争发展。然而，农村金融产业发展滞后，属于

---

① 郭兴平：《农村金融市场均衡理论及对中国的启示》，《农村金融研究》2010 年第 12 期。

幼稚金融产业范畴，具有高成本和高风险的特点。在完全竞争市场环境中，出于交易成本和风险承受能力考虑，理性的农村金融机构不会为农村地区的贫困阶层提供金融服务，即无法实现农村"普惠"金融服务。此外，农村普惠金融的发展具有巨大的正外部效应，它对于优化农业产业链结构、构建完善的社会信用体系、减少贫困人口和保障社会稳定有着很大的作用。因此，目前对于农村金融态度多遵从不完全竞争流派观点，认为农村金融的发展需要政府部门的适度介入，提供适度的补贴也是必要的，需要解决的核心问题是如何实现补贴的适度，从而促使政府补贴政策的效用最优化。因此，在农村普惠金融发展初期，考虑到其自身发展的弱质性和带来的外部效应，需要政府部门的适度介入，为农村金融机构提供必要的政策支持，降低其在农村地区的市场开发成本，优化金融生态环境。农村金融相关配套设施较齐备时，私人部门才愿意为农村融资者提供金融服务（郭兴平，2010）[①]。

补贴因素对农村普惠金融发展的作用机制如图3-3所示。政府未进行补贴时，农村普惠金融市场信贷资金的供求均衡点为供给曲线 D 和需求曲线 S 的交叉点 E_0，均衡的信贷价格为 R_0，均衡的信贷资金数量为 Q_0。政府对农村金融机构提供信贷补贴后，农村金融机构的涉农贷款成本降低，涉农信贷资金供给意愿随之上升，在图3-3上的体现

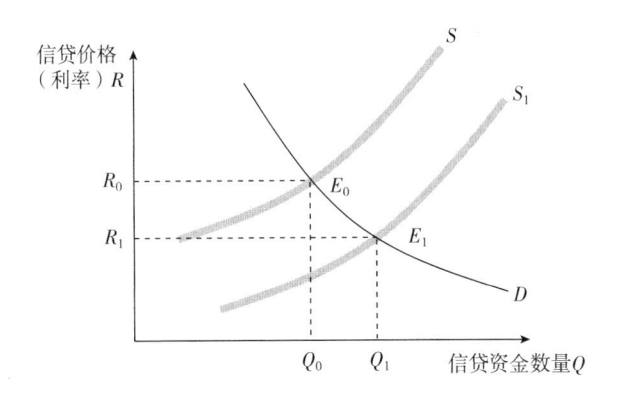

图3-3 补贴对供求均衡的影响

---

① 郭兴平：《农村金融市场均衡理论及对中国的启示》，《农村金融研究》2010年第12期。

就是供给曲线向右下方平移至 S_1, 供求曲线在 E_1 点实现新的均衡, 均衡的信贷价格为 R_1, 信贷价格降低了 R_0-R_1; 均衡信贷资金数量增加到 Q_1, 增加量为 Q_1-Q_0, 此时, 原本受到金融排斥的融资者也能够获得金融机构提供的信贷资金。因此, 在金融生态环境不佳的农村普惠金融发展初期, 需要政府的适度干预, 补贴可以视为一种较为有效的干预手段。

3.2.4 农村普惠金融供需理论启示

从农村普惠金融供需理论研究中可以发现, 农业产业的弱质性、农村金融借贷双方的信息不对称、农户抵押品的欠缺、农村金融较高的交易成本和二元金融结构等是制约农村普惠金融发展的主要问题。根据农村金融市场理论, 较高的交易成本需要较高的贷款利率来弥补; 与此同时, 农村金融借贷双方的信息不对称、农业产业的弱质性、农户抵押品的缺乏和二元金融结构导致农村金融市场中的逆向选择和道德风险问题严重, 进一步推高了农村金融机构的放贷风险, 加大了农村金融机构的放贷成本。高成本推高利率水平, 高利率又激化逆向选择和道德风险, 往复循环形成农村普惠金融发展难题。因此, 要促进山东省农村普惠金融发展, 首先需要实现农村普惠金融的供需均衡。基于此, 本书将采用调研数据分别分析山东省农村普惠金融的需求和供给情况, 同时通过建立计量模型研究逆向选择、道德风险和二元金融结构对山东省农村普惠金融供需均衡性的影响。

3.3 农村普惠金融运行机制的博弈论基础

博弈论 (Game Theory) 研究的是当一个主体的选择受到其他主体选择的影响, 同时又反过来影响其他主体选择时的决策以及该决策的均衡问题。也就是说, 与传统微观经济学不同的是, 在博弈论中, 一个主体的个人效用函数不仅依赖于他自身的行为选择, 还依赖于其他主体的行为选择, 这意味着个人的最优选择是他人行为选择的函数。在讨论普惠金融运行机制问题时会涉及一些博弈论理论要点、限制约束条件以及相关博弈模型理论, 需要对其进行清晰界定, 具体包括: (1) 激励相容条件与参与约束条件；(2)路径依赖理论；(3)博弈论中的部分模型理论，如斯坦科尔伯格竞争博弈模型、演化博弈理论等。

3.3.1 激励相容条件与参与约束条件

经济社会中，每个独立个体为了从所做之事中获得自身利益，必须付出一定的成本。通过对所得利益与所付成本的对比，个体产生做与不做、做好与不做好这件事情的意愿，从而产生对规则的激励反应。然而，由于每个个体间或个体与社会间存在利益差异，个体会根据规则或制度选择对自身利益最优的行为，而该行为并不能满足他人或社会的利益，同时不完全信息又使社会最优难以借助指令形式实施，从而产生激励不相容导致的利益冲突问题。解决激励不相容问题需要好的制度安排，通过制定合理的规则，使个体在追求自身利益的同时，也能够同时实现他人或社会利益，即达到激励相容（incentive compatible）。

每个个体都是在约束条件下进行选择的。每件事情的实施都存在客观约束条件，这意味着所有个体都必须在客观的约束条件下进行行为选择，这也是经济学的基本原理。具体而言，个体的行为受到主体意愿和客观约束的限制，而客观约束条件包括物质资源的约束、信息获取的约束以及激励相容的约束，这些约束的存在大大增加了经济人实现自身主观目标的困难。因此，设计或实施一个制度安排时必须考虑其可行性问题，要求在做好风险控制的同时满足客观约束条件，否则该制度则不具备可实施性。参与约束条件是在设计激励措施时的重要约束条件。满足参与约束条件的制度安排意味着经济人能够在所从事的经济活动中获得正收益，或者至少不会受到损失，否则其不会介入经济活动，甚至会反对该制度的实施。对于追求自身收益最优化的个体而言，只有当某一制度安排下的收益不小于其最低保留收益（拒绝该制度）时，个体才产生交易意愿。因此，若某一制度设计不满足参与约束条件，个体或社会整体都不会产生接受该制度的意愿，则此制度不具备可实施性，若强行实施，会造成社会发展不稳定。

3.3.2 路径依赖理论

路径依赖（Path-Dependence）是博弈论中的一个重要概念，最先是由道格拉斯·诺斯提出。为了解释为何所有的国家在经济发展过程中并没有走上同样的轨迹，诺斯考察了西方近代经济发展史，他发现一个国家在发展过程中的制度变迁存在"轨迹"，即存在"路径依赖"问题。

所谓路径依赖是指由于受到规模经济效应、学习效应、协调效应和适应性预期效应等因素影响，使人类社会中的制度变迁存在类似于物理学中的惯性，一旦选择了某种制度就会沿着这一路径方向不断自我强化。每个制度背后都存在对所得利益与付出成本的考虑，制度变迁路径受到报酬递增和不完全市场的影响，产生自我强化机制：首先，设计新制度需要大量的初始成本，这一成本将随着制度的推进实施产生规模经济效应（Economies of scale），单位成本和边际成本不断下降。其次，产生学习效应（Learning Effect），那些主动学习并适应该制度的组织会抓住制度所提供的获利机会。再次，产生协调效应（Coordination Effect）。那些适应制度并抓住机会获利的组织会与其他类似组织联合，追加对该制度的投资，形成与该制度紧密相关的特殊利益集团，这种特殊利益集团与该制度共存亡，因此其具有保持该制度继续前行的推动力；此外，围绕该制度也会产生其他正式的和非正式的规则，即出现所谓的补充规则来强化现行制度。这些非正式制度对经济发展路径影响巨大。最后，随着以这一制度为基础的规则广泛制定和实施，该制度变迁的可能性将大为减少。同时，这种整个社会间的制度矩阵将促使报酬递增，反过来，递增的报酬又强化了该制度的发展轨迹，即出现适应性预期效应（adaptive effect）。此时，为实施和坚持该制度已经投入了巨额资金和精力，一旦放弃将会导致巨大的"沉没成本"（sunk cost），因此考虑到沉没成本，出现了"锁定效应"，即形成制度变迁的路径依赖。

3.3.3 相关博弈模型

博弈论研究的是一个决策问题，即存在外部相互经济时的个人最优抉择问题。如寡头市场，在传统微观经济学中是个例外，但却是博弈论的重要应用领域，相关博弈模型包括古诺（Cournot）寡头模型、伯特兰德（Bertrand）寡头模型、斯坦科尔伯格（Stackelberg）寡头竞争模型等。

1944年冯·诺依曼和摩根斯坦恩撰写的《博弈论和经济行为》开创了博弈理论研究，主要贡献在于创立预期效用理论。20世纪50年代，"讨价还价"模型和合作博弈中"核"的概念的提出将合作博弈（Cooperative Game）发展推向鼎盛；同时，非合作博弈（Non-cooperative Game）也开始创立，其中最为著名的是纳什的两篇非合作博弈论文和塔克的"囚徒困境"（Prisoner's Dilemma）。20世纪60年代，泽尔腾提出"精炼纳什均衡"理论，海萨尼在博弈论研究中引入微观经济学中的不完全信息理论。70年代中后期，博弈论发展成为经济学的一部分，经济学家开始强调个人理性，发现信息和时序对理性经济人效用函数的重要作用，这一时期最为有名的是关于信誉问题的"四人帮模型"；同时，这一时期，莫纳·史密斯和普瑞斯将生物学界的进化理论引入博弈论研究中，创立了"演化稳定战略"（evolutionarily stable strategy）。90年代以来，演化博弈理论（Evolutionary Game Theory）在社会制度变迁和社会规范形成等社会经济问题中得到广泛运用。

1. 斯坦科尔伯格寡头竞争模型

1934年，斯坦科尔伯格提出的斯坦科尔伯格均衡理论，可以被认为是泽尔腾"子博弈精炼纳什均衡"（1965年）的最早版本。

古诺寡头模型和伯特兰德寡头模型，均设定市场中的竞争厂商拥有平等地位，并同时决策，因此它们行为相似，一个企业在决策时并不清楚其他企业的决策。然而现实市场中，竞争厂商的市场地位并不相同，这种地位的差异导致决策具有时序性。通常的情况是，大企业先做出决策，小企业观察后根据自己的能力和希望达到的目标再制定自己的应对之策。斯坦科尔伯格正是基于这种不对称竞争情况建立了寡头竞争模型。

斯坦科尔伯格寡头竞争理论将寡头竞争厂商划分为"领导者"和"追随者"进行分析。不同于古诺寡头模型中寡头厂商的势均力敌、互相追随，斯坦科尔伯格寡头竞争模型中，一方是地位占优的领导者，另一方是实力较弱的追随者，每个厂商都要对其产量进行决策，选择最优产量决策以实现自身利润的最大化①。

2. 演化博弈理论（Evolutionary Game Theory）

演化博弈论是经济学研究方法的创新，它对理性经济学与演化生物学的思想进行了整合。该理论以否定理性人假定为基础建立了经济学的分析框架，将有限理性的参与人群体作为研究标的，运用系统论的观点和动态分析方法把影响参与人行为的各种因素纳入模型，以此来考察群体行为的演化趋势。与传统建立在完全理性基础上的逆向归纳法不同，演化博弈理论中参与人以博弈的历史来抉择其未来的行为策略，即均衡的精炼的实现是运用前向归纳法的动态选择及调整过程。因此，动态的选择机制能使多个纳什均衡最终达到其中的某一个纳什均衡，即参与人是有限理性前提下通过动态选择机制实现纳什均衡的精炼②。泰勒和朱克（Taylor&Jonker，1978）提出的复制者动态方程是演化博弈理论中运用最为广泛的选择机制动态方程，他们研究了对称两人博弈，随后泰勒将其推广到不对称情形③。荷什勒佛（Hirshleifer，1982）把演化博弈理论中的静态概念与动态过程统一起来，提出了演化均衡（Evolutionary Equilibrium）的概念④。

3.3.4 博弈理论的运用与启示

要实现农村普惠金融的供需均衡，促进农村普惠金融的可持续发展，必须建立和完善农村普惠金融体系，而科学的体系构建需要基于博弈理论来解决当前农村普惠金融发展中遇到的问题，如借贷双方的激励相容、农村金融发展中的路径依赖以及不同类型农村金融机构（组织）间的竞合等。

1. 激励相容与参与约束问题

农村普惠金融在运行发展的过程中，需要实现农村金融机构、借款

---

① 张维迎：《博弈论与信息经济学》，上海人民出版社 2012 年版。
② 张维迎：《博弈与社会》，北京大学出版社 2014 年版。
  瑞典威布尔：《演化博弈论》，王永钦译，上海人民出版社 2006 年版。
③ Taylor M. P., Jonker L., "Evolutionary Stable Strategies and Game Dynamics", *Mathematical Biosciences*, No. 16, 1978, pp. 76–83.
④ Hirshleifer J., Glazer A., *Hirshleifer D. Price theory and applications: Decisions, Markets, and Information*, Cambridge: Cambridge university press, 2005, pp. 35–42.

农户和社会效益的激励相容。农村金融机构为追求利润目标，产生最有效使用信贷资源的激励；农户为了获得更好的发展，有激励最有效地运用信贷资金；农村社会为了发展，要求农村金融机构对农村地区信贷资金的支持，同时还要保证金融机构的收益性。因此，需要制定好的制度，促使农村金融机构、农户的行为实现激励相容，从而达到社会目标。

农村普惠金融运行过程中的制度设计，还需要满足参与约束条件，对金融机构而言，参与约束条件是要保证其投入农村地区的普惠信贷资金收益不低于其保留收益（拒绝实施农村普惠金融），这里主要考虑信息不对称背景下的信贷风险问题；对于农户而言，参与约束条件是贷款资金投入生产经营后的获得收益不低于其保留收益（不向金融机构贷款），这涉及贷款利率、贷款期限等信贷条件。因此，农村普惠金融的制度安排必须满足相关利益群体的参与约束条件，才能达到既定的社会目标。

2. 中国农村普惠金融发展需要突破路径依赖

中国当前的农村金融改革并未一帆风顺，其中一个重要原因就是路径依赖问题。农村普惠金融的良性运行要求制定更为先进的发展制度，这需要克服原有农村金融制度的惯性，同时需要面对现存体制中既得利益集团的抵制。因此，在农村普惠金融发展的道路上，需要综合考虑激励相容条件和参与约束条件，努力破除不正确的路径锁定；同时也要慎重制定各项新的农村普惠金融发展制度，既要考虑制度实施的直接效果，也要研究其未来的长远影响；要随时观察和研究发展路径，若出现路径偏差需要尽快纠正，以防止积重难返的路径依赖状况出现。

3. 不同类型农村金融机构（组织）的竞合博弈

在农村金融市场，以农信社为代表的传统农村金融机构占据优势地位，为"领导者"；而新型农村金融机构无论在资金数量和市场号召力方面都处于劣势，是"追随者"，两者都为农村地区提供金融服务，并都被认为是农村普惠金融发展的中坚力量，然而，两者之间也存在竞争博弈，两者之间的博弈问题可以运用斯坦科尔伯格寡头竞争模型进行分析解释。此外，农村普惠金融发展过程中，需要不断根据市场需求和环境变化进行制度的变迁和规则的调整，因此必须运用动态分析法和系理论对各参与方的行为选择进行分析,从而考察农村普惠金融的演化趋势。

3.4 农村普惠金融体系的理论分析

农村普惠金融的发展要求建立健全的农村普惠金融体系,因此农村普惠金融体系的构建问题是农村金融研究的一个重要领域,一般认为农村普惠金融体系中包括正式和非正式金融中介机构(Besley,1994)[1]。参考各类文献资料,本书定义的农村正规金融机构主要包括:中国农业发展银行、中国农业银行、中国邮政储蓄银行、农村信用合作社、农村合作银行以及农村商业银行等。农村非正规金融组织主要包括:农村地区民间借贷、合会、农村扶贫会、地下钱庄、典当铺(行)以及其他金融组织等。

本节将对农村正规金融体系、非正规金融组织以及两者之间的关系等三方面的理论研究进行梳理。

3.4.1 农村正规金融体系的理论分析

Kunju(2006)通过分析印度的农村金融体系,剖析了其给印度农村经济发展和农民生产生活带来的影响,调查了农村借款人的借款困难、借款用途、还款信用等状况[2]。关于农村正规金融机构信贷困难的原因,分析认为,正规金融机构农村分布较少、信息不对称导致运营成本较高及商业逐利性等特点,将大部分农民特别是贫困农户排除在正规信贷市场之外,因此发展中国家应构建多种信贷主体并存的、多层次的农村正规金融体系,增加农村的资金供给,满足农村、农户融资需求。进一步,通过对各类型正规金融中介机构作比较优势分析,Zeller(2003)认为应构建农村正规金融中介机构联合体系:村镇银行、农村互助组、农户自助组为第一层;农村信用社、小型银行为第二层;大型

---

[1] Besley T., "How Do Market Failures Justify Interventions inRural Credit Market?", *The World Bank Research Observer*, No. 1, 1994, pp. 26 – 47.

[2] Kunju B., "Reforms in Banking Sector and Their Impact in Banking Services," *SAJOSPS*, July – December, 2006, pp. 77 – 81.

商业性的、国有的银行为第三层①。

国内多数学者对中国正规金融体系构建的理论研究大致可分为三种观点：其一，认为应以农村合作性金融机构为主导构建中国农村金融体系；其二，认为中国农村金融体系应以商业性金融机构为主体，甚至主张放弃合作性金融；其三，对前两种观点进行折中，主张商业性与合作性农村金融机构共同发展。

（1）以合作性金融机构为主构建农村金融体系

中国农村经济是典型的小农经济，从世界范围看，小农经济国家尚未出现仅仅使用商业金融来给农村提供信用服务的成功先例。农村商业性金融机构无法为高度分散化条件下的小农经济提供信用服务，因此不应该在传统农村做商业化银行改革（温铁军，2005）②。而合作金融（和政策金融）的职责就是为"三农"提供信用支持。中国合作金融支农效果不甚理想的根源在于目前中国农村政策金融主要从事农副产品收购这种垄断性商业行为，农村政策金融缺位，未给予合作金融充足的财力支撑，导致中国不存在真正意义上的合作性金融机构（程漱兰，1997）③。

（2）以商业性金融机构为主构建农村金融体系

合作金融的历史过渡性质决定现代农村信用社应走商业性道路，无须考虑为农业服务。我国农村合作社不符合合作制原则的历史表明，现行合作社原则与我国农村金融发展情况不匹配，农村金融改革发展的重点应是商业性金融机构（谢平，2001）④。即使为农业服务，也要以商业性为主，而不要讲兼顾财务可持续与农业服务（党国英，2004）⑤。部分学者所主张的发展农村合作制金融机构（或开展政策性农户小额贷款）是解决农村融资的唯一渠道，并未区分发达国家和不发达国家。发展中国家的市场机制有限，银行服务也十分有限；但发达国家的金融

---

① Zeller M., Lapenu C., Greely M., "*Measuring Social Performance of Microfinance Institutions: A Proposal*", Final Report Submitted to Argidius Foundation and CGAP, 2003.
② 温铁军：《三农问题与世纪反思》，生活·读书·新知三联书店 2005 年版。
③ 程漱兰：《经济转轨绩效、要点及议程的全球检视——〈1996 年世界发展报告〉评介》，《管理世界》1997 年第 4 期。
④ 谢平：《中国农村信用合作社体制改革的争论》，《金融研究》2001 年第 1 期。
⑤ 党国英：《深化农村改革　促进农村发展》，《农业发展与金融》2004 年第 2 期。

发展十分健全，农民能够得到需要的金融服务。故中国要向发达国家发展，农村商业性金融体系是其必由之路（文贯中，2004）①。

(3) 商业性与合作性农村金融机构共同发展

第三种观点认为中国正规农村金融体系的发展方向应是商业性和合作性金融共同发展，合理对接，互相补充。从国际视角观察发现，无论是从发展中国家还是发达国家农村金融发展状况来看，都是合作性和商业性农村金融机构并存，这是由经济发展水平不同阶段、不同产业差异、不同阶层人群对农村金融服务的需求不同所导致的（中国社会科学院农村发展研究所课题组，2005）②。因此中国农村金融发展的方向无论是单一合作性还是商业性都是脱离中国农村金融发展实际的，必须构建合作性与商业性共同发展的农村金融发展体系，即"政策性—合作性—商业性"正规农村金融体系，以政策性扶贫帮助农户脱贫，以合作性支持农户初级扩大再生产，以商业性支持农村龙头企业发展（即高级扩大再生产），进一步带动当地农村产业结构升级，实现非农化和城镇化（陆磊，2003；徐忠等，2009）③。何广文和冯兴元（2004）指出，虽然合作性金融在小范围内运行效果较好，但服务范围扩大后，其信任机制和互助机制就难以正常发挥作用，而商业性金融在较大范围内运行效果较好，因此，应该二者并重④。综上所述，农村经济发展中应充分发挥"农村政策性金融机构的主导作用、商业性金融机构的骨干作用、合作性金融机构的基础和中介作用"（张红宇等，2015）⑤，最终建立起涵盖各类型金融机构的多层次农村金融体系（杜

---

① 文贯中：《入世是加速中国城市化的良机》，《中国建设信息》2004年第1期。
② 《中国社会科学院农村发展研究所》课题组：《中国农村发展的"十五"回顾与"十一五"的改革思路》，《首届中国经济论坛论文集》2005年。
③ 陆磊：《进一步深化农信社改革》，《农村工作通讯》2003年第9期。
徐忠、张雪春、沈明高、程恩江：《中国贫困地区农村金融发展研究：构造政府与市场之间的平衡》，中国金融出版社2009年版。
④ 何广文、冯兴元：《农村金融体制缺陷及其路径选择》，《中国农村信用合作》2004年第8期。
⑤ 张红宇、杨春悦、贺潇、寇广增：《金融支持农村一二三产业融合发展问题研究》，中国金融四十人论坛2015年12月25日。

婕，万宣辰，2016）①。

3.4.2 农村非正规金融组织的理论分析

非正规农村金融体系产生的原因在于金融抑制背景下政府信贷配给制度的歧视。非正规金融的主要特征在于，借贷双方和资金供给者之间从简单信用安排演化到复杂金融中介机制的联系（Dimitri，1990）②。从信息经济学和博弈论的角度上看，民间金融产生的原因在于其地缘和人脉优势可以获取农村当地较为完善的农户私人信息，较好地解决了正规金融难以克服的信息不对称问题（Steel W. F.，et al.，1997）③。因此，非正规农村金融体系是产生于政府监管之外的金融活动，是对政府金融抑制和制度扭曲的理性回应（Isaksson，2002）④。

通过对巴基斯坦昌巴地区的农村非正规金融组织调研，认为其产生的主要原因在于能够较为有效地解决农村地区的不完全信息问题，从而减少信贷成本；其主要的运行模式是向农村地区的低收入阶层提供资金和贷款服务（Aleem，1990）⑤。研究发现，大部分大型农场主和富有者从农村正规金融获得农业信贷，贫困者的融资需求则主要从农村非正规金融机构处得到满足（Yaron，1994；World Bank，1994）⑥。非正规金融可以作为正规金融在农村地区的有益补充。在有些国家，农户尤其是贫困农户已将非正规金融市场作为其融资的主渠道（Besley，2001；

---

① 杜婕、万宣辰：《构建我国多层次农村金融体系的路径选择》，《东北师大学报（哲学社会科学版）》2016年第3期。

② Dimitri G.，"Interlinking the Formal and Informal Financial Sectors in Developing Countries"，*Savings and Development*，No. 1，1990，pp. 5 – 21.

③ Steel W. F.，et al.，"Informal Markets Under Liberalization in Four African Countries"，*World Development*，No. 5，1997，pp. 128 – 139.

④ Isaksson A. *The Importance of Informal Finance in Kenyan Manufacturing*，SINWorking paper，2002，pp. 1 – 26.

⑤ Aleem I.，"Imperfect Information，Screening and the Costs of Informal Lending：A Study of Rural Credit Markets in Pakistan"，*World Bank Economic Review*，No. 3，1990，pp. 329 – 349.

⑥ Yaron J.，"What Makes Rural Financial Institutions Successful?"，*Word Bank reseach observer*，No. 1，1994，pp. 49 – 70.

Khandker，2003）①。在对部分发展中国家的非正规金融的研究中发现，非政府组织在农村金融体系的发展演化过程中起到了一定的推动作用，在一定的政策环境下非正规金融机构可以转化为正规或半正规金融机构，从而助力农村金融机构的可持续发展、农村金融结构的升级与农村金融体系的深化（Dieter Seibel，2001）②。对越南农村地区家庭信贷获得情况的调查发现，正规金融机构主要服务于农民的生产性需求，非正规金融机构则在满足农民非生产性需求方面发挥重要作用（Pham Bao Duong & Yoichi Izumida，2002）③。在对中国和印度农村的非正规金融运行状况调研后，Tsai（2004）指出，由于城市和农村二元金融结构的人为分割，使农村的金融发展滞后于城市，金融发展的滞后进而又抑制了农村经济的增长④。

对中国农村非正规金融组织的研究认为，"三农"融资需求具有分散经营、周期较长、监管困难和风险较大等特点，难以获得正规金融青睐。中国农村具有小农家庭生存经济特点，该特点又与其资金的非生产性需求间具有某种内在逻辑联系，而非生产性资金缺口和农贷需求无法从正规金融处满足。因此，小农经济的属性使其天然、长期地与民间金融结合，农村正规金融的退出使农村非正规金融更加活跃（温铁军，2001；张杰，2003）⑤。

农村非正规金融被认为是诱致性制度变迁的结果，为农村金融制

---

① Besley T. J., Jain S., Tsangarides C., "*Household participation in formal and informal institutions in rural credit markets in developing countries: evidence from Nepal*", http://www.doc88.com/p-1846983896726.html.

Khandker, Shahidur R., "The Impact of Farm Credit in Pakistan", *Agricultural Economics*, No. 3, 2003, pp. 196-213.

② Dieter S., "Mainstreaming Informal Financial Institutions", *Journal of Developmental Entrepreneurship*, No. 1, 2001, pp. 83-95.

③ Duong P. B., Izumida Y., "Rural development finance in Vietnam: A Microeconometric Analysis of Household Surveys", *World Development*, No. 2, 2002, pp. 56-71.

④ Tsai K. S., "Imperfect Substitutes: The Local Political Economy of Informal Finance and Micro-finance in Rural China and India", *World Development*, No. 9, 2004, pp. 1486-1507.

⑤ 温铁军：《"三农问题"世纪反思》，《科学决策》2001年第1期。

张杰：《农村金融制度：结构、变迁与政策》，中国人民大学出版社2003年版。

度安排缺陷所致（杜朝运，许文彬，1999；杜朝运，2001；申睿波，2012）①。金融政策根源角度分析发现，长期以来中国政府在农村地区通过非正规金融向其提供低价贴息贷款。正规金融机构错误的信贷配给制度，加上落后的贷款管理，致使大部分低价贴息贷款为较富裕农户所用或被用于消费领域，该政策向着预期相反的方向发展，扭曲了农村正规金融的资源配置（吴国宝，2003）②。贫困农户的信贷需求仍需借助非正规金融予以满足（郭沛，2004；曲小刚，2013）③。供给角度分析发现，农村贫富差距加剧推动了农村非正规金融的供给发展：农村正规金融机构的储蓄利率低，农村领域缺乏充足的证券投资渠道，非正规农村金融的厚利吸引，促使大数额民间资本持有者为利益所驱成为非正规金融的资金供给者（郭沛，2004）④。体现在转轨经济时期，即为一边是大量的农户存款从正规金融机构转移到非农部门，另一边是农户的融资需求（特别是生产性需求）无法被满足（张杰，尚长风等，2006；王曙光等，2013）⑤。因此，农村民间金融与中国城乡二元结构相关，由二元经济结构衍生出城乡二元金融格局（王曙光等，2013）⑥。

学术界对农村非正规金融形成以下共识：首先，非正规金融是正规金融的有益补充，它有助于满足农村地区的多元化资金需求，扩大了农户投资领域，并在增加农户消费以及风险防范方面具有不可替代的作

---

① 杜朝运、许文彬：《制度变迁背景下非正规金融成因及出路初探》，《福建论坛（经济社会版）》1999年第3期。
杜朝运：《制度变迁背景下的农村非正规金融研究》，《农业经济问题》2001年第3期。
申睿波：《中国农村金融体系的结构优化研究》，博士学位论文，中央财经大学，2012年。
② 吴国宝：《中国小额信贷政策》，《联合国开发计划署驻华代表处政策和宣传文集》2003年第1期。
③ 郭沛：《中国农村非正规金融规模估算》，《中国农村观察》2004年第3期。
曲小刚：《农村正规金融机构双重目标兼顾研究》，博士学位论文，西北农林科技大学，2013年。
④ 郭沛：《中国农村非正规金融规模估算》，《中国农村观察》2004年第3期。
⑤ 张杰、尚长风：《我国农村正式与非正式金融的分离与融合》，《经济体制改革》2006年第4期。
王曙光、王丹莉、王东宾、李冰冰、曾江：《普惠金融——中国农村金融重建中的制度创新与法律框架》，北京大学出版社2013年版。
⑥ 王曙光、王丹莉、王东宾、李冰冰、曾江：《普惠金融——中国农村金融重建中的制度创新与法律框架》，北京大学出版社2013年版。

用。针对当前发展中国家正规金融的体系缺陷、现代金融机构在农村地区的缺位，非正规金融能够充分地开发和利用各种社会信息资源，有效解决资源稀缺与信息不对称问题，降低农户融资约束，博弈角度思考，其不失为一种次优选择；其次，农村非正规金融对农村经济发展、农业增产增收和农民收入增长具有推动作用，能够促使农民建立资金有偿使用的现代信用观念，弥补正规金融供给不足缺陷，推进民营经济的发展，帮助农村储蓄向投资顺利转化。但必须对其发展加以规范和引导，一方面，加强对各种非正规金融的监管力度，限制并取缔非法的非正规金融活动；另一方面，鼓励合法的非正规金融活动，确定其合法性地位，逐步降低金融市场准入条件，使具备相当规模和管理能力的非正规金融组织得以显现，以合法、理性的竞争促进农村金融的可持续发展（陈建新等，2003；王曙光等，2013；申健，2016）[①]。

3.4.3 农村正规金融机构与非正规金融组织的关系分析

目前学术界对农村正规金融机构与非正规金融组织的关系的研究，主要聚焦于两个方面，即竞争关系与互补关系。

1. 竞争关系

Siamwalla 等（1990）通过对泰国农村金融的调研发现，虽然 20 世纪 70 年代后期泰国农村正规金融机构的改革在一定程度上缓解了农户的信贷约束，然而信息不对称问题的存在和农村地区的信贷需求的增加，使正规金融机构仍然无法满足农户的信贷需求，在此背景下，非正规金融组织快速发展[②]。对此，他为非正规金融组织设计了一套解决信息不对称问题的方法。对印度农村正规金融机构与非正规金融组织关系的理论研究指出，在信贷合同排他性等一系列假设条件下，两者间存在

---

① 陈建新、姚任、张玲南：《深圳农村城市化进程中镇级政府的改革与创新》，《华南理工大学学报（社会科学版）》2003 年第 12 期。

王曙光、王丹莉、王东宾、李冰冰、曾江：《普惠金融——中国农村金融重建中的制度创新与法律框架》，北京大学出版社 2013 年版。

申健：《我国农村金融体系发展的现状及展望》，《湖北民族学院学报（哲学社会科学版）》，2016 年第 2 期。

② Siamwalla A. et al., "The Thai rural credit system: public subsidies, private information, and segmented Markets", *The World Bank Economic Review*, No. 3, 1990, pp. 271 – 295.

竞争关系（Bell，1990）①，同时实证分析也证实了两者间的替代关系（Kochar，1997）②。Jones（2008）基于1990—2000年的数据，对印度正规金融机构与非正规金融组织之间的关系展开研究，研究发现，在此期间非正规金融组织贷款数量快速提升，所占农村金融市场份额持续提高，给农村正规金融机构带来了挑战和威胁，迫使农村正规金融机构进行相应改革③。Chaudhuri和Dwibedi（2014）的理论框架分析认为，在落后农业的发展过程中，正规金融机构与非正规金融组织之间呈现竞争关系，指出由于受到农村正规金融机构的信贷约束，小规模的农户向农村非正规金融组织申请贷款④。

中国农村正规金融机构和非正规金融组织之间存在竞争性（替代关系）（王峰，傅坤，2007；刘杰，刘子兰，2008；吴成颂，2009；赵倩，2011；赵振宗，2011）⑤，这种竞争性能够在一定程度上促进正规金融机构提升经营效率，同时不应忽视非正规金融组织存在的缺陷（王峰，傅坤，2007）⑥。竞争关系的出现源于两者之间可能存在服务对象、业务范围等领域的重合（王磊等，2009），可通过构建两者间的链

---

① Bell C., "Interaction between Institutional and Informal Credit Agencies in Rural India", *The World Bank Economic Review*, No. 3, 1990, pp. 296 – 327.

② Kochar A., "An empirical investigation of rationing constraints in rural credit markets in India", *Journal of Development Economics*, No. 2, 1997, pp. 339 – 371.

③ Jones J. H. M., "Informal finance and rural finance policy in India: historical and contemporary perspectives", *Contemporary South Asia*, No. 3, 2008, pp. 269 – 285.

④ Chaudhuri S., Gupta M. R., "Delayed Formal Credit, Bribing and the Informal Credit Market in Agriculture: A Theoretical Analysis", *Journal of Development Economics*, No. 2, 1996, pp. 433 – 449.

⑤ 王峰、傅坤：《民间与农村正规金融的竞争与合作》，《江西金融职业大学学报》2007年第4期。
刘杰、刘子兰：《论农村正规金融与非正规金融的替代与互补》，《汕头大学学报（人文社会科学版）》2008年第2期。
吴成颂：《农村非正规金融与正规金融链接的模式与制度安排》，《农业经济问题》2009年第5期。
赵倩：《论农村正规金融与非正规金融的竞争与合作》，《农村经济》2011年第8期。
赵振宗：《正规金融、非正规金融对家户福利的影响——来自中国农村的证据》，《经济评论》2011年第4期。

⑥ 王峰、傅坤：《民间与农村正规金融的竞争与合作》，《江西金融职业大学学报》2007年第4期。

接模型解决这一问题（吴成颂，2009）①。研究进一步指出，应大力支持非正规金融组织中的合法部分，鼓励其与农村正规金融机构竞争，以竞争促发展，同时取缔非正规金融组织中的不合法部分（赵倩，2011）②。彭向升和祝健（2014）基于农户借贷成本视角，分析了农村民间金融对正规金融机构的替代效应，给出了农村非正规金融组织有效满足农村地区借贷需求的对策建议③。

2. 互补关系

国外学者研究发现，正规金融机构与非正规金融组织之间存在互补性（Ghate，1992；Jain，1999）④，这种互补性很大程度上取决于这两者之间的利率水平和利率均衡状态（Chaudhuri & Gupta，1996）⑤。在一些欠发达国家（如印度）的农村借贷市场上，正规金融机构与非正规金融组织存在垂直合作关系，正规金融机构以较高的利率将较大额度贷款放贷到非正规金融组织，再由其将部分资金转贷给农户（Bell et al.，1997）⑥。欠发达地区的贷款农户信誉较差，很难获得正规金融机构的贷款，因此不得不向非正规金融组织借贷资金。由于贷款农户违约的可能性不同，放贷者所面临风险程度呈非对称性，这就要求正规金融机构给非正规金融组织提供低息贷款，以提高其放贷的有效性，提升两者间的协作效果（Bose，1998）⑦。对埃及和尼泊尔的农村普惠金融的研究

---

① 吴成颂：《农村非正规金融与正规金融链接的模式与制度安排》，《农业经济问题》2009年第5期。

② 赵倩：《论农村正规金融与非正规金融的竞争与合作》，《农村经济》2011年第8期。

③ 彭向升、祝健：《农村民间金融对正规金融的替代效应分析——基于农户借贷成本的视角》，《福建论坛（人文社会科学版）》2014年第3期。

④ Ghate P. B., "Interaction between the Formal and Informal financial Sectors: The Asian Experience", *World Development*, No. 6, 1992, pp. 859 – 872.

Jain S., "Symbiosis VS. Crowding–Out: The Interaction of Formal and Informal Credit Markets in Developing Countries", *Journal of Development Economics*, No. 2, 1999, pp. 419 – 444.

⑤ Chaudhuri S., Gupta M. R., "Delayed Formal Credit, Bribing and the Informal Credit Market in Agriculture: A Theoretical Analysis", *Journal of Development Economics*, No. 2, 1996, pp. 433 – 449.

⑥ Bell C., Srinivasan T. N., Udry C., "Rationing, Spillover, and Interlinking in Credit Markets: The case of Rural Punjab", *Oxford Economic Papers*, No. 49, 1997, pp. 556 – 585.

⑦ Bose P., "Formal – informal Sector Interaction in Rural Credit Markets", *Journal of Development Economics*, No. 2, 1998, pp. 265 – 280.

发现，非正规金融组织在满足低收入或者不稳定收入农户的信贷需求方面发挥较大作用，较好地弥补了农村正规金融机构的缺陷，两者间存在互补关系（Mohiehldin & Whight，2000；Besley et al.，2001）①。进一步的研究指出，考虑到信息不对称所带来的逆向选择和道德风险问题，农村正规金融机构存在信贷配给，而非正规金融机构的发展能够降低金融抑制，从而缓解低收入农户贷款难的问题（Chakrabarty & Chaudhuri，2001）②，因此正规金融机构和非正规金融组织的服务对象不同，两者间存在很强的互补性（Tsai，2004）③，两者的合作能够促使双方扬长避短、协同发展，然而这种互补性的可持续性和可复制性尚不确定（Pagnra & Kirsten，2006）④。基于欠发达国家农村借贷市场上两者间的策略互动行为研究，发现正规金融机构和非正规金融组织之间建立联合融资均衡（co-funding equilibrium）关系将会给双方带来更高的利润水平（Andersen & Malchow-Moller，2006）⑤。对于双方共存性（coexistence）问题的研究发现，由于非正规金融组织能够在一定程度上降低交易成本和放贷风险，其放贷形式也更为灵活，使农户更倾向于从非正规金融组织手中获得贷款，而两者之间的共存性也促使正规金融机构的利率水平不断下降（Guirkinger，2008）⑥，因此政府应采取各种措施鼓励农村正规金融机构放贷给非正规金融组织，再由后者放贷给农户，从而以两者

---

① Mohieldin M. S., Wright P. W., "Formal and Informal Credit Markets in Egypt", *Economic Development and Cultural Change*, No. 3, 2000, pp. 657–670.
Besley T. J., Jain S., Tsangarides C., *Household participation in formal and informal institutions in rural credit markets in developing countries: evidence from Nepal*, http://www.doc88.com/p-1846983896726.html, pp. 2–9.

② Chakrabarty D., Chaudhuri A., "Formal and Informal Sector Credit Institutions and Interlinkage", *Journal of Economic Behavior & Organization*, No. 46, 2001, pp. 313–325.

③ Tsai K. S., "Imperfect Substitutes: The Local Political Economy of Informal Finance and Micro-finance in Rural China and India", *World Development*, No. 9, 2004, pp. 1486–1507.

④ Pagnra M., Kirsten M., "Formal-informal financial linkages: lessons from developing countries", *Small Enterprise Development*, No. 1, 2006, pp. 16–29.

⑤ Andersen T. B., Malchow-Moller N., "Strategic Interaction in Undeveloped Credit Markets", *Journal of Development Economics*, No. 2, 2006, pp. 275–298.

⑥ Guirkinger C., "Understanding the Coexistence of Formal and Informal Credit Markets in Piura, Peru", *World Development*, No. 8, 2008, pp. 1436–1452.

间的优势互补来满足低收入农户的贷款需求（Chaudhuri & Dwibedi, 2014）①。

中国农村正规金融机构和非正规金融组织间存在垂直融合现象，即两者存在互补性（张杰，尚长风，2006；刘杰，燕兴胜，2007；刘杰，刘子兰2008；张兵，张宁，2012）②。从演化博弈角度分析，发现两者的协作发展具有可行性，两者的协同发展可实现优势互补（张爱华，2007；赵倩，2011）③，这种互补性有利于提高农村借贷者的效用和福利水平、优化资源配置效率（邵阳，张崟，2007；唐柳洁2009）④。基于农村正规金融机构、非正规金融组织和资金需求者三方决策的理论和实证分析发现，农村正规金融机构与非正规金融组织的互补发展能够有效提高资金需求方（农户）的收益（赵晓菊等，2011；范香梅，朱彩慧，2013）⑤，同时这种互补性也有利于维护博弈双方的利益和促进农村普惠金融市场的健康有序发展（倪迪芸，2012）⑥。江苏省农村地区

---

① Chaudhuri S., Dwibedi J., "*Horizontal and Vertical Linkages between Formal and Informal Credit Markets in Backward Agriculture: A Theoretical Analysis*", https://mpra.ub.unimuenchen.de/55666/1/MPRA_paper_55666.pdf, pp. 2–10.

② 张杰、尚长风：《我国农村正式与非正式金融的分离与融合》，《经济体制改革》2006年第4期。

刘杰、燕兴胜：《论农村正规金融与非正规金融的"垂直一体化"》，《长沙大学学报》2007年第3期。

刘杰、刘子兰：《论农村正规金融与非正规金融的替代与互补》，《汕头大学学报（人文社会科学版）》2008年第2期。

张兵、张宁：《农村非正规金融是否提高了农户的信贷可获性？——基于江苏1202户农户的调查》，《中国农村经济》2012年第10期。

③ 张爱华：《正规金融与民间金融的合作：演化博弈论的视角》，《济南金融》2007年第5期。

赵倩：《论农村正规金融与非正规金融的竞争与合作》，《农村经济》2011年第8期。

④ 邵阳、张崟：《中国农村正规金融与非正规金融的垂直合作模式》，《重庆社会科学》2007年第6期。

唐柳洁：《对正规金融和非正规金融垂直链接制度安排的历史研究》，《湖南社会科学》2009年第6期。

⑤ 赵晓菊、刘莉亚、柳永明：《正规金融与非正规金融合作会提高农户期望收益吗？——理论分析和实证检验》，《财经研究》2011年第4期。

范香梅、朱彩慧：《农村正规金融与非正规金融垂直合作的绩效及激励机制设计》，《统计与决策》2013年第22期。

⑥ 倪迪芸：《农村正规金融与非正规金融的博弈问题探究》，《时代金融》2012年第9期。

的调研分析发现,农村正规金融机构与非正规金融组织在服务对象、贷款期限等领域存在互补性(周月书等,2013)[①],同时浙江省的农户家庭微观调研结果进一步指出这种互补关系在服务对象为较富裕群体中表现更为明显(刘西川等,2014)[②]。因此,政府应出台相应改革举措鼓励两者的互补共生发展(金峰,林乐芬,2014)[③]。

3.4.4 农村普惠金融体系理论研究评析

国外对农村正规金融机构和非正规金融组织的关系问题无论从理论研究还是实践探索方面都较为深入全面。相较而言,中国学者对这种竞合关系的文献研究还有所欠缺,有限的文献要么专注于理论分析方面,要么为有限数据的定量分析,较少学者基于制度经济学和博弈论,从制度构建的角度考虑农村正规金融机构和非正规金融组织的竞合问题;对两者之间的关系(互补关系,或者竞争关系,或者竞争与合作并存)会对其各自的放贷行为以及对农户信贷可得性产生的影响等现实问题并未进行太多的分析。尤其是,现有研究并未对如何通过两方博弈(包括农村正规金融机构和非正规金融组织间的博弈、传统与新型农村正规金融机构间的博弈以及农村金融机构/组织与农户间的博弈)和多方博弈(如传统与新型农村正规金融机构以及非正规金融组织间的博弈、农村正规金融机构、非正规金融组织与农户间的博弈等)建立一个双重目标(社会扶贫目标与可持续发展的财务目标)兼顾的农村普惠金融体系问题进行系统的研究,而这些问题将影响山东省甚至中国农村普惠金融体系的建立与完善,因此,本书将在多方博弈和演化博弈的基础上提出构建双重目标兼顾的农村普惠金融体系,并对其加以论证和说明。

[①] 周月书、班丝蓼、周通平、牛遵博:《正规与非正规金融下农户借贷选择行为研究——基于南京与徐州农户的调查》,《农业经济与管理》2013年第6期。

[②] 刘西川、杨奇明、陈立辉:《农村信贷市场的正规部门与非正规部门:替代还是互补?》,《经济研究》2014年第11期。

[③] 金峰、林乐芬:《农村民间金融与正规金融共生关系现状及深化研究》,《西北农林科技大学学报(社会科学版)》2014年第1期。

3.5　理论研究启示

本章对农村金融发展理论、农村普惠金融供需理论、农村普惠金融发展相关博弈理论和农村普惠金融体系理论进行了梳理，研究发现：

首先，农村普惠金融发展需要从市场运行机制出发，甄别信贷市场与资本市场等的功能，了解农村普惠金融市场的供需状况。

其次，农村普惠金融供需理论指出农业产业的弱质性、农村金融借贷双方的信息不对称、农户抵押品的欠缺和二元金融结构所导致的高交易成本、高利率和政府补贴等是制约农村普惠金融供需平衡的主要问题。因此，需要基于调研数据分析山东省农村普惠金融的需求和供给情况，同时通过数理推导和实证模型研究影响山东省农村普惠金融供需均衡性的因素及其作用机制。

再次，要实现农村普惠金融的供需均衡，促进农村普惠金融的可持续发展，需要基于博弈理论来解决当前农村普惠金融发展中遇到的问题，如借贷双方的激励相容、农村金融发展中的路径依赖以及不同类型农村金融机构（组织）间的竞合博弈等。

最后，农村金融体系理论分析发现，应充分考虑农村正规金融机构和农村非正规金融组织之间的竞争与合作关系，在多方博弈和演化博弈的基础上提出构建双重目标兼顾的农村普惠金融体系，从而促进农村普惠金融的可持续发展。

综上所述，通过对农村普惠金融发展相关理论的梳理，本书将展开对山东省农村普惠金融供需均衡状况的探究，通过理论分析和实证论证找出影响农村普惠金融发展的因素并剖析其作用机制，在多方博弈的基础上，提出构建农村普惠金融体系的建议。

第四章　山东省农村普惠金融运行状况分析

中国政府一直高度重视农村金融发展问题。近年来，农村普惠金融在金融机构类型和金融服务方式等方面的创新取得了一定的成绩，但从基层层面来看，农村普惠金融运行效果并不理想，农村地区金融资金和金融服务供给总量仍不能满足需求，农村金融供给不足问题并未从根本上得到解决，因此农村普惠金融发展不畅的内在机制问题亟须研究。本章探讨了现行农村普惠金融的运行机制设计及其在山东省的运行状况，指出了目前山东省农村普惠金融在需求和供给层面存在的问题。

4.1　现行农村普惠金融的运行机制

农村普惠金融机制设计的关键是如何用激励相容解决信息不对称问题。农村普惠金融运行机制设计主要解决以下两个问题：一是信息不对称问题，也就是降低信息成本。它要求所设计的机制能够让农村普惠金融参与者以较低的信息成本解决信息不对称问题。二是所设计机制的激励相容问题，即在此机制下，使各个农村普惠金融的参与者能够在追求个人收益的同时达到机制设计者设定的目标，实现激励相容。

4.1.1　农村普惠金融运行机制的社会目标

以往农村金融改革，更多着眼于国家利益的实现和金融机构财务目标的实现。如国有商业银行改革主要是为了消化历史包袱，城市信用社和非银行类金融机构改革主要是为了处置风险，农村信用社和农村基金会的改革则更多是中央与地方政府转嫁包袱和损失的利益博弈。

2005年，为了推动农村普惠金融领域的制度创新与发展，解决运行机制设计的两个主要问题，"普惠金融体系"概念正式引入中国（白澄宇，2016）[①]。同年，中国人民银行开始试点小额贷款公司。小额贷款公司的试点意味着中国紧闭的农村金融市场被打开了一个缺口，中国农村普惠金融改革取得了实质性的进展。随后，中国进一步加快农村普惠金融的改革进程。2006年底，中国银行业监督管理委员会颁布了《关于调整放宽农村地区银行业金融机构准入政策更好支持社会主义新农村建设的若干意见》，该意见将农村金融的准入条件大幅放宽，村镇银行、贷款子公司和农村资金互助社允许在农村地区开设。2007年的全国金融工作会议提出建立多样化、多层次、可持续发展的农村金融体系。2013年和2014年的中央1号文件则指出要加大商业性金融的支农力度，充分发挥政策性金融和合作性金融的作用，确立了中国农村金融体系。2016年中央1号文件再次指出要加快构建完善的农村金融服务体系，并提出大力发展农村普惠金融的要求，并于当年颁布了《推进普惠金融发展规划（2016—2020年）》。一系列举措的实施，标志着中央层面对农村金融市场的开放，是一个新的农村金融发展的机制设计。现阶段农村金融的运行机制设计为积极推进农村普惠金融发展，构建多元化、多层次、广覆盖、可持续的农村金融体系，促进各类型农村金融机构协同运行，共同为农村经济发展与农户增收服务。

综上所述，可以看出，2005年伊始的农村金融运行机制改革与以往农村金融改革的不同之处在于，其致力于调整、深化和重新定位传统农村金融机构在农村地区的金融服务以及创建、促进和发展新型农村金融机构，同时引导民间金融的发展，构建出多层次的农村普惠金融体系。现行农村普惠金融运行机制设计的社会目标在于农村普惠金融更好地为"三农"提供金融服务，最终促进农村经济发展、农户收入增加以及缩小城乡居民收入差距，（见图4-1）。

---

① 白澄宇：《普惠金融及这个词汇的由来》，新浪博客，http://weibo.com/baichengyu?is_hot=1。

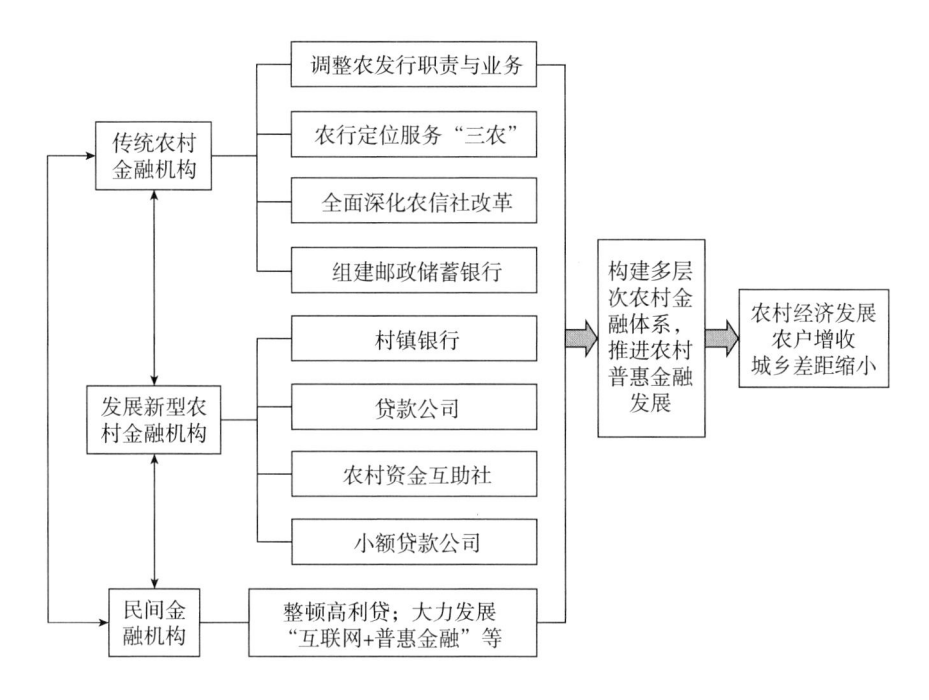

```
                    ┌──── 调整农发行职责与业务 ────┐
    传统农村 ──────┤     农行定位服务"三农"      │
    金融机构        │   全面深化农信社改革        │
         ↕          └──── 组建邮政储蓄银行 ──────┤    构建多层      农村经济发展
                                                  │    次农村金融 → 农户增收
    发展新型 ──────┬──── 村镇银行 ──────────────┤    体系，推进    城乡差距缩小
    农村金融机构    │     贷款公司                │    农村普惠
         ↕          │   农村资金互助社            │    金融发展
                    └──── 小额贷款公司 ──────────┤
    民间金融 ──────┬──── 整顿高利贷；大力发展 ──┘
    机构                 "互联网+普惠金融"等
```

图 4-1 现行农村普惠金融运行机制设计

4.1.2 农村普惠金融运行机制的制度创新

1. 制度创新设计

现行农村普惠金融运行机制设计在金融机构设立条件和发展路径上都有所创新。

第一，设立条件的创新。积极鼓励和引导境内外各类社会资本（银行资本、产业资本、民间资本等）到农村地区设立新型农村金融机构，大大突破了以往对金融机构设立者的身份限制，私有资本、外资资本和其他非银行类资本均可投资进入农村金融领域。此外，新型农村金融机构的注册资本门槛也得到大幅降低。如乡镇设立的村镇银行的注册资本仅需100万元（高宏霞，史林东，2011）[1]。

第二，农村金融发展路径的创新。2005年开始的农村金融改革实

---

[1] 高宏霞、史林东：《中国农村金融制度变迁的路径突破——基于制度设计理论的比较分析》，《农村经济》2011年第4期。

现了农村金融改革的路径突破——实现了体制外的变迁。以往的农村金融改革都是在既定体制框架中的存量改革，而此次的新型农村金融机构的建立和发展则是农村金融制度的变迁。以村镇银行为代表的新型农村金融机构的设立并未触及原有农村金融的市场主体，属于增量式改革，是体制外的变迁。此外，这次改革的机制设计还具有诱致变迁的特征。现行农村普惠金融的机制设计并非遵循强制性原则，而是要求从农村地区的金融需求为出发点，通过一系列优惠条件和支持性政策给予农村普惠金融市场主体更大的选择空间，对市场主体进行利益诱导，使其能够根据农村普惠金融市场导向，在试点时间、参与方式和介入深度等方面自主抉择。这其中以农村资金互助社为典型代表，其在农村普惠金融改革新政出台前就已经在多地自发组织实施了。

2. 改革举措

首先，传统农村金融机构沿着存量改革的机制设定稳步推进：(1) 中国农业发展银行自2004年开始逐步扩大业务范围，其范围逐步扩大为包括办理农村基础设施建设贷款、农业发展贷款、农业生产贷款以及其他中长期农业贷款业务。此外，其在承担政策性职责、办理政策性业务的同时，也办理部分商业性业务，形成了"一体两翼"的业务格局。2016年4月，设立扶贫金融事业部，全面推进扶贫贷款业务。(2) 中国农业银行自2005年起加大对县域小微企业的支持力度。2008年3月，农业银行在6个省份启动设立"三农"金融事业部的改革试点工作。同年8月，在总行设立"三农"金融事业部，这标志着农业银行"三农"金融事业部制改革全面启动。农业银行按照服务"三农"、助力城乡发展的战略目标，进行制度、产品和服务模式创新，积极发展农村小额信贷业务（见表4-1）。(3) 农村信用社全面深化改革。随着农村信用社改革的加速推行，农村商业银行也得到了迅猛发展，截至2015年底[①]，全国共成立农村商业银行法人机构859家，包含4.5万个营业网点，总资产规模超过15万亿元，总资产规模与商业银行总体资产规模比重从2010年的3.7%上升为2015年的9.8%，利润规模也比

---

① 数据来源：西维咨询（CVA）：《2015农商行发展报告：突围之路》，http://www.360doc.com/content/16/1210/11/38772518_613494091.shtml。

2010年提高了4.4个百分点，达到9.3%。就区域分布而言，农村商业银行在多数省份的网点份额大于20%，主要集中于城乡接合部、郊区和县域地区。(4) 2005年8月，国务院印发《邮政体制改革方案》，提出应加快成立中国邮政储蓄银行，并由中国邮政集团公司控股。2007年12月，经银监会批准，中国邮政储蓄银行成立。邮储银行根据农村地区客户缺乏有效抵押物、质押物的现实特点，设计了农户保证贷款和农户联保贷款等全国性的服务"三农"的小额贷款产品，这些产品具有产品灵活、放款高速、服务优良的优势，能够较好地为农村市场提供小额信贷服务。

表4-1 中国农业银行推动农业发展重点举措（截至2015年）

发展举措	实施效果
紧抓新型农业经营主体	对龙头企业的授信余额和用信余额分别为3433.8亿元和2170.1亿元，同比分别增长5.5%和4.3%，农业产业化龙头企业贷款余额达1683亿元
联结农业产业链条	共计带动超过5300多万户农民从事农业产业化经营。创新推出"农业产业链互联网金融"服务模式，依托龙头企业ERP系统的历史交易数据，对龙头企业产业链下游小微客户集群提供批量、自动、便捷的网贷服务，惠及上百户小微企业
覆盖农业产业集群	出台《中国农业银行2015年"三农"信贷政策指引》，研发49个区域性涉农信贷产品，新制定油茶、谷物磨制、水产养殖及加工等5个涉农行业信贷政策，涉农行业信贷政策已达13个，覆盖贷款余额超过2000亿元

资料来源：中国农业银行：《2015年企业责任报告》，http://www.abchina.com/cn/AboutABC/CSR/CSRReport/201603/P020160407315742267844.pdf，第38—48页。

其次，新型农村金融机构的产生与发展机制设计。2005年，为扩大对农户、个体经营者和小微企业的贷款支持，中国在山西、陕西、内蒙古、四川和贵州5省份启动小额贷款公司试点工作。小额贷款公司"只贷不存"，不得跨区经营，借贷双方协商确定贷款利率。2006年12月，为鼓励和引导各类资本到农村地区投资，促进农村地区形成多元投资、多种类型、全面覆盖和高效服务的农村金融体系，更好地为农村地区提供金融服务，银监会颁布文件（银监发〔2006〕90号），提出以

"低门槛、严监管"为原则,在农村地区设立三类新型金融机构——村镇银行、贷款公司和农村资金互助社,同时鼓励商业银行在农村地区投资开设分支机构。此后,出台一系列文件支持新型农村金融机构发展(见表4-2)。

表4-2　　　　　　　　　　新型农村金融机构制度设计

年份	相关文件	目的
2007	银监会颁布《村镇银行管理暂行规定》和《村镇银行组建审批工作指引》 银监会颁布《贷款公司管理暂行规定》《贷款公司组建审批工作指引》 银监会颁布《农村资金互助社管理暂行规定》《农村资金互助社组建审批工作指引》 银监会颁布《农村资金互助社示范章程》 银监会颁布《关于加强村镇银行监管的意见》	(1) 明确三类新型农村金融机构的性质和法律地位 (2) 规范其设立、退出、组织结构、公司治理等行为 (3) 规范其组建、审批及监督程序
2008	银监会和中央银行发布《关于小额贷款公司试点的指导意见》中央银行和银监会发布《关于村镇银行、贷款公司、农村资金互助社、小额贷款公司有关政策的通知》	开展小额贷款公司试点;规定四类机构的各项经营管理行为
2009	(1) 银监会颁布《小额贷款公司改制设立村镇银行暂行规定》 (2) 银监会颁布《新型农村金融机构2009—2011年工作安排》 (3) 银监会印发《贷款公司管理规定》	(1) 指导小额贷款公司改制设立村镇银行 (2) 进一步扩大培育和发展新型农村金融机构 (3) 规范贷款公司的行为,保障其稳健运行
2011	银监会发布《中国银监会关于调整村镇银行组建核准有关事项的通知》	调整村镇银行组建核准方式
2014	银监会发布《关于进一步促进村镇银行健康发展的指导意见》	推动村镇银行本地化、民营化和专业化发展,加强"三农"金融服务工作

再次,民间金融服务农村普惠金融的机制设计。以互联网金融为例,中国积极推进"互联网+"金融服务农村地区,中国互联网金融

共包含六种模式——传统金融业务的网络化、P2P 网络借贷、第三方支付、众筹、大数据金融和第三方金融服务平台。互联网金融作为一种民间金融方式，其服务"三农"的作用逐渐增加，"互联网＋普惠金融"得以推进发展。2016 年 8 月，G20 财长和央行行长在杭州峰会上讨论通过了《G20 数字普惠金融高级原则》，该原则与国务院的《推进普惠金融发展规划（2016—2020 年）》高度契合，提出了数字普惠金融的发展要求。"互联网＋普惠金融"具有可获得性、可复制性、可负担性和全面性的优势。未来"互联网＋普惠金融"在农村市场的发展方向为：第一，持续加大农村市场的渠道建设，保证产品顺利下沉到农村。第二，更好地利用数据分析技术，创新金融产品，加强风险控制。第三，引入农业保险，降低农业信贷风险，以担保服务辅助农村金融市场发展。第四，创新农户理财产品，帮助农户多渠道增加收益。

4.1.3 信息成本与激励相容问题的制度安排

传统农村金融机构，特别是农村信用社和邮政储蓄银行在农村地区具有网点众多、资金充足的优势，然而信息成本较高；新型农村金融机构多建于农村地区，紧贴农村生活，具有地缘、人缘等优势，信息获取和甄别能力较强，信息成本较低。新型农村金融机构借助其地缘和人缘优势能够较好地对借贷者进行有效筛选，将不同风险级别的借贷者区分开来，并为不同风险级别群体设计不同的信贷合约，这降低了借贷双方的信息不对称问题，从而有效缓解逆向选择和道德风险，且可以在违约情况可能发生或发生时，借助社会资本或地缘人缘压力提升信贷合约的执行效率。

以新型农村金融机构中农村资金互助社为例，它具有显著的地缘和人缘优势。建立在"熟人社会"基础上的农村资金互助社的管理层次少，决策迅速，信息传递效率高，员工工资费用低，参股农户的自我激励意识较强，因此其管理和监督成本都低于传统农村金融机构。农村资金互助社的"熟人社会"特点，使其对社员以及社区内的其他农户都非常熟悉，在吸收存款方面针对性强，互助社社员为了自身利益有动力和义务将储蓄存入自己所在的银行，因此农村资金互助社在组织存款方面比传统农村金融机构具有低成本优势。就发放贷款而言，其主要为自身的社员提供服务，地缘优势明显的农村资金互助社非常熟悉借款申请人的相关信息，能够在较低的成本下对贷款申请人和贷款项目做出正确的评估。此外，每一位社员对互助社发放的贷款负有共同责任，贷款损失也将会降低其共同收益，因此社员有足够的动力在贷款审核和发放过程中去反映自己掌握的全部信息。在此背景下，农村资金互助社放贷和收贷的效率均较高。由此可见，新型农村金融机构在农村普惠金融市场的地缘和人缘优势，可以转化成信息成本优势，从而有效缓解信息成本问题。此外，参股农户的归属感较好地实现了个人利益和集体利益相一致的激励相容，缓解了农村普惠金融市场的激励无效问题。但是，不应忽视的是，新型农村金融机构在资金上存在不足，因此需要和传统农村金融机构联合发展。

传统与新型农村金融机构共同发展，可以充分发挥传统农村金融机构的资金和网点优势以及新型农村金融机构的信息优势，通过资金批发提升新型农村金融机构的放贷能力，新型金融机构再通过短期、多次的放贷方式，根据偿贷率等指标决定对借贷者的后续贷款，从而形成长期动态激励。长期动态激励机制有利于促进农户形成良好的信用观念，实现"贷款—投资—收益—还贷—再贷款"的借贷良性循环，促进农村金融机构"社会目标和财务目标"兼顾的可持续发展。此外，民间金融合规发展，能够帮助特定人群获得特定款项。如亲友互助的血缘和亲缘优势能够降低信息成本，为资金需求者提供便利的资金供给；互联网金融具有大数据优势，其可以借助云端大数据高速高效放贷，能够解决亟须用款人群的资金需求；典当业则具有抵押担保物灵活的特点，能够帮助资金需求者快速实现物品变现。因此，传统与新型农村金融机构以及民间金融组织三者共同为农村地区提供金融服务的机制设计能够在一定程度上解决贷款参与者的信息成本问题和激励相容问题。

4.2　山东省农村普惠金融需求状况分析

为考察现行农村普惠金融运行机制是否提高了农村地区对普惠金融服务的有效需求，2016 年 10—11 月，对山东省农户的金融需求状况展开调研①，共发放问卷 660 份，回收问卷 593 份，有效问卷 572 份，有效问卷回收率为 87%。调研采用入户访问形式，调研内容包括家庭基本情况、民间借贷、银行借贷和农业保险四大部分，调研结果真实可靠，能够在一定程度上反映出山东省农村金融的需求状况。

4.2.1 农户基本收支状况分析

4.2.1.1 农户基本情况

1. 农户家庭人口情况

在 572 份有效问卷中②，鲁西北地区 114 户，鲁中地区 174 户，鲁西南地区 121 户，半岛地区 163 户。就农户的基本情况而言，家庭平均人口数为 3.7 人，高于 2011 年第六次全国人口普查时的全国平均水平 3.1 人。其中，鲁西南地区最高，家庭平均人口数为 4.1 人，半岛地区的家庭人口数最少，平均为 3.3 人。在调查样本中，接受过职业培训的 285 人，占比为 49.8%，其中鲁西北地区最低，仅为 36%，鲁中地区最高，有 64.1% 的被调查者接受过相应的职业培训，见表 4-3。

表 4-3　　　　　　　　　　农户家庭基本情况

地区	鲁西北	鲁中	鲁西南	半岛	全省
样本数量（份）	114	174	121	163	572
人口（人）	3.7	3.8	4.1	3.3	3.7
受过培训的比例（%）	36	64.1	46.3	47.9	49.8

2. 农户类型

全部被调查农户类型中，一般农户占比最高，为 64.2%，低保贫困户占比最低，为 5.8%，种养大户和工商户的比重分别为 16.6% 和 13.4%。四大区域中农户类型分布相似。认为所调查的农户类型分布符合农村普惠金融问题研究要求，见表 4-4。

---

① 本次调研开展前，对 33 位来自山东省不同地区的市场营销专业大三学生进行了调研培训。此外，参与调研的学生均学习过《市场调研》课程，并进行过类似的市场调研行为，具有一定的调研经验与技巧。

② 鲁西北地区选择了滨州、德州和东营；鲁中地区选择了济南、淄博、泰安和济宁；鲁西南地区选择了菏泽、临沂和枣庄；东部半岛地区选择了潍坊、日照、青岛和烟台。

表 4-4　　　　　　　　　　　农户类型　　　　　　　　　　单位：%

	鲁西北	鲁中	鲁西南	半岛	全省
一般农户	59.6	54.0	71.0	71.3	64.2
种养大户	28.1	17.8	9.1	12.6	16.6
低保贫困户	5.3	5.6	8.3	5.3	5.8
工商户	7.0	22.6	11.6	10.8	13.4

4.2.1.2　农户收入情况

1. 农户收入来源

如表 4-5 所示，被调查农户的农业生产活动中，以种植业生产为主，占比为 51.7%，其中鲁西南和鲁中地区最高，分别为 57.9% 和 57.5%，半岛地区占比最低，为 49.1%。林业生产中占比最高的是鲁西北地区的 22.8%，其次是鲁中地区的 12.6%，最低为半岛地区的 7.2%；养殖业生产中占比最高的是半岛地区的 15.6%，原因在于半岛属沿海地区，海洋产品养殖业较为发达。此外，务工中半岛地区和鲁西北地区占比较高，其中，半岛地区为山东省内经济最发达区域，农户多在当地务工；而鲁西北地区经济较为落后，农户以外出务工者居多。

表 4-5　　　　　　　　　　家庭所从事行业　　　　　　　　　单位：%

	鲁西北	鲁中	鲁西南	半岛	全省
种植业	38.6	57.5	57.9	49.1	51.7
林业	22.8	12.6	9.1	7.2	7.2
务工	25.4	9.8	14.0	18.1	28.1
养殖业	4.4	5.7	6.6	15.6	6.6
其他（含缺失值）	8.8	14.4	12.4	10.0	6.4

2. 农户家庭收入状况符合正态分布

从被调查农户的 2015 年收入状况来看，年收入在 0.5 万元以下的占 4.5%，年收入在 0.5 万—1 万元的占 12.3%，年收入在 1 万—3 万元的占 37.3%，年收入在 4 万—5 万元的占 25.3%，年收入在 5 万元及以上的占 20.6%，因此，全部被调查农户的收入状况符合正态分布，呈现倒"U"形分布，如图 4-2 所示。

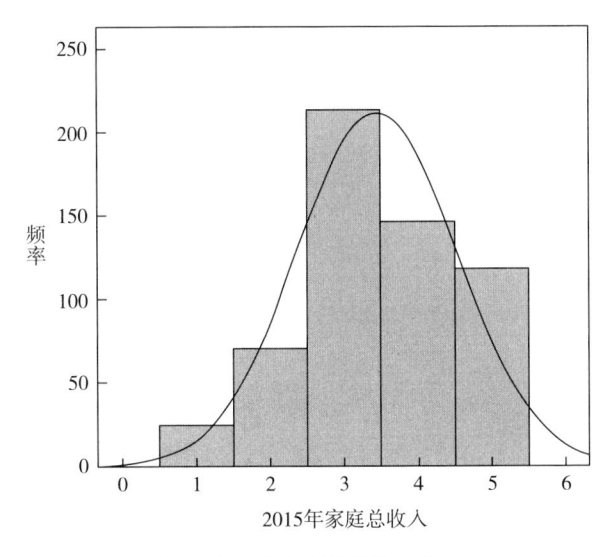

图 4-2 农户家庭总收入分布

从被调查农户家庭在本行政村所处的水平来看，农户家庭收入处于中等水平的占比最大，达到 51.7%，处于上等水平的为 5.1%，处于下等水平的农户家庭比例为 4.2%，如图 4-3 所示，被调查农户的家庭收入层次符合正态分布，调查样本具有较好的代表性。

3. 农户收入水平在不同地区存在差异性

分地区而言，不同地区的农户家庭收入水平存在差异性，如表 4-6 所示，半岛地区的收入水平显著高于其他地区。半岛地区的 5 万元以上的家庭收入群体占比最高为 28.1%，其次是鲁中地区的 18.8%，再次是鲁西南地区的 15.1%，鲁西北地区的高收入群体占比最低，仅为 9.6%；0.5 万元以下的家庭收入群体中，鲁西南地区占比最大，为 9.7%，其次是鲁西北地区的 8.8%，再次是鲁中地区的 4.7%，最后是半岛地区的 3.6%。因此可得，半岛地区农户家庭收入较高，其次为鲁中地区，鲁西北和鲁西南地区经济相对较为落后，农户家庭收入水平也相对较低。

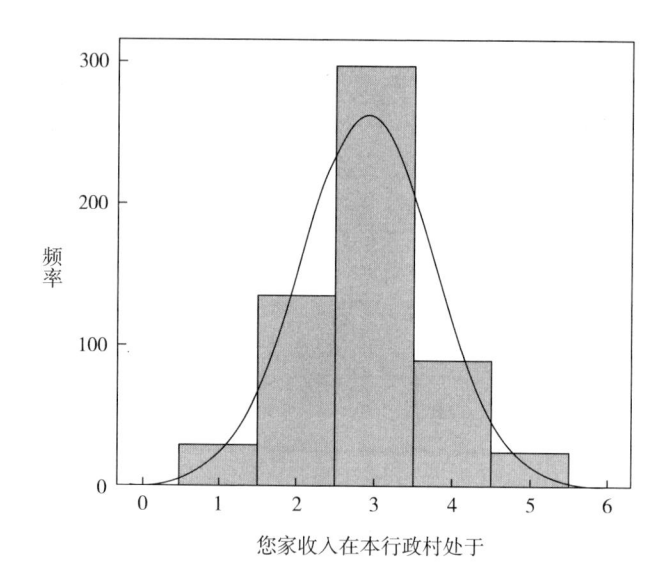

图4-3　农户家庭收入层次分布

表4-6	不同地区农户收入分布情况			单位：%
	鲁西北	鲁中	鲁西南	半岛
0.5万元以下	8.8	4.7	9.7	3.6
0.5万—1万元	8.8	22.4	15.0	9.0
1万—3万元	49.1	38.2	31.4	32.4
4万—5万元	23.7	15.9	28.8	26.9
5万元及以上	9.6	18.8	15.1	28.1

4.家庭从事行业对家庭收入的影响

调查结果显示，家庭所从事行业与家庭年收入存在一定的相关性，不同行业的收入水平存在差异性，如表4-7所示。被调查农户中，从事种植业和林业的农户家庭收入多为中等水平，收入在1万—3万元区间占比分别为42.2%和47.9%；以外出务工为主的农户家庭收入多在4万—5万元区间，占比为39.1%；以养殖业为主的家庭收入较高，有44.1%的家庭收入在5万元及以上。

表 4-7　　　　　　　　不同行业农户收入分布情况　　　　　　单位：%

	0.5万元以下	0.5万—1万元	1万—3万元	4万—5万元	5万元以上
种植业	4.4	17.2	42.2	25.0	11.2
林业	2.8	16.9	47.9	23.9	8.5
务工	1.8	5.5	32.7	39.1	20.9
养殖业	13.6	1.1	20.6	20.6	44.1

4.2.1.3　农户支出情况

1. 日常消费支出仍是消费重点

在被调查农户中，2015年支出在0.5万元以下的占6.6%，年支出在0.5万—1万元的占22.9%，年支出在1万—3万元的占45.3%，年支出在3万—5万元的占15.4%，年支出在5万元及以上的占9.8%。可以看出，调查样本的支出水平呈正态分布。

在2015年的最高消费性支出项目选择中，认为日常支出消费最多的家庭占74.8%；其次是医疗和住房消费，分别有10.7%和10.1%的家庭选择该两项，再次是3%的家庭认为2015年家庭中最高的消费性支出是婚丧，最后有1.4%的家庭认为意外事件支出最高。

2. 生产资料投资在投资性支出中居主导地位

调研发现，不同收入群体的农户家庭投资性支出结构存在相似性。如表4-8所示，所有收入群体中均有半数左右的家庭认为2015年度的家庭最高投资性支出为生产资料投资，生产资料的投资多为购买种子、化肥、农药和各种农用机械等，这反映出农业生产在农村地区的重要性；同时，随着收入阶层的提高，农户对银行储蓄类等金融产品的投资增加，说明传统储蓄类投资产品仍是农户的重要投资选择。

表 4-8　　　　　　不同收入层次群体投资性支出情况　　　　　　单位：%

	0.5万元以下	0.5万元—1万元	1万元—3万元	4万元—5万元	5万元以上
股票证券投资	0	1.4	9.6	6.2	1.7
生产资料投资	60	47.2	42.3	45.2	49.2
教育类投资	40	35.7	29.6	24.6	31.3
银行储蓄投资	0	15.7	18.5	24.0	17.8

4.2.2 农村普惠金融发展需求层面取得的成效

4.2.2.1 农户小额贷款意愿有所上升

就贷款意愿而言,全部被调查农户中,有57%的农户有过民间借贷行为,约40%的农户有过正规金融机构借贷行为。民间借贷意愿高于向正规农村金融机构的借贷意愿。从表4-9中可以看出,分地区统计,家庭收入水平最高的半岛地区的借贷意愿最低,43.9%的农户有过民间借贷,银行借贷率则低至18.6%;而经济相对落后的鲁西北和鲁西南地区的民间借贷意愿最强,其中鲁西南的民间借贷意愿最高,达到67.8%;鲁中地区的银行借贷意愿水平最高,达到57.6%。总体而言,山东省经济落后区域的贷款需求较强,借贷活动较为活跃。

表4-9　　　　　　　　　不同地区农户的借贷意愿　　　　　　　　单位:%

	有民间借贷	无民间借贷	有银行借贷	无银行借贷
鲁西北	61.5	38.5	39.9	60.1
鲁中	58.6	41.4	57.6	42.4
鲁西南	67.8	32.2	32.2	67.8
半岛	43.9	56.1	18.6	81.4

就贷款规模而言,山东省借贷农户的平均贷款规模为6.72万元,其中最高150万元,最低0.1万元;分地区而言,半岛蓝色经济区的平均贷款规模最大,为8.09万元,黄河三角洲高效生态经济区的平均贷款额最小,为4.80万元;最大贷款额度上,山东半岛蓝色经济区的最高贷款额达到150万元,其次是省会城市群经济圈和西部经济隆起带的100万元,最低是黄河三角洲高效生态经济区的30万元。原因在于半岛地区是山东省经济最为发达的区域,非农生产经营活动较多,资金需求量较大,而黄河三角洲高效生态经济区的经济发展相对滞后,多为农业生产活动贷款,非农生产经营活动相对较少,资金需求量不大。值得强调的是,无论是经济发达的半岛蓝色经济区还是经济相对滞后的黄河三角洲高效生态经济区的最小贷款额都很低,分别为0.2万元和0.1万元,这说明贫困农户的小额贷款需求在一定程度上得以释放,农户小额

贷款需求上升,见表4-10。

表4-10　　　　　　　　不同地区农户的借贷规模

	均值(万)	最大值(万)	最小值(万)	标准差
山东半岛蓝色经济区	8.09	150	0.2	12.19
省会城市群经济圈	5.74	100	0.1	8.70
西部经济隆起带	5.24	100	0.1	7.64
黄河三角洲高效生态经济区	4.80	30	0.1	6.33
山东省	6.72	150	0.1	10.01

注:①孙国茂、马建春、丁淑娟:《山东省普惠金融现状研究》,山东人民出版社2014年版。
②山东半岛蓝色经济区包括山东全部海域和东营、潍坊、日照、青岛、烟台、威海6市以及滨州的沾化和无棣2县;省会城市群经济圈包括济南、泰安、滨州、德州、莱芜和聊城6市;西部经济隆起带包括德州、聊城、济宁、临沂、枣庄和菏泽6市;黄河三角洲高效生态经济区包括滨州、东营2市,潍坊寒亭区、昌邑市和寿光市,德州乐陵市和庆云县以及烟台的莱州市6市19个县(市、区)。

4.2.2.2　农户资金需求结构有所改善

收入水平的高低影响金融需求的深度和广度。山东省不同地区、不同收入来源的农户家庭收入存在一定的差异性,但总体而言,资金需求结构较为合理。

1. 农户借款动机结构分析

农户的借款动机可分为生活性借款、生产性借款和商业性借款三大动机。生活性借款动机主要包括看病、婚丧、子女教育、建房等,生产性借款动机包括为购买种植、养殖所需的生产资料的资金需求动机,商业性借款动机则包括经商、办厂等商业性活动所产生的资金需求。就全体被调查农户而言,对于民间资金的借款需求中"购买生产资料"的生产性动机最高,占比为36%,居借款需求第一位;其次是用于"子女教育""建房""看病"的生活性借款动机,累计占比为48%;随后是用于"经商"的商业性借款需求,占比为10%。银行借款需求中,用于"子女教育"的生活性借款动机最高,占比为31%;"购买生产资料"所需的生产性借款动机紧随其后,占比为30%;再次是"经商"所需的商业性借款动机,占比为12%,居第三位。这种"生产-生活-发展"的借款动机结构符合农户的发展特点,农户借款动机结构较为合理。

从不同收入层次看,随着收入水平的上升,借款用途将发生变化。从表4-11中可以看出,低收入阶层的借款用途中"看病"和"子女教育"等生活性借款动机所占比重较大,中等收入阶层的借款用途中"购买生产资料"所需的生产性借款动机所占比重最大,高收入阶层中"购买生产资料"和"经商"所需的生产性和商业性借款动机所占比重最大。此外,"办厂"用途的商业性借款需求随着收入水平的提高不断上升。这表明,低收入阶层的医疗和教育等基本民生方面的借款需求高;中等收入阶层的生产性资金需求最高,说明随着收入的增加,这部分农户偏好于对农业扩大再生产;高收入阶层农户的增收重点已不止于扩大农业再生产,而更多地是涉足经商、办厂等投资经营领域,其风险承担能力也高于中低收入阶层。

表4-11　　　　　不同收入阶层农户的贷款用途　　　　　单位:%

	0.5万元以下		0.5万—1万元		1万—3万元		4万—5万元		5万元以上	
	民间借贷	银行借贷	民间借贷	银行借贷	民间借贷	银行借贷	民间借贷	银行借贷	民间借贷	银行借贷
看病	33.4	0	18.6	6.5	22.1	10.0	7.5	9.3	5.1	4.7
子女教育	22.2	57.1	39.5	71.0	19.7	24.3	12.5	27.9	10.2	16.3
婚丧	0	14.3	14.0	9.7	4.1	11.4	6.25	2.3	5.1	0
购买生产资料	22.2	14.3	20.9	9.7	34.4	38.7	42.5	32.6	40.7	30.2
建房	0	0	2.3	3.1	16.4	7.1	18.75	9.3	13.6	16.3
经商	22.2	14.3	4.7	0	3.3	7.1	12.5	13.9	23.7	25.6
办厂	0	0	0	0	0	1.4	0	4.7	1.6	6.9

2. 农户借款来源结构分析

调查结果显示,在不同收入阶层中,低收入阶层的覆盖率总体最高,民间借款和正规金融贷款分别为53.7%和35.8%;中等收入阶层的借贷覆盖率次之，民间借款和正规金融贷款分别为58.2%和30.5%；高收入阶层的贷款覆盖率相对较低，民间借款和正规金融贷款分别为55.7%和32.1%。

表4-12　　　　　　不同收入阶层农户的借款来源　　　　　单位：%

农户收入阶层	民间借款覆盖率	正规金融贷款覆盖率
低收入阶层	53.7	35.8
中等收入阶层	58.2	30.5
高收入阶层	55.7	32.1

通过借款用途分析可知，低收入阶层的借款用途多为"看病"和"子女教育"等生活性资金需求，正规金融贷款覆盖率的上升不仅反映出低收入农户的借贷意识发生转变，更说明近年来山东省普惠金融有了进一步的发展，低收入农户从正规金融机构获取贷款的概率得到提高。中等收入阶层的贷款用途多为农业生产投资，资金需求量不大，季节性强，借款期限短，加上其自身有一定的资产积累，因此他们少量的资金需求多通过民间借款途径解决。高收入阶层的借款用途多为生产性和商业性借款动机，资金需求量较大，但其资金实力相对较大，具有一定的自我担保能力，因此从民间融资和正规金融获取贷款的比例都较高。总体而言，随着收入水平上升，农户的民间借款呈现倒"U"形分布，而正规金融贷款呈"U"形分布。

3. 农户借款规模结构分析

调查结果显示，山东省总体而言，借款在3万元以下的规模居主导地位，这说明当前农户的小额贷款需求能够得到一定程度的满足。分收入阶层分析，低收入阶层的贷款规模多为小额贷款，随着贷款规模的增加，农户的借款需求不断下降。在被调查样本中，低收入阶层的借款规模均在30万元以下，其中对1万元以下的借款规模的需求为33.3%，1万—3万元的为48.7%，这反映出低收入阶层的借款需求小额分散，多用于维持生活消费和简单再生产支出；中等收入阶层中对3万—10万元的借款规模需求快速提高，约占22.5%，但对大额借款规模的需求较小，这也从一个侧面反映出中等收入阶层的借款用途已从低收入阶层的简单再生产转变为扩大再生产的资金需求,因此小额贷款已不能满足其生产经营需求,开始增加较大额度的贷款;高收入阶层的借款规模进一步加大,对3万—10万元规模借款需求占38.6%,10万以上规模的占12.5%,原因在于这一阶层的农户对资金的需求主要来自扩大再生产和商业性经营,资金需求量迅速增加。因此,山东省农户借款规模结构较为符合农村普惠金融的发展要求。

表 4-13　　　　　　　不同收入阶层农户的借款规模　　　　　单位:%

	1万元以下	1万—3万元	4万—5万元	5万—10万元	10万—30万元	30万—50万	50万元以上
低收入阶层	33.3	48.7	10.3	5.1	2.6	0.0	0.0
中等收入阶层	19.0	51.9	11.4	11.4	3.8	2.5	0.0
高收入阶层	17.7	31.3	19.8	18.8	9.4	2.0	1.0

4. 农户借款期限结构分析

从调查结果来看,不同收入阶层的农户群体的借款期限存在差异性。低收入阶层的民间借款期限多集中在6个月以上,正规金融贷款则集中在1个月和6—12个月的期限内。低收入阶层的借款需求多产生于看病、子女教育等生活性需求,且自身缺乏担保能力,因此贷款规模小且期限较短,若到期无法偿还债务,他们的做法通常为借款还债或延长期限;中等收入阶层的民间借款和正规金融贷款的期限在各个期限内分布较为均匀,这源于中等收入阶层的贷款需求产生于扩大再生产的资金需求,因此借款期限往往和其所从事的农产品的生产周期相关;高收入阶层的贷款期限集中于短期和长期两个端点,这是因为高收入阶层的借款需求多源于资金周转和商业性生产,周转资金贷款期限短,而商业性经营所需资金贷款期限一般较长。不同收入阶层农户群体的借款期限结构从侧面反映出各阶层的借款需求均呈现增长趋势。农户借款期限结构趋于合理。

4.2.2.3 民间金融需求水平较高

从表4-9中可以看出,目前山东省的民间金融需求水平较高,民间借贷较为活跃。其中鲁西南地区的民间借贷覆盖率最高,为67.8%,

其次是鲁西北地区的61.5%和鲁中地区的58.6%，半岛地区的最低，但也达到43.9%。四大地区的民间金融覆盖率均高于正规金融贷款覆盖率，民间金融为活跃农村经济、促进农村地区社会发展起到了一定的作用。

1. 便利的借贷形式有利于促进民间金融需求增长

调查发现，70.6%的农户在发生民间借贷时多采取口头约定形式，仅有29.4%的民间借款以书面形式约定。从借款来源来看，84.6%的民间借款来源于亲戚朋友，这说明中国的民间借贷多为以相互信任为基础的"人情借款"。亲朋借款中采用口头约定形式的占77.5%；但是若借款来源于高利贷，则书面形式的比例大幅上升，约为53.8%；小额贷款公司的贷款则较为规范，就调研样本而言，全部采用书面约定形式，如表4-14所示。

表4-14　　　　　不同来源的借款约定形式　　　　　单位：%

	亲戚朋友	高利贷	民间小额贷款公司	其他来源	全部来源
书面约定	22.5	53.8	100	100	29.4
口头约定	77.5	46.2	0	0	70.6

2. 无息、无抵押、无担保的借贷条件促进民间金融需求增长

调查结果显示，有81.9%的民间借款为无息借款，仅18.1%的借款有利息。其中，互助性民间贷款中90%的借款为零利息，商业性贷款则多采用有息形式；此外，民间借贷中83.9%的借款无须担保，91.2%的借款不需要抵押物。这源于山东省民间借款以亲友互助型为主，商业性借贷仅占很小份额。因此，山东省民间借款以无息、无抵押、无担保为主。

3. 灵活的借贷期限有利于需求增长

调查发现，72.1%的农户在进行民间借贷时并未约定明确的偿还期限，反映出山东省民间借贷在期限约定方面较为灵活宽松，借款方在偿还期限上具有较大的自主性。在明确还款期限的借款中，约定偿还期限为1年以下的占69%，其中6—12个月期限的占比最大，为27.6%；在对借款期限和借款规模的交叉分析中发现，随着借款规模的增加，借

款期限延长。这源于小额借款多为日常生活中的短期应急性需求，因此可在短期内偿还；而大额资金需求多产生于扩大再生产和投资经营需求，受农业生产经营周期和流动资金周转周期影响，期限一般较长。

4. 亲友互助和商业性民间金融协同发展有利于贷款需求增长

如表4-15和表4-16所示，被调查农户普遍认为亲友之间的互助性民间借贷具有利息低、无须抵押担保和申请周期短的优点，但借款额度一般较小，且容易欠人情债；商业性民间借款则具有借款额度相对较

表4-15　　　　　　　　　互助性民间借贷的特征赋值

互助性民间借贷	山东省	山东半岛蓝色经济区	省会城市群经济圈	西部经济隆起带	黄河三角洲高效生态经济区
利息低	5.33	5.33	5.49	5.31	5.40
申请周期短	4.58	4.66	4.55	4.57	4.74
期限灵活	4.82	4.84	4.76	4.89	4.85
无须抵押担保	4.97	5.08	4.90	5.00	4.92
人情债问题	2.71	2.85	2.73	2.60	2.92
贷款额度问题	2.80	2.99	2.78	2.67	3.13

表4-16　　　　　　　　　商业性民间借贷的特征赋值

商业性民间借贷	山东省	山东半岛蓝色经济区	省会城市群经济圈	西部经济隆起带	黄河三角洲高效生态经济区
利息低	3.04	3.10	3.16	2085	3.51
申请周期短	4.05	4.24	3.99	3.92	4.23
期限灵活	3.92	3.92	3.96	3.95	4.12
无须抵押担保	3.53	3.57	3.5	3.54	3.85
人情债问题	4.45	4.58	4.38	4.43	4.71
贷款额度问题	3.79	3.93	3.91	3.65	3.72

注：表4-15和表4-16中1—7为重要程度赋值范围，1为最小值，表示最不重要，7为最大值，表示最为重要。

资料来源：孙国茂、马建春、丁淑娟：《山东省普惠金融现状研究》，山东人民出版社2014年版。

大、不欠人情债的优点,但利率较高。这两种民间金融形式都能有效弥补正规金融在农村地区的资金供给缺陷。互助性民间借款主要用于满足利率承担能力低但资金需求量不高的农户的资金需求,商业性民间金融则主要满足资金需求量大且要求手续简捷的农户的资金需求。

4.2.3 农村普惠金融需求层面存在的问题

4.2.3.1 正规农村金融信贷供给与农村融资者借贷需求错位

1. 信贷总体供给不足,不能有效满足农村金融需求

相关资料显示,山东省农户正规金融渠道的全部借款需求中,仅48%的有借款意愿的农户能够从正规金融渠道获得借款,这意味着半数以上的农户的借款意愿无法在正规金融渠道得到满足。

分地区而言,西部经济隆起带的农户借款成功率最高,有54.6%的农户获得了借款,其中枣庄的获得借款比例达到78.8%;其次是山东半岛蓝色经济区,约为46.9%;再次是省会城市群经济圈的农户借款成功率约为45.2%;最后是黄河三角洲高效生态经济区,农户借款成功率仅为41%,其中东营市农户借款成功率低至16.8%(孙国茂等,2014)[①]。

从未借到款的原因分析,没有抵押物导致借款失败的占46.84%;缺乏担保人的占26.58%;未参加联保小组的占15.19%,其他原因的合计占11.39%。可以看出,由于农村地区信用体系不健全,正规金融对担保的重视度较高,而农户多缺乏有效担保物和合格担保人,导致借款申请被拒。因此,银行应建立和完善农村信用体系,扩大抵(质)押品范围,同时结合农村金融需求特征进行产品创新,从而更好地满足农村地区对金融产品和金融服务的需求。

2. 农户小额贷款需求受信贷规模约束,较大额度信贷需求被抑制

从表4-17中可以看出,农户的借贷规模绝大部分集中在3万元以下,其中1万—3万元规模所占比例最大,达到40.57%,1万元以下的贷款也占到了20.57%,这说明农户的小额贷款需求能够得到一定程

---

① 孙国茂、马建春、丁淑娟:《山东省普惠金融现状研究》,山东人民出版社2014年版。

度的满足;但是,较大额贷款方面,10万元及以上的借款规模仅占7.43%,其中50万元以上的借款规模更是降至0.57%,这反映出正规金融机构在农村地区发放较大额贷款时态度较为审慎,其所占比例相对较低,部分农户的较大额度资金需求无法得到满足。

表4-17　　　　　　　　　　农户借贷规模　　　　　　　　单位:%

	1万元以下	1万—3万元	4万—5万元	5万—10万元	10万元以上
全省	20.57	40.57	16.00	15.43	7.43
鲁西北	9.30	55.81	20.94	9.30	4.65
鲁中	31.75	44.44	3.18	14.28	6.35
鲁西南	17.95	35.90	17.95	20.51	7.69
半岛	16.67	16.67	33.33	20.00	13.33

分地区看,鲁中地区3万元以下贷款规模所占比例最高,达到76.19%;其次是鲁西北地区和鲁西南地区的65.12%和53.85%;半岛地区的3万元以下贷款所占比例最低,但也达到了33.34%。各个地区的小额贷款比例是与当地的经济发展水平相关的。半岛地区经济相对发达,农户收入水平较高,贷款需求多来自扩大农业生产和投资经营所需,小额贷款需求相对较少;鲁西和鲁中地区经济发展相对落后,特别是山区的农户生活较为困难,为了维持生活和简单再生产,他们的小额借款需求相对较高。各地区10万元及以上的借贷规模所占比例都较低,反映出部分较高额度的需求满足度可能不佳。

3. 信用卡的持有率较低

调查结果显示,被调查农户中,存折和储蓄卡的持有率相对较高,分别为90.7%和87.3%,信用卡的持有率则较低,不足30%,虽然相比2015年广西壮族自治区和吉林的57.57%的存折持有率、50.55%的储蓄卡持有率和5.06%的信用卡持有率而言(王慧梅,2016),山东省正规金融机构的农村普惠金融推广较好,但作为小额信贷工具的信用卡持有率较低,也说明农村地区的信用体系和小额信贷发展方面仍存在不足。

4. 合作金融机构在农村信贷市场居主导地位，存在垄断隐忧

如表4-18所示，山东省范围内的农户借款来源中，合作性金融机构占36.31%；分地区而言，黄河三角洲高效生态经济区的合作性金融机构借款来源所占的比例最高，为40.65%，其次是西部经济隆起带的38.33%，再次是山东半岛蓝色经济区的37%，最后是省会城市群经济圈的33.94%。可以发现，无论是全省范围还是四大区域中，合作性金融机构在农村信贷市场中都居主导地位。

表4-18　　　　　　农户借款来源分布　　　　　　单位：%

	山东省	山东半岛蓝色经济区	省会城市群经济圈	西部经济隆起带	黄河三角洲高效生态经济区
农信社①	36.31	37	33.94	38.33	40.65
工农中建	16.4	18.04	14.22	12.57	8.13
政策性银行	1.14	1.22	0.46	1.4	0
邮储银行	0.38	0.31	0.46	0.2	0
新型农村金融机构②	2.94	3.06	2.3	2.6	4.88
民间借贷	36.3	34.56	39.45	38.12	38.21
其他	6.53	5.81	9.17	6.78	8.13

资料来源：孙国茂、马建春、丁淑娟：《山东省普惠金融现状研究》，山东人民出版社2014年版。

5. 农户对金融机构的服务满意度不高

如图4-4所示，已获得正规金融机构贷款的农户对金融机构所提供服务的满意度一般。在对金融机构服务满意度调查中，表示对服务非常满意和满意的农户占比分别为12.78%和16.67%；认为服务水平一般的占43.80%；而对金融机构服务不满意和很不满意的占21.68%和5.07%。仅有不足30%的已获贷款者认为金融机构的服务水平较好，说明山东省农村正规金融机构的服务水平仍有待提升。此外，从金融机

---

① 农信社包括农村信用社、农村商业银行和农村合作银行三种合作性金融机构。
② 新型农村金融机构包括村镇银行、贷款公司、资金互助社和小额贷款公司。

构获得贷款的农户仅占全部被调查农户的31.47%,若考虑未贷款者的正规金融借贷需求问题,满意度比例更将大幅降低。

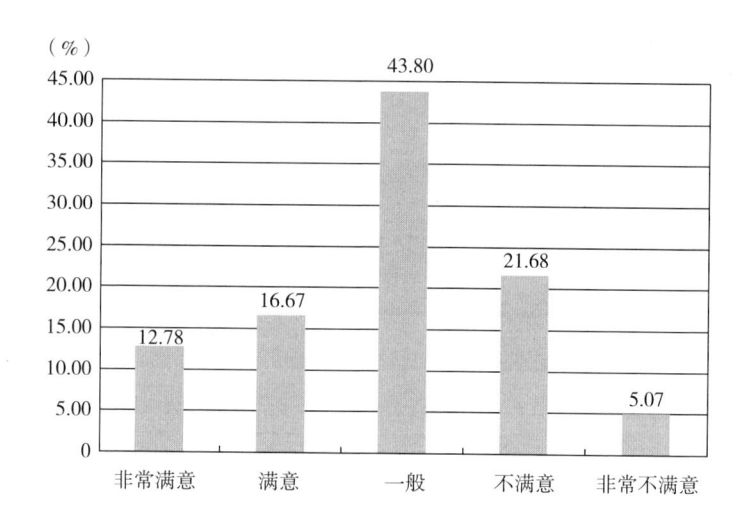

图4-4 获得贷款的农户对金融机构服务的满意度

6. 农户对金融机构的审批手续、期限和贷款利率的认同度较低

在对正规金融机构需要改善的服务调查中,审批手续、审批期限和贷款利率的认同度最低。全部调查样本中,82人次[①]认为审批手续复杂,81人次认为审批期限不合理,这反映出正规农村金融机构在贷款审批手续上仍存在过于繁杂的问题,对比互联网金融的最快3分钟审核,1秒钟放贷的高效率贷款,正规金融机构显然身处下风。这种繁杂的审批手续一方面源于正规金融机构的审慎态度,另一方面反映出正规金融在农村地区信用体系的欠缺。因此,解决之道在于尽快推进农村地区信用体系的建立和健全。此外,有76人次不认同金融机构现行贷款利率。利率的接受度受到不同地区、不同收入层次和不同借款需求的影响,因此金融机构应结合当地经济、社会发展的实际情况,充分考虑农户的借款需求,进行产品创新,更好地满足顾客的贷款需求。

---

① 问卷中"您认为信用社或银行应改善哪些服务"为多项选择题。

4.2.3.2 非正规信贷资金供给未能弥补农村信贷资金需求缺口

1. 较大额度的资金信贷需求存在抑制问题

调查结果（表4-17）显示，一些金额较大的贷款需求无法通过正规金融机构获得满足，山东省民间仍存在高利贷现象，未获得资金的农村融资者多希望寻求民间借贷。然而，亲友互助型民间借贷也存在借贷金额小和人情债等问题，无法满足较大额度的资金信贷需求；商业性民间借贷为了弥补农村信贷的高成本与高风险，多实施较高的利率政策，融资风险较小的项目由于获益较少，无法承受高利率成本，被挤出商业性民间借贷市场。因此，资金需求金额较大、融资风险较小的项目的信贷需求在民间信贷市场依然无法满足。

2. 农户对互联网金融了解有限

互联网金融共包括三种模式：第一，传统互联网金融，如手机银行、网上银行等。第二，互联网居间金融，如P2P、第三方支付平台等。第三，互联网金融，如支付宝、快钱、财付通等。在对互联网居间金融和互联网金融的调查中发现，有63.62%的农户不知道互联网金融，24.23%的农户表示知道并参与过，仅有2.8%的农户表示经常参与互联网金融，这说明P2P等新兴互联网金融形式在山东省农村地区的知晓率较低（孙国茂等，2014）[①]。

本次调查结果显示，有52.2%的受访农户表示曾经使用过数字化支付方式。进一步，在所有使用过数字化支付方式的群体中，51.7%的农户使用过网银，48%的使用过手机银行，这反映出山东省大力发展网上银行、手机银行，推广自助金融的政策取得了较好的成效；此外，65.2%的农户使用过支付宝，61%的农户使用过微信支付，但这部分用户以农户家庭中的年轻成员为主[②]。

---

① 孙国茂、马建春、丁淑娟：《山东省普惠金融现状研究》，山东人民出版社2014年版。

② 问卷中"使用哪种数字化支付手段"的题目为多选题，因此各种数字化支付手段占比之和大于100%。此外，第三方支付使用率较高可能是由于抽样样本中有部分学生家庭导致，他们在城市学习工作且受教育水平较高，因此通常会使用微信、支付宝等互联网金融工具。实际上，第三方支付工具的使用率可能低于该统计值。

4.2.3.3 保险发展滞后抑制农村普惠金融需求

1. 山东省小额人身保险发展状况不佳

2009年9月,在山东省保监局《山东省农村小额人身保险试点工作》政策指导下,农村小额人身保险在济南、淄博、潍坊等10个城市的22个县(市、区)展开试点,并逐步扩大试点范围。其中,中国人寿、泰康人寿、新华人寿、太平洋人寿、平安养老等保险公司取得农村小额人身保险资格。然而,虽然保险公司的业务量有所发展,但各家公司在农村地区的小额人身保险的保费收入却在其全部保费收入中占比很小,基本均为1%以下。以中国人寿山东分公司为例,其2013年的农村小额人身保险参保人数累计501.1万人次,风险保额为1000亿元,向2.91万参保农户支付超6000万元的保险金(孙国茂等,2014)①。

2. 农业保险市场发展状况分析

(1) 农业保险发展不佳

调查结果显示,在全部受访农户中,仅有15.06%的农户表示会以农业保险赔付的方式应对农业生产风险,这一比例不足受访者的1/6。大多数受访者更倾向于传统的自我保险方式,如用储蓄应对农业风险,占比为43.56%;依靠亲友救助的占19.78%;依靠国家或集体救助的占20.87%。可以看出,农户大多保险意识不强。

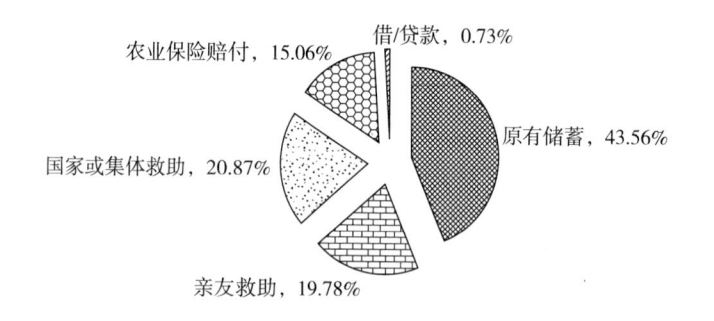

图4-5 农户对抗农业生产风险的方式

---

① 孙国茂、马建春、丁淑娟:《山东省普惠金融现状研究》,山东人民出版社2014年版。

此外,如表4-19所示,山东省未参与农业保险的平均比例为62.28%,其中山东半岛蓝色经济区高达67.4%,即使在未参保率最低的黄河三角洲高效生态经济区,仍有56.04%的农户未参加农业保险。如果将保费在0.5万元以下的农户合计统计,两项之和高达94.42%,这反映出,作为农业大省的山东省的农业保险发展情况不尽如人意,农业保险市场发展滞后。

表4-19　　　　　农业保险总保费缴纳额分布情况　　　　　单位:%

	山东省	山东半岛蓝色经济区	省会城市群经济圈	西部经济隆起带	黄河三角洲高效生态经济区
0	62.28	67.4	57.3	56.24	56.04
0—0.5万元	32.14	24.5	39.43	39.17	32.9
0.5万—1万元	2.55	3.49	1.79	2.25	4.98
1万—2万元	1.98	2.7	1	1.76	2.12
2万—5万元	0.77	1.33	0.42	0.46	2.76
5万—10万元	0.08	0.14	0.03	0.06	0.37
10万元及以上	0.2	0.44	0.03	0.06	0.83

资料来源:孙国茂、马建春、丁淑娟:《山东省普惠金融现状研究》,山东人民出版社2014年版。

(2) 农业保险宣传不到位

在全部调研样本中,95%以上的农户对农业保险不了解。其中30.29%的农户表示完全不知道农业保险;33.39%的农户知道农业保险,但不了解政府补贴哪些险种;32.12%的农户表示虽然知道农业保险,但不清楚补贴比例;仅有4.2%的农户表示完全了解农业保险,这一比例显然太低。农户对农业保险的不知道、不了解反映出山东省对农业保险的宣传不到位,因此,需加大农业保险宣传力度,加深农户对农业保险的了解,增加农户对农业保险的需求。

(3) 现行农业保险存在问题较多

调查结果显示,农户对农业保险缺乏了解。全部调查样本中不了解农业保险的农户占51%;分地区看,鲁西南地区最为严重,达到了74.4%,其次是半岛地区的53.3%。这被认为是导致农业保险发展滞后的重要原因,也是目前农业保险存在的最大问题;另外,还存在农业保险险种过少、保费过高、手续复杂和赔付条件苛刻等问题,这主要由于当前山东省农业保险市场发展水平较为低下造成的。由于农业保险市场成熟度低、市场准入门槛较高,造成市场竞争主体少,而缺乏竞争压力的保险公司从盈利导向出发,只会推出盈利度最高的少数产品,从而导致农业保险险种过少;同时为了保证盈利水平,保险公司会采取较高的保险费率,并通过繁杂的审核手续和苛刻的赔付条件降低自身经营风险。因此,农业保险存在的诸多问题是由于其特定的市场发展水平导致的。要解决这些问题,就必须降低农业保险准入门槛,增加农业保险市场竞争活力,促进农业保险市场发展。

表4-20　　　　　　　　　农业保险存在的问题　　　　　　　　　单位:%

	不了解	险种过少	保费太高	手续复杂	赔付条件苛刻
山东省	51	32.5	25.7	23.3	8.2
鲁西北	47.7	38.6	38.9	45.6	45.6
鲁中	41.2	29.4	18.2	20.6	46.6
鲁西南	74.4	17.4	31.4	8.3	24.8
半岛	53.3	32.3	30.5	21.6	18

表4-21　　　　　　　　农业保险存在问题的重要程度

	不了解	险种过少	保费太高	手续复杂	其他
山东省	5.18	2.42	2.84	2.99	1.73
山东半岛蓝色经济区	5.25	2.85	3.08	3.35	1.87
省会城市群经济圈	5.08	2.35	2.98	3.00	1.73
西部经济隆起带	5.17	2.13	2.56	2.73	1.64
黄河三角洲高效生态经济区	4.79	3.20	3.47	3.42	1.96

注:1—7为重要程度赋值范围,1为最小值,表示最不重要,7为最大值,表示最为重要。

资料来源:孙国茂、马建春、丁淑娟:《山东省普惠金融现状研究》,山东人民出版社2014年版。

(4)政府对农业保险发展的支持力度不足

农业保险的发展需要政府部门从政策层面到资金层面的大力支持。

调查结果显示，在已购买农业保险的群体中，65.71%的农户指出，如果没有政府财政补贴，他们不会购买农业保险；未购买农业保险的群体中，多数农户认为政府对农业保险的补贴力度不够，有65.48%的农户表示愿意承担的最大保险费率在50%以下，其中有36.55%的农户仅愿意承担30%以下的保险费率。这说明，出于投入产出比考虑，多数农户仅愿意投入少量的成本参加农业保险，因此，就山东省农村当前社会经济发展状况而言，扩大农业保险覆盖范围离不开政府财政的大力支持。

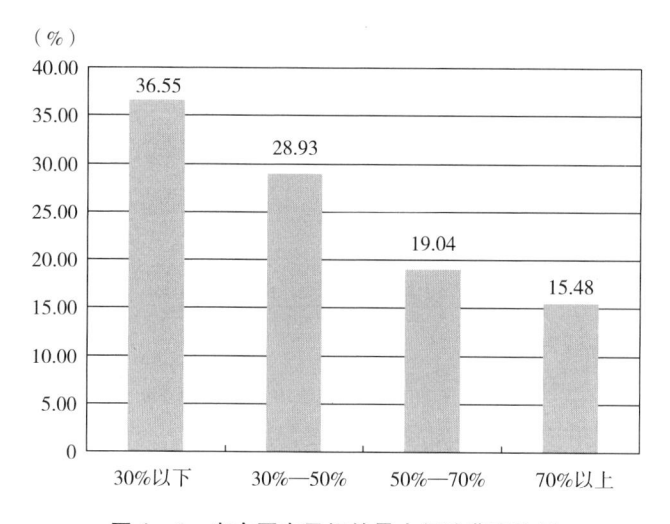

图4-6 农户愿意承担的最大保险费率比例

4.2.3.4 农户金融投资意识较低

根据表4-8可知，在整个调研样本中，各个收入群体的家庭对于股票证券投资都很少，在年收入1万—3万元的阶层中有9.6%的家庭认为股票证券投资是2015年家庭的最高投资性支出项目，这一比例居各阶层之首。即使高收入家庭也有较少投资股票证券的现象，从一个侧面反映出农村金融市场投资类金融产品的欠缺。因此，需要进一步推进涉农期货、期权产品创新，建设农产品期货、期权市场，这不仅可以开拓农户投资领域，也可以帮助涉农企业利用期货、期权规避市场风险。

4.3 山东省农村普惠金融供给状况分析

供给层面的农村产业弱质性、信息不对称和农村金融抑制等问题影响农村普惠金融的有效供给。改革开放以来,随着中国市场经济环境的不断优化,山东省农村地区的社会环境和经济环境也发生了巨大变化。在国家宏观政策引导下,山东省加快农村金融深化改革步伐,出台相关法规文件,有步骤有计划地发展农村普惠金融,初步实现了"多层次、广覆盖、可持续"的农村金融框架体系,各层次农村金融机构协同发展。目前,山东省农村金融发展水平居全国前列。但不应忽视的是,山东省农村金融供给层面仍存在有效供给不足、供给与需求错位、各类型农村金融机构对接不到位等问题。因此,响应国家农村经济供给侧改革的政策号召,农村普惠金融供给端改革势必进一步深化。

4.3.1 农村普惠金融供给侧改革的政策与措施

1. 中央层面的政策支持

自十八届三中全会明确提出将"发展普惠金融"作为"完善金融市场体系"的重要组成部分后,"发展普惠金融"上升至国家层面,普惠金融成为当今金融改革的重要议题。为帮助广大农户解决贷款难的问题,中央政府出台一系列文件支持农村普惠金融的发展。

表4-22　　　　近年来中央主要的农村普惠金融支持政策

政策分类	相关文件	普惠金融相关政策
（一）小额贷款政策	1. 2007年《中国银监会关于银行业金融机构大力发展农村小额贷款业务的指导意见》	加强对发展农村小额贷款业务的监督和指导
	2. 2008年《关于开展工会创业小额贷款试点工作的通知》	开展工会创业小额贷款试点
	3. 2009年中央1号文件	鼓励和支持金融机构创新农村金融产品和服务,大力发展小额信贷服务

续表

政策分类	相关文件	普惠金融相关政策
（一）小额贷款政策	4. 2011年《关于全面贯彻〈中国农村扶贫开发纲要（2011—2020年）〉重要政策措施分工方案的通知》	对扶贫纲要确定的工作进行分工安排，要求人民银行牵头研究落实金融服务相关政策
	5. 2013年《中共中央关于全面深化改革若干重大问题的决定》	允许具备条件的民间资本依法发起设立中小型银行等金融机构
	6. 2014年《关于全面做好扶贫开发金融服务工作的指导意见》	积极发展农村普惠金融；加快推进农村信用体系建设，推广农村小额贷款
	7. 2014年《中国银监会办公厅关于做好2014年农村金融服务工作的通知》	深入推进农村中小金融机构支农服务
	8. 2014年《中国银监会关于进一步促进村镇银行健康发展的指导意见》	要求村镇银行制定支农支小发展战略，创新探索支农支小商业模式
	9. 2015年《中国银监会办公厅关于做好2015年农村金融服务工作的通知》	大力发展农村普惠金融，全面提升农村金融服务质效
（二）财税优惠政策	1. 2009年中央一号文件	抓紧出台对涉农贷款定向实行税收减免和费用补贴、政策性金融对农业中长期信贷支持、农民专业合作社开展信用合作试点的具体办法
	2. 2013年《关于创新机制扎实推进农村扶贫开发工作的意见》	改革财政专项扶贫资金管理机制
	3. 2014年《关于全面做好扶贫开发金融服务工作的指导意见》	完善扶贫贴息贷款政策，加大扶贫贴息贷款投放。支农再贷款利率降低1个百分点
	4. 2015年中央一号文件	延续并完善支持农村金融发展的有关税收政策
	5. 2017年中央一号文件	在健全风险阻断机制的前提下，完善财政与金融支农协作模式
	6. 2015年中央一号文件	鼓励开展"三农"融资担保业务，大力发展政府支持的"三农"融资担保和再担保机构，完善银担合作机制

续表

政策分类	相关文件	普惠金融相关政策
（二）财税优惠政策	7. 2016年中央一号文件	完善农业保险制度
	8. 2016年《中央财政农业保险保险费补贴管理办法》	坚持"中央保大宗、保成本，地方保特色、保产量"的基本要求，以建立多层次农业保险体系，满足多样化农业保险需求
	9. 2017年中央一号文件	持续推进农业保险扩面、增品、提标，开发满足新型农业经营主体需求的保险产品，支持地方开展特色农产品保险

2. 山东省普惠金融政策

为响应国家发展农村普惠金融号召，配合国家层面的普惠金融发展政策，山东省也出台了省级和地方政府的普惠金融发展政策。

（1）省级层面而言，山东省在促进小额贷款公司发展、规范发展融资担保业务、试点新型农村合作金融、扶持、引导与规范民间金融发展等方面都取得了显著成绩。

第一，促进小额贷款公司发展。山东省2008年颁布关于小额贷款公司试点工作文件（鲁政办发〔2008〕46号），2010年出台支持小额贷款公司发展的文件（鲁政办发〔2013〕34号），2015年印发《山东省小额贷款保证保险补贴资金管理暂行办法》（鲁财金〔2015〕27号）以及2016年的《山东省小额贷款公司（试点）管理办法》（鲁金监字〔2016〕9号），一系列的文件对山东省小额贷款公司的试点、建立、发展和监管做出了明确的规定，促进并引导了省内小额信贷公司的发展。

第二，全国范围内率先开展新型农村合作金融试点。2015年3月，山东省根据《山东省农民专业合作社信用互助业务试点方案》和《山东省农民专业合作社信用互助业务试点管理暂行办法》正式试点新型农民资金互助合作社，并制定了详细的发展战略，要求全省范围内有步骤地发展农民资金互助合作社。2016年8月出台《山东省农民专业合作社信用互助业务试点监管细则》（鲁金监字〔2016〕5号），要求对农民专业合作社信用互助业务试点加强规范管理。

第三，规范推进融资担保业务。为进一步强化对融资担保机构的监管，规范其经营行为，促进行业规范健康发展，山东省先后颁布《山东省融资性担保公司管理暂行办法》（鲁金办发〔2010〕9号）《山东省融资性担保机构经营许可证管理指引》（鲁金办发〔2010〕17号）《山东省融资性担保公司年审办法》（鲁金办发〔2012〕3号）《山东省融资性担保机构分类监管暂行办法》（鲁金办发〔2014〕1号）和《山东省融资性担保公司监督管理实施细则》（鲁金监字〔2016〕14号）。这一系列文件的颁布规范了融资性担保公司的经营行为，使其能够更好地为"三农"提供担保服务，促进农村金融发展。

第四，扶持、引导与规范民间金融发展。首先，积极引导合法民间金融发展。为促进民间融资规范发展，防范民间融资诱发金融风险，2013年10月，以山东省人民政府办公厅《关于进一步规范发展民间融资机构的意见》（鲁政办发〔2013〕33号）为标志，开始在全省范围内推动民间融资规范引导工作。2015年山东省民间融资机构协会成立。2016年山东省颁布《山东省人民政府办公厅关于促进民间投资稳定增长若干政策措施的意见》（鲁政办发〔2016〕42号）和《山东省民间融资机构监督管理办法》（鲁金监字〔2016〕6号），并以系列法规文件为依据于2016年12月制定《山东省民间资本管理公司创新业务试点暂行办法》，在全省开展民间资本管理公司创新业务试点工作。其次，严厉打击民间非法金融活动。为有效化解金融风险隐患，打击民间非法金融活动，维护经济金融秩序和社会稳定，根据《国务院关于进一步做好防范和处置非法集资工作的意见》（国发〔2015〕59号）要求，山东省于2015年颁布《山东省人民政府关于贯彻国发〔2015〕59号文件进一步做好防范和处置非法集资工作的实施意见》（鲁政发〔2016〕8号），并结合本省实际，制定《山东省非法集资案件举报奖励办法》，依靠社会监督，整顿民间金融的非法行为。2016年，针对互联网金融发展中存在的问题，山东省发布了互联网金融风险专项整治工作七个分领域实施方案，针对P2P网络风险等七个方面的互联网金融风险问题制定了明确的治理方案。

第五，出台金融改革纲领性文件。2013年8月出台的《山东省人民政府关于加快全省金融改革发展的若干意见》（山东金改22条）给全省金融改革做出了纲领性指导意见，推动了山东省农村普惠金融的发展。2016年出台的《山东省地方金融条例》，从法律层面上约束了小额贷款公司、融资担保公司、民间融资机构等金融机构的经营行为，引导其更好地为农村普惠金融发展服务。

（2）地市层面看，山东省各级地方政府为推动农村普惠金融发展，制定相关政策文件，并取得了较好的成效。

潍坊市在小额贷款公司和新型农村合作金融试点等多方面走在全市前列。首先，积极推动小额贷款公司发展。2013年10月，潍坊市发布《关于进一步加快全市金融创新发展的若干意见》，以此意见为指导，潍坊市全面推进小额贷款公司发展，截至2016年10月，潍坊市小额贷款公司达50家，营运资金58.99亿元，居山东省前列。其次，推动新型农村合作金融试点工作展开。2015年初，潍坊市出台《农民专业合作社信用互助业务试点方案》；2016年，为更好地贯彻实施试点方案，加强对新型农村合作金融试点工作的组织领导，推动试点工作健康有序开展，潍坊市人民政府办公室发布《关于建立潍坊市新型农村合作金融试点工作联席会议制度的通知》和《关于深化新型农村合作金融试点工作的意见》，在系列政策指导下，潍坊市农民专业合作社信用互助业务试点工作进一步开展，截至2016年底，共有11个试点县的61家农民专业合作社完成了信用互助业务资格认定，实现县域全覆盖。信用互助业务累计达到1884.9万元。再次，促进融资担保行业健康发展。2015年潍坊市人民政府办公室出台《关于进一步推进保险业创新发展的意见》，在此政策引导下，潍坊市农业保险覆盖品种和面积进一步扩大，2016年上半年实现保费收入11.2亿元，同比增长19.5%。小额贷款保证保险试点在全省铺开。为进一步推动融资担保发展，2017年1月，潍坊市出台了《潍坊市人民政府关于促进全市融资担保行业健康发展的实施意见》，从发展壮大融资担保行业、优化政银担合作模式、切实加强行业监管、优化行业发展环境四个方面，提出了具体措施，落实了相关责任部门，为加快提升融资担保行业整体实力和服务水平，切实缓解"三农"融资难融资贵问题，提出了解决办法和实施意见。最后，根据山东省互联网金融风险治理相关政策制定了潍坊市互联网金融风险专项整治工作分领域实施方案，对潍坊市互联网金融风险开展专项整治工作。

淄博市在贷款抵押创新方面积极创新。2012年,出台《淄博市林权抵押贷款管理实施办法(试行)》,办法中明确了林权抵押范围和条件,提出"最高贷款额原则上不超过森林资源资产评估价值的60%",贷款期限则规定为一般不超过10年。

东营市借鉴温州金改经验,提出了关于民间融资规范的"1+5"文件,启动对民间融资进行规范引导的试点工作。

4.3.2 农村普惠金融供给侧改革取得的成效

4.3.2.1 山东省农村普惠金融总体可得性增加

1. 农村金融机构与基础设施建设快速发展

近年来,山东省的农村金融改革成效显著。2015年,山东省大型银行县域支行以下机构占比接近50%,城商行实现县域机构全覆盖,各类股份制银行设立县域支行70余家,覆盖近90%的县域经济区。截至2016年6月底,山东省共成立小额贷款公司423家,实现全省137个县(市、区)全覆盖;成立村镇银行128家,居全国首位;2016年9月,山东省全面完成农村信用社银行化改制,共成立110家农村商业银行,成为继安徽、湖北和江苏后,全国第四个完成银行化改革的省份。此外,山东省大力推进农村金融基础设施建设,2015年实现了金融基础设施、手机支付业务等的行政村100%全覆盖。山东省初步形成了多层次、广覆盖,具有一定风险防范能力的农村金融框架体系,这增加了农村金融资金和服务的供给,为培育成熟的农村金融市场、促进山东省农村社会经济发展奠定了一定的基础。

2. 涉农贷款规模稳步提升

近年来,山东省金融机构涉农贷款余额(本外币)不断上升。如图4-7所示,2009—2013年,山东省金融机构涉农贷款总量逐年增加,涉农贷款余额占全部贷款余额的比例也不断提高,从2009年的33%提高至2013年的40%,涉农贷款总量和比例的双提升,反映出山东省农村普惠金融稳步发展。

3. 涉农贷款用途结构分析

如表4-23和图4-7所示,在全部涉农贷款中,农林牧渔业贷款最多，占比最高，农业科技贷款数量最少、占比最低。具体而言，农林牧渔业贷款所占份额最高，但出现逐年下降趋势；农产品加工贷款数量不断上升，所占比例逐年提升，2014年农产品加工贷款占比达4.22%，接近农林牧渔业的4.82%；农村基础设施建设贷款呈现上升趋势，从2009年的2.06%提高至2014年2月的2.67%；农业科技贷款占比最低，且呈不断下降趋势；农用物资和农副产品流通、农业生产资料制造两项贷款的额度相近，且总体变化较为平稳；农田基本建设贷款占比较低，变化不大。

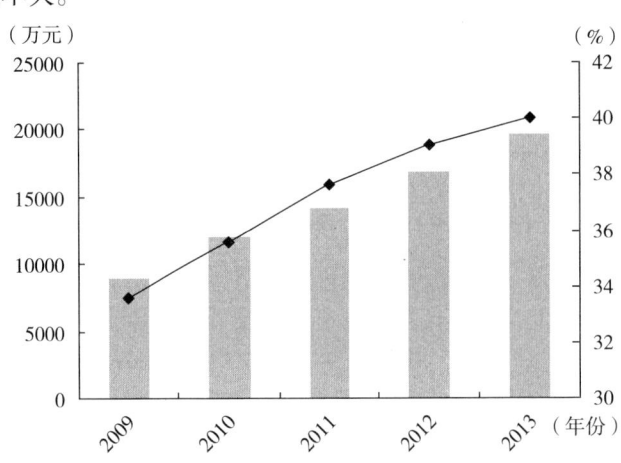

图4-7 山东省涉农贷款规模（2009—2013年）

表4-23 山东省涉农贷款结构分析 单位：%

贷款种类 \ 时间	2009年	2010年	2011年	2012年	2013年	2014年2月
农林牧渔业贷款	9.78	9	6.86	5.74	5	4.82
农产品加工贷款	3.13	3.9	3.79	4.22	4.3	4.22
农村基础设施建设贷款	2.06	2.3	2.49	2.54	2.7	2.67
农用物资和农副产品流通贷款	2.47	2.2	1.65	1.89	1.9	1.97
农业生产资料制造贷款	1.4	1.8	1.6	1.8	1.8	1.73
农田基本建设贷款	0.42	0.4	0.38	0.37	0.4	0.47
农业科技贷款	0.32	0.1	0.06	0.07	0.1	0.06

资料来源：孙国茂、马建春、丁淑娟：《山东省普惠金融现状研究》，山东人民出版社2014年版。

4. 涉农贷款按城乡地域分类的结构分析

如表4-24和图4-8、图4-9所示,2009年至2014年2月,涉农贷款余额中农村贷款金额呈快速上升趋势,从2009年的8194.22万元快速上升至2014年2月的17715.08万元,远远高于城市企业及各类组织的涉农贷款金额;农村贷款占比从2009年的29.92%上升至2014年2月的35.67%,上升速度快于城市企业及各类组织的涉农贷款增加比例。

表4-24　　　　　　　　山东省涉农贷款地域结构分析

	2009	2010	2011	2012	2013	2014.2
城市企业及各类组织涉农贷款(万元)	1008.4	1154.09	1407.58	1805.06	2107.43	2132.44
农村贷款(万元)	8194.22	10436.68	12720.7	14955.24	17173.86	17715.08
城市企业及各类组织涉农贷款占比(%)	3.68	3.5	3.75	4.21	4.2	4.29
农村贷款占比(%)	29.92	32.1	33.9	34.86	35.8	35.67

资料来源:孙国茂、马建春、丁淑娟:《山东省普惠金融现状研究》,山东人民出版社2014年版。

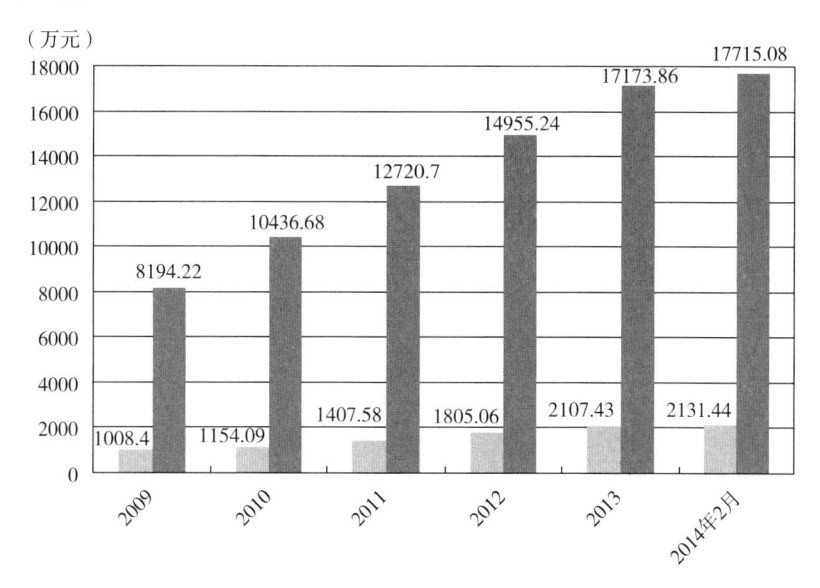

图4-8　2009—2013年山东省涉农贷款余额城乡分类情况

图 4-9 2009—2013 年山东省涉农贷款余额城乡分类比例

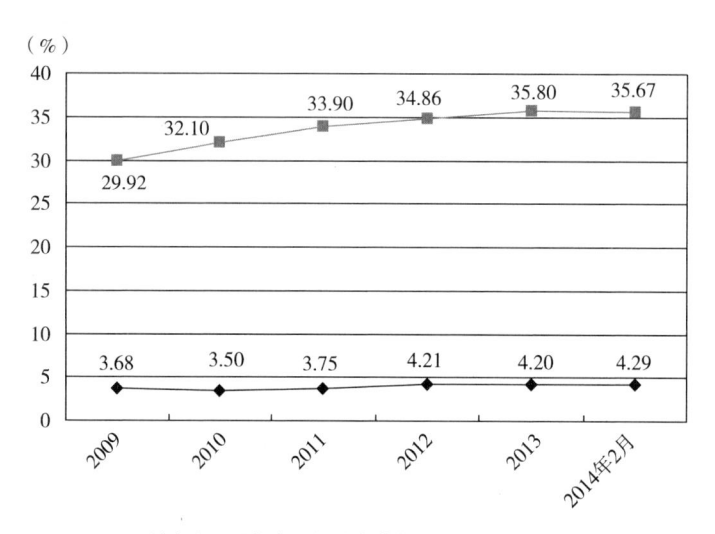

图 4-10 则显示，在涉农贷款结构中，截至 2014 年 2 月农户贷款金额为 3487.83 万元，远低于农村企业及各类组织 14227.24 万元的贷款金额；农户贷款所占比例也低于农村企业及各类组织贷款比例。

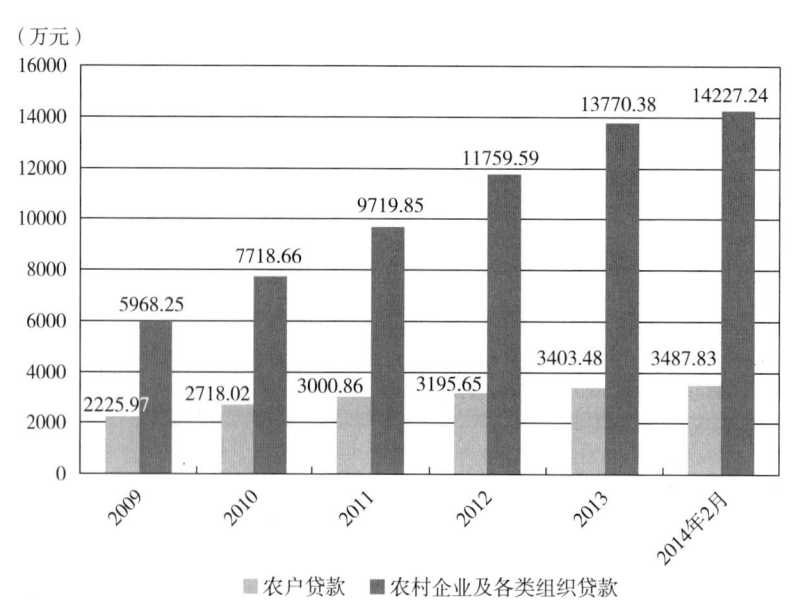

图 4-10 2009—2013 年山东省涉农贷款中农村贷款结构情况

5. 涉农贷款中受贷主体结构分析

由图 4-11 和表 4-25 可以看出，涉农贷款的受贷主体中，企业涉农贷款所占比重最高且增速明显，从 2009 年的 23.23% 上升至 2013 年的 32.2%；个人涉农贷款所占比重稳中有降，从 2009 年的 8.13% 降至 2013 年的 7.2%；各类非企业涉农贷款占比最低，且不断降低，从 2009 年的 2.25% 降至 2013 年的 0.7%。因此，涉农贷款的主要服务对象为农村中小企业，其次是农户个人。

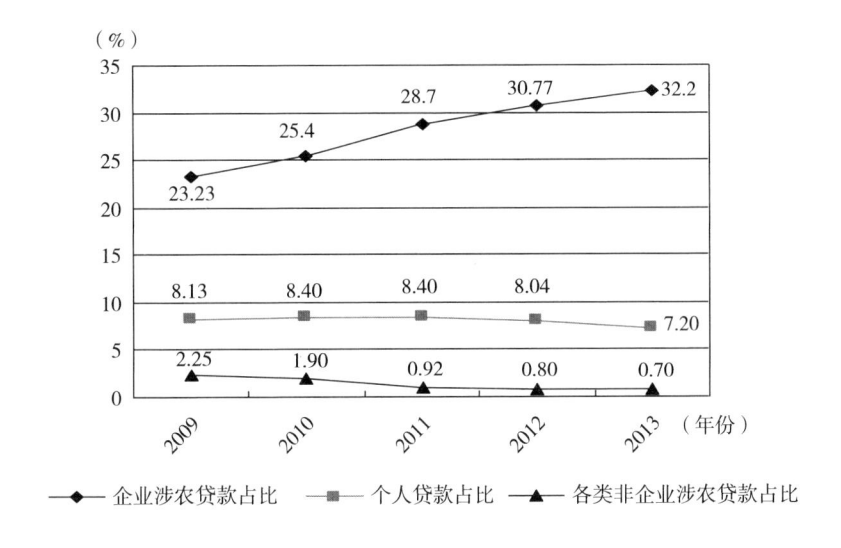

图 4-11 2009—2013 年山东省涉农贷款中农村贷款结构情况

表 4-25　　　　　山东省涉农贷款受贷主体结构分析　　　　单位：%

	2009	2010	2011	2012	2013
企业涉农贷款占比	23.23	25.4	28.7	30.77	32.2
个人涉农贷款占比	8.13	8.4	8.4	8.04	7.2
各类非企业涉农贷款占比	2.25	1.9	0.92	0.8	0.7

6. 结论

第一，山东省农村普惠金融得到一定程度的发展。近年来，涉农贷款金额规模逐年增加，涉农贷款占比也不断提高，说明山东省农村普惠金融总体可得性有所提高。

第二，山东省涉农贷款结构进一步优化。在全部涉农贷款中，农林牧渔业的贷款规模和所占比重最高；农产品加工贷款比例逐年上升，所占比例与农林牧渔业占比接近，反映出一、二、三产业出现融合发展趋势；农村基础设施建设贷款比重上升，契合了新农村建设的发展思路，设施的健全有利于农村普惠金融的进一步发展。

第三，山东省涉农贷款的城乡分布比例较为合理。涉农贷款中的农村贷款规模和农村贷款占比均高于城市企业及各类组织涉农贷款，说明涉农贷款对农村地区的服务力度不断提高，能够在一定程度上助力"三农"发展。

第四，山东省涉农贷款中受贷主体结构较为合理。涉农贷款中对企业涉农贷款的规模和占比相对最高，对个人涉农贷款次之，对各类非企业组织贷款则最低。企业涉农贷款的规模不断上升，占比也逐年提高，说明近年来山东涉农贷款对小微企业的扶持力度有所增加；农户的个人贷款规模有所增长，但较之对企业的贷款，增速较慢。

4.3.2.2 传统农村金融机构普惠金融供给侧改革成效显著

1. 政策性金融机构——农业发展银行

在经历多次改革和业务范围调整后，农业发展银行坚持以政策性业务为主的改革方向。近年来，农业发展银行山东省分行遵循国家发展战略，服务实体经济，实现各项经营指标稳步增长。

农业发展银行山东省分行根据山东农业农村发展实际，贯彻落实国家农业发展政策，发挥信贷支农作用。2015年，农业发展银行共发放粮棉油购销储贷款222.7亿元，同比增加46.33亿元；发挥粮食生产大省主渠道作用，政策性支持并带动开户企业累计收储流转粮食729亿斤，占全省粮食流通总量的65%；支持开户企业收购调销棉花累计254.6万担，其粮油收储业务实现量和质的共同提升。同时，按照与山东省政府签订的战略合作协议，对信贷资源作重点项目配置，给予农业农村基础设施建设重点支持。2015年累计审批中长期项目贷款1057.8亿元，当年实现投放的款项达401.26亿元；审批易地搬迁项目贷款3200多亿元。

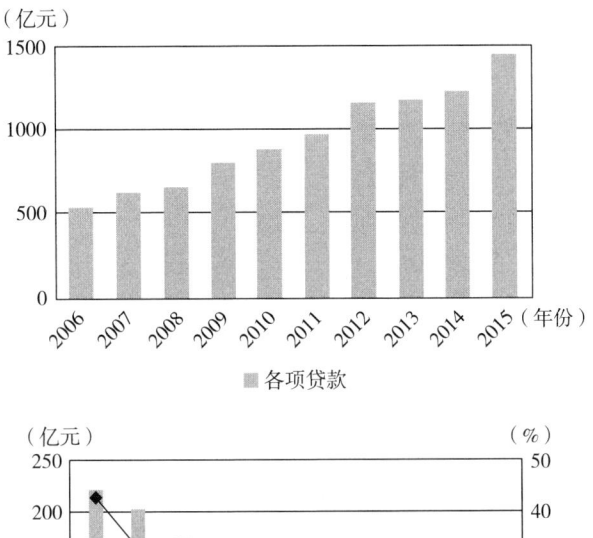

图 4-12 2006—2015 年农发行各项贷款余额及不良贷款变化情况

资料来源：山东银监局：《2015 年山东银监局年报》，http://www.cbrc.gov.cn/chinese/files/2016/73E088D266F6460EA244AF6EFB61626A.pdf，第 23-24 页。

2015 年以来，农业发展银行山东省分行大胆创新，秉承"可复制、可推广、可持续"的目标，探索出五种农村贷款运作模式，全力服务现代农业发展。这五种模式分别是：第一，围绕"种什么地"，探索出"齐河高标准农田建设"模式；第二，围绕"谁来种地"，探索出"供销大田托管"模式；第三，围绕"怎么种地"，探索出"中裕土地流转"模式；第四，围绕项目财务可持续，探索出"耕地占补平衡"模式；第五，围绕一、二、三产业融合，探索出"东营现代农业园区"模式。五种模式协调运作，取得了良好的支农效果。

2016 年，农业发展银行山东省分行继续探索扶贫发展新路径，率先发放农业发展银行系统光伏扶贫专项贷款，贷款金额达 1 亿元；2016年 11 月，山东分行又在全国率先发放农业发展银行系统内旅游扶贫贷款，贷款金额 1 亿元，用于支持沂南地区的红色旅游项目开发，探索红色旅游扶贫发展道路。旅游扶贫项目可实现精准扶贫，惠及贫困户 4356 户，帮助贫困人口 7149 人，平均每人每年增收 3026 元。

以山东省滨州市为例，山东省滨州市分行将粮棉油产业发展作为其信贷支持重点，充分发挥粮食收储资金供应主导作用，支持中央及市县储备粮的增储轮换，近五年来，共发放 16.9 亿元增储轮换贷款。2016年，滨州市分行共投放 8.2 亿元小麦最低保护价收购资金，累计支持 33.6 万吨小麦的收购工作，助力农户增收 3450 万元；该行贯彻支持粮棉加工产业发展政策，对西王集团、魏桥纺织和中裕食品等当地粮棉加工龙头企业给予重点资金支持。近五年来，该行累计投放 249.6 亿元粮棉油贷款，并投放 38.8 亿元贷款支持粮食加工企业。在农业发展银行滨州分行的大力支持下，滨州市形成了以博兴大豆、邹平玉米以及阳信、惠民、滨城小麦精加工为主导的粮食加工产业群，有力推动了当地粮棉加工产业"千亿级产业集群"的建设。

2. 农村金融市场资金供应主力——农村合作金融机构

山东省农村合作金融机构贯彻国家金融方针，落实金融指导政策，立足为"三农"服务的市场定位。近年来，山东省农村合作金融机构在推进银行化改革进程纵深发展，提升金融风险抵御能力，有效防范、化解风险等方面都取得了一定的成效。

第一，银行化改革成效显著。2015 年共有 45 家机构启动银行化改制，募集股金累计 209 亿元，参与改制的机构数量超过 2012—2014 年三年的总和。2016 年，山东省农村合作金融机构全部完成银行化改革，共成立农村商业银行 110 家。

第二，经营状况有所改善，资产质量真实性提升。2006—2015 年山东省农合机构不良贷款率变化情况如图 4-13 所示。农村合作金融机构累计消化 383 亿元历史包袱，金融风险化解工作取得显著成效。此外，不良贷款实现小幅"双降"，2015 年末不良贷款余额累计 247.38 亿元，不良贷款率比年初降低 0.63 个百分点，降至 3.01%。加大累计清收处置不良贷款力度，2015 年累计清收处置 473.51 亿元，其中现金收回、呆账核销以及股东购买三项合计比重达61.17%。通过各种纠偏、督促和整顿措施，山东省农村合作金融机构不良贷款率下降，资产质量真实性得以提升。

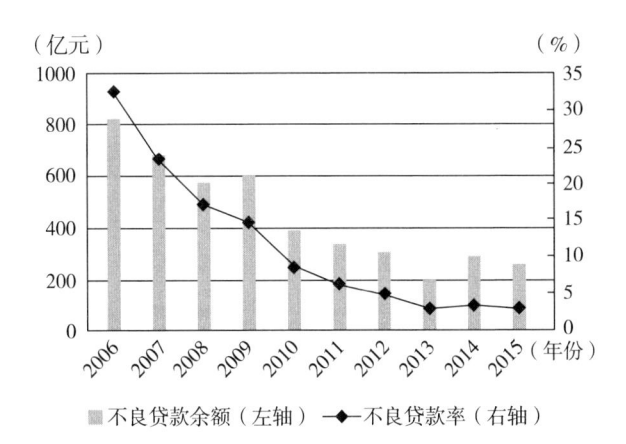

图4-13 2006—2015年山东省农合机构不良贷款率变化情况（单位：亿元，%）

资料来源：山东银监局：《2015年山东银监局年报》，http://www.cbrc.gov.cn/chinese/files/2016/73E088D266F6460EA 244AF6EFB61626A.pdf，第32-33页。

第三，支农服务力度增加。山东省农村合作金融机构在基础金融服务"村村通"政策引导下，致力于创新服务"三农"的业务品种、倾力打造支农服务品牌，提升"三农"贷款需求满足度。统计数据显示，2015年，山东省农村合作金融机构涉农贷款余额达6104.93亿元，较年初增速为8.06%。山东省农村合作金融机构发挥了农村市场支农主力作用，助力实体经济快速发展。

第四，创新开展土地承包经营权、农民住房财产权"两权"抵押贷款业务。山东省信用社通过开展市场调研、信用工程建设、发放宣传册页等措施，对市场发展趋势和农户资金需求状况进行深入了解；通过加强与监管部门和其他相关部门的沟通联系，掌握办理"两权"抵押的政策要求。在对市场需求和政策要求全面掌握的基础上，山东省信用社为"两权"抵押贷款开辟绿色窗口，明确办贷时限，这一举措大大提升了服务效率。截至2016年11月，潍坊、临沂、枣庄和菏泽4个试点城市，以土地承包经营权为抵押，办理贷款441笔，贷款金额3.77

亿元；以农民住房财产权为抵押，办理贷款2129笔，贷款余额3.53亿元[①]。"两权"抵押业务的开展，扩大了农户的贷款抵押范围，促进了农村普惠金融的发展。

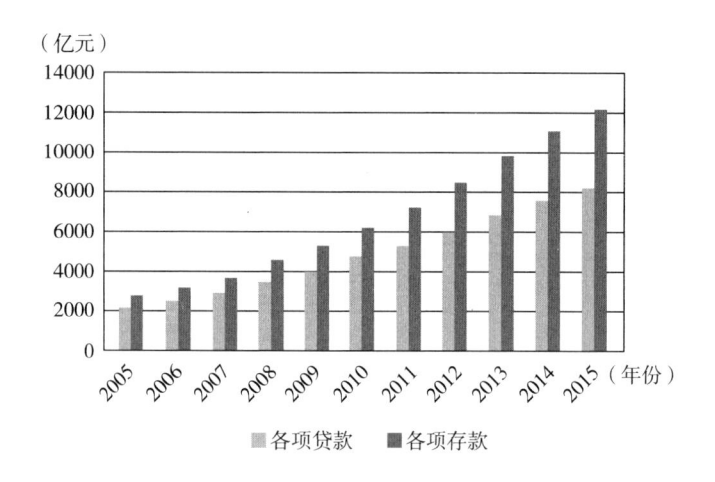

图4-14　2005—2015年山东省农合机构存贷款增长情况（单位：亿元）

3. 邮政储蓄银行

中国邮政储蓄银行山东省分行加快向全功能商业银行的转型，整体发展态势良好。中国邮政储蓄银行山东分行近年来规模效益不断提升。截至2015年末，山东分行总资产达3954.68亿元，较年初增加9.9%。各项存款余额3840.02亿元，较年初增加9.49%。各项贷款余额1151.09亿元，增幅为43.39%。2015年实现收入53.70亿元，同比增幅8.55%；实现净利润15.89亿元，同比增幅18.79%。

中国邮政储蓄银行山东分行资产业务较快增长，普惠金融服务发展较快。2015年，在重点县累计发放各类小额信贷410亿元，每笔平均不足9万元。截至2015年末，山东分行小微企业贷款余额273.18亿元，与去年同期相比增长14.86%；涉农贷款余额达到389.33亿元，较去年同期增长25.89%。

中国邮政储蓄银行山东分行继续增强资产保全清收力度，强化内部

---

① 山东省金融工作办公室：http://www.sdjrb.gov.cn/134/2389.html。

审计，提升案件治理工作力度，多举措并用力争降低不良资产。截至2015年末，山东分行不良贷款余额较年初减少0.25亿元，为8.20亿元；不良贷款率为0.71%，下降0.34个百分点，比全国邮储系统平均水平低了0.19个百分点，比山东省银行业平均水平低1.36个百分点。

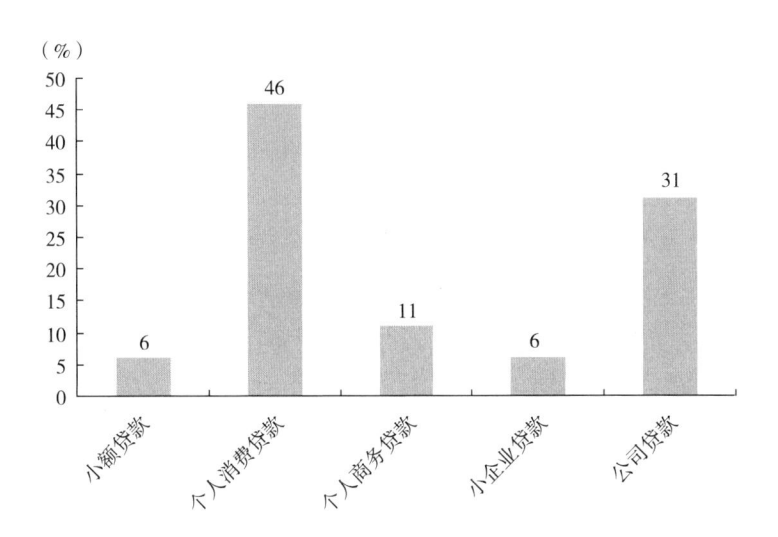

图4-15　2015年末中国邮储银行山东省分行贷款结构情况

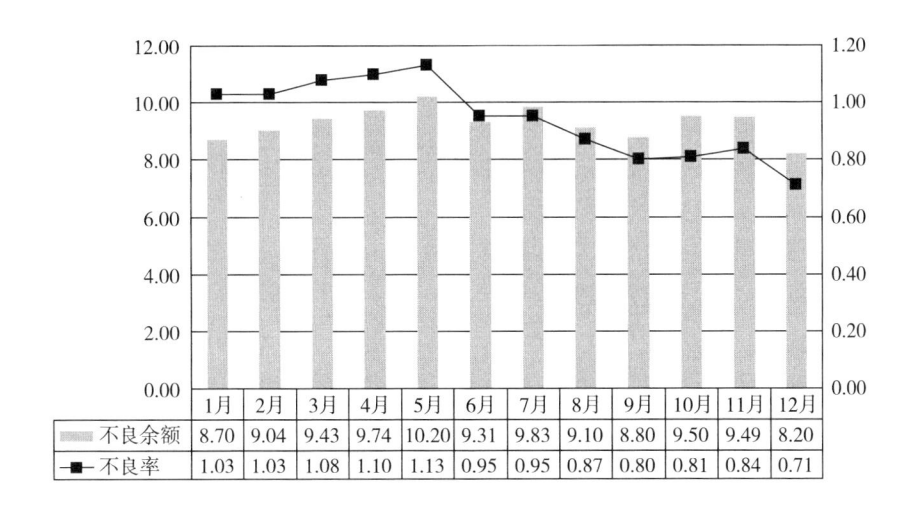

	1月	2月	3月	4月	5月	6月	7月	8月	9月	10月	11月	12月
不良余额	8.70	9.04	9.43	9.74	10.20	9.31	9.83	9.10	8.80	9.50	9.49	8.20
不良率	1.03	1.03	1.08	1.10	1.13	0.95	0.95	0.87	0.80	0.81	0.84	0.71

图4-16　2015年末中国邮储银行山东省分行不良贷款情况

4.3.2.3 新型农村金融机构的普惠金融业务稳步发展

1. 新型农村金融机构稳步发展

为解决涉农金融机构基层网点覆盖率低、金融资金和服务供给不足、竞争乏力等问题，我国于 2006 年底开始推动新型农村金融机构的建设。山东省积极响应国家政策号召，大力发展新型农村金融机构。

截至 2015 年末，山东省共组建新型农村金融机构 118 家，其中，农村资金互助社 2 家，村镇银行 116 家。村镇银行中开业 100 家，筹建 16 家，较年初增加 24 家，覆盖 16 个地市、115 个县域经济区，村镇银行机构组建总量及增量均居全国第一位。同时，村镇银行分支机构网点稳步下沉，59 家村镇银行设立了分支机构，已开业分支机构 163 家，较年初增加 49 家。新型农村金融机构资产总额 580.19 亿元，较年初增加 120.89 亿元，增幅 26.32%；负债总额 491.21 亿元，较年初增加 103.47 亿元，增幅为 26.69%[①]。

截至 2017 年 6 月末，山东省共设立小额贷款公司 332 家，覆盖全省 137 个县（市、区），实收资本 440.4 亿元，贷款余额 487.8 亿元[②]。

山东省作为全国首个开展新型农村合作金融的试点省份，从 2015 年初起稳步推进新型农村合作金融建设。新型农村合作金融坚持社员制和封闭性两大原则的社员自助型资金互助组织，合作社内部社员的金融需求由社员内部筹集资金满足，为农民生产经营过程中的资金缺口问题提供了一条新的解决路径。新型农村合作金融通过托管银行制度降低金融风险、保证资金安全。目前，山东省确定山东省农信联社和农业银行山东省分行作为合作托管银行，由托管银行履行托管职能，进行业务指导，并辅助监管。此外，为保证新型合作金融在运作过程中实现小额、分散的要求，有效控制风险，试点对单个社员互助金存放、使用的最高额度以及互助金使用期限等都做出了明确规定。截至 2016 年 12 月末，山东省有 107 个县（市、区）和 12 个开发区的 284 家农民合作社取得信用互助业务试点资格，12 个市实现了县域全覆盖；试点合作社增加

---

① 数据来源：山东省银监局网站：http://www.cbrc.gov.cn/chinese/files/2016/73E088D266F6460EA244AF6EFB61626A.pdf。

② 数据来源：中国人民银行网站：http://www.pbc.gov.cn/。

206家，参与社员（包括法人社员）共2万余人。全省累计发生互助业务1743笔，互助金额6442.2万元，比2016年初增长1187笔4693.8万元，平均每笔3.7万元，互助金余额2988.8万元①。

2. 存贷款结构日趋稳定

山东省新型农村金融机构存款余额稳步上升，截至2015年末，各项存款余额较年初增加106.42亿元，累计达449.26亿元，规模位列全国第四；存款增幅为31.04%，高出山东省银行业金融机构均值20.95个百分点。就存款结构而言，储蓄存款快速增长，较年初增长51.63%；储蓄存款占比进一步扩大至52.71%，超过单位存款，成为存款中最主要的组成部分，存款稳定性提升。

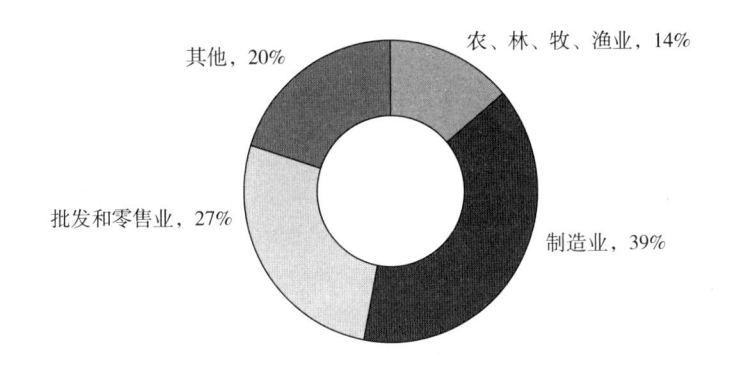

图4-17 2015年末新型农村金融机构贷款行业分布情况

此外，新型农村金融机构的贷款结构也更加稳定合理。截至2015年末，山东省新型农村金融机构各项贷款较年初增加68.39亿元，贷款余额为335.40亿元，规模位列全国第四，全年贷款增幅25.61%，高于山东省银行业金融机构均值15.54个百分点。贷款的行业投向方面，制造业贷款占比最高，达39.48%，批发零售业次之，占比为27.29%，农林牧渔业居第三位，贷款占比为13.69%；贷款担保方式方面，主要采用保证贷款、抵押贷款和质押贷款方式，三种担保方式的贷款额度分别为219.35亿元、92.75亿元和17.77亿元；三种担保方式的贷款占比

---

① 数据来源：山东省金融工作办公室：http://www.sdjrb.gov.cn/271/4461.html。

分别为65.43%、27.66%以及5.30%，合计占贷款余额的98.39%，这反映出目前山东省新型农村金融机构的涉农贷款仍以有担保类贷款为主。

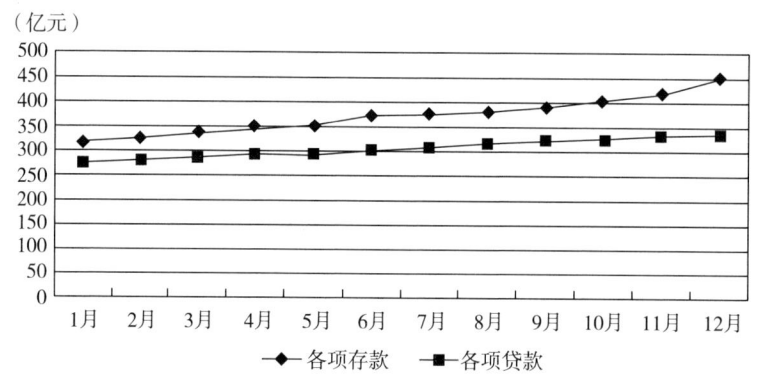

图4-18 2015年新型农村金融机构存贷款变化情况（单位：亿元）

3. 持续强化支农支小的市场定位

山东省新型农村金融机构进一步强化支农支小的市场定位，致力于为广大农户和小微企业提供金融服务。截至2015年末，山东省新型农村金融机构涉农贷款余额累计301.65亿元，与年初相比，增加23.98个百分点，涉农贷款占全部贷款金额的89.98%。

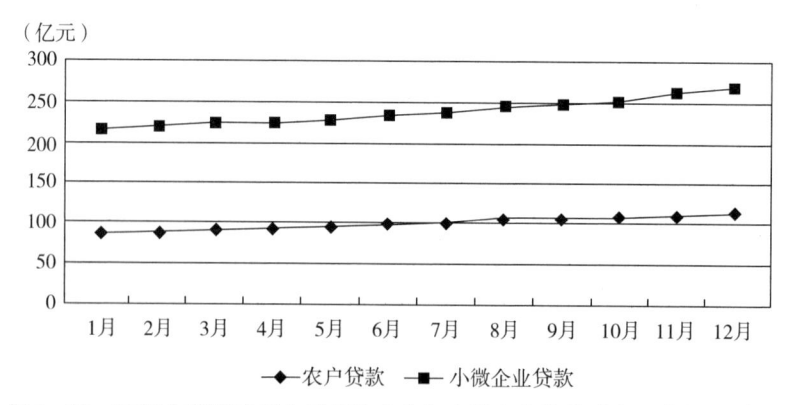

图4-19 2015年新型农村金融机构农户与小微企业贷款时序（单位：亿元）

注：图4-16至图4-19资料来源：山东省银监局：《2015年山东银监局年报》，http://www.cbrc.gov.cn/chinese/files/2016/73E088D266F6460EA244AF6EFB61626A.pdf，第34-39页。

全部贷款中，农户和小微企业贷款两项合计占比为95.29%，比全国平均水平高出2.31个百分点。其中，小微企业贷款高于农户贷款，居主要地位。2015年，小微企业贷款余额累计达266.35亿元，与年初相比，增加59.56亿元，全年增幅为28.80%，小微企业贷款达到"三个不低于"的目标；农户贷款方面，2015年农户贷款余额116.28亿元，与年初相比，增加31.97亿元，全年增幅为37.92%。支农支小贷款额度比重的稳步提升，说明山东省新型农村金融机构在一定程度上发挥了普惠金融的作用。

4.3.2.4 民间金融的支农作用稳步提升

1. 民间涉农投资稳步增长

2016年9月，山东省政府出台《关于促进民间投资稳定增长若干措施的意见》，指出，将从降低市场准入门槛、减轻企业税负、改善金融服务、扩大有效投资、深化"放管服"改革等8个方面促进山东省民间投资稳定增长。在利好政策引导下，山东省民间机构加快发展步伐。截至2016年底，山东省民间融资机构512家（已开业），注册资本达到265.618亿元。其中，民间资本管理机构458家，注册资本金264.05亿元；民间融资登记服务机构54家，注册资本金1.56亿元。

2016年度山东省民间资本管理机构累计投资11011笔，累计投资金额315.43亿元，其中，累计涉农、涉小微企业投资合计164.79亿元，占累计投资金额的52.24%。民间融资登记服务机构累计登记资金需求37.89亿元，累计登记资金出借23.46亿元，成功对接金额20.20亿元。

2. 互联网金融得到一定的发展

近年来，山东省互联网金融得到了一定的发展，全国范围的互联网平台进驻山东农村，为当地农户提供快捷的金融服务。以京东金融为例，2015年9月，京东金融在北京宣布了其农村金融战略，战略指出其将发展围绕"农产品进城—工业品下乡"为中心的农村经济闭环，其发展思路是基于全产业链发展理念构建农村金融服务体系。一方面，农业生产环节，京东金融针对农户提供的金融服务实现了"农资采购—农产品种植—农产品加工—销售"的全产业链金融需求覆盖；另一方面，农村消费生活环节，向当地农户提供包括信贷、理财、保险、支付、众筹等完整的农村产品链金融服务。京东金融将山东省的潍坊和济宁作为试点开展农村互联网金融。目前京东金融在济宁市汶上县开展的农村贷款业务，与当地的农资服务公司开展合作，共同推出了农村互联网金融产品——"京农贷"，"京农贷"无须抵押担保，贷款利率年化8.4%，产品符合当地农户的需求特点，较好地解决了当地缺乏抵押品的贫困农户的贷款问题。截至2016年3月，京东在山东汶上县试点推出的农村信贷产品——"仁寿京农贷"和"先锋京农贷"发展势头良好，累计贷款金额近1000万元[①]。

山东省内的P2P网络借贷平台也迅猛发展，尤其是2015年，山东省P2P网络借贷平台无论是在总数指标方面，还是在当年新增平台数量指标方面均位居全国前列。P2P网络借贷平台和其他互联网金融机构在农村地区的快速发展为不少农户和小微企业解决了日常生产和经营的资金缺口难题，助力了农村经济的增长。

此外，为进一步推进山东省互联网金融发展，2016年12月，山东互联网金融研究院成立，以"夯实互联网金融行业理论研究基础，全面提升互联网金融行业从业人员能力水平，提高互联网金融机构创新发展能力，提升互联网金融行业对小微企业融资服务水平，加强互联网金融行业内外的合作交流"为目的，致力于引导互联网金融健康、规范发展，更好地服务于山东省社会经济发展。

4.3.3 农村普惠金融供给层面存在的问题

4.3.3.1 传统金融机构管理机制陈旧，服务农村普惠金融的效率不佳

1. 山东省农业发展银行存在的问题

第一，经营目标设置存在缺陷。农业发展银行的经营目标设置过分偏重社会利益，然而银行的属性决定了其追求商业性发展的动机，逐利行为不可避免。政策性银行的发展也应秉承社会利益与经济利益协调发展的经营理念，向两目标兼顾的可持续经营方向发展。两大目标的协调问题解决不好，农业发展银行则缺乏农村普惠金融发展的动力，政策性

---

① 数据来源：新浪财经：http://finance.sina.com.cn/roll/2016-03-23/doc-ifxqnsty4932685.shtml。

资金供给不足问题也将难以有效解决。

第二，职能定位缺陷。农业发展银行在历经几次职能改革后，不再行使农业政策性贷款职能和大部分代理拨付财政支农资金的职能。受国家宏观政策影响，山东省农业发展银行的职能范围逐渐集中于粮棉油收购贷款这一流通环节。然而，目前农业发展的现状要求金融机构给予优化农业产业结构、加强农业基础设施建设和强化农业科技开发水平等有利于扩大再生产、增加农户收入的资金支持。虽然粮棉油收购贷款能够创造部分商业利润，但其对于扩大再生产并无太大作用。此外，随着粮食流通体制的逐步健全，从经济长远发展考虑，农业发展银行不应长期扩大粮棉油收购贷款。因此，几乎单一粮食收购的职能与农业政策性银行定位不符，同时也与山东省农业大省的现实情况不符，这导致农业政策性资金供给的严重不足。

第三，经营管理机制缺乏效率。首先，层级设置过多。农业发展银行的机构设置共包含四个层级，分别是总行、一级分行、二级分行、支行。前三个层级都是管理机构，只有二级分行的营业部和县级支行具体办理业务。金字塔形的管理层级设置导致信息传递慢且易扭曲失真，决策缓慢，行政官僚作风严重，运营成本高但效率低等问题。其次，各层级权限边界模糊，管理权空白和重叠现象并存。

第四，风险控制能力不高。首先，农业发展银行信贷管理的相关基础工作效率低下，且存在信贷风险管理的先进技术匮乏、管理手段单一、管理工具滞后、风险识别能力低等问题，基本处于风险事后管理阶段，化解风险和弥补损失效率低下；其次，山东省农业发展银行的业务稽核与内部审计能力不高，内部监督效率较低；最后，农业发展银行还存在多头监管问题，这导致分工不明、职责不清，过度监管与监管不足现象并存，无法有效防范风险。

2. 山东省农村合作金融存在的问题

第一，经营效率不高。虽然近年来山东省农信社的经营状况有所改善，但效率仍然不高。以2015年数据为例，2015年末山东省农信社的不良贷款余额为247.38亿元，不良贷款率为3.01%，虽然较2014年降低了0.63个百分点，但仍高于当年山东省银行业的平均水平0.94个百分点。农信社长期经营效率低下主要是源于其面临的"激励悖论"以及扭曲的权益结构。省联社模式倒置了农信社所有权和实际控制权,农信社实际所有者缺位,再加上外部约束机制的不健全,农信社经营者的努力程度趋于弱化,在经营过程中呈现风险偏好趋势,其经营行为偏离公司价值最大化目标,从而导致农信社经营绩效低下。因此,有必要进行农信社经营模式改革,扬弃有悖于市场化经营的省联社模式,由省政府管理模式向农信社法人自治模式转变。

第二,存在一定的道德风险。由于我国目前还未建立起规范化的金融机构退出机制,对于农信社的经营不善问题一直由国家兜底,农信社缺乏破产约束,从而产生内部人道德风险问题。对于山东省农信社而言,政府埋单具有负向激励的反作用,其弱化了农信社改善经营管理的内在动力,甚至形成一种以亏损求援助的道德风险。如果经营不善的农信社总能得到国家和政府的援助,其将形成援助预期,而这将导致内部人经营动力下降,外部人监督动力不足,农信社的风险倾向进一步加大。若这种破产援助预期不被改变,农信社将锁定"高风险投资—低效率经营—外部援助注资"的发展路径,形成低效率经营的路径依赖。

第三,银行化转型后的发展路径问题。2016年9月,山东省全面完成农村信用社银行化改制,成为继安徽、湖北和江苏后,全国第四个完成银行化改革的省份。银行化转型后的山东省共有110家农村商业银行,2家农村合作银行。这种转型有利于农信社向商业化银行方向发展。但也产生了一个问题,即在商业化发展的道路上如何为"三农"服务。商业化的发展势必导致其追求利益,而面向"三农"的贷款和发展农村普惠金融的收益低于向城镇、大型工业企业的投资收益。面对利益诱惑,农村商业银行如何权衡社会利益和经济利益之间的关系是一个值得深思的问题。

4.3.3.2 新型金融机构发展尚未成熟,支持农村普惠金融的作用不大

1. 村镇银行发展存在的问题

作为新型农村金融机构发展主力的村镇银行,在发展过程中还存在诸多的风险和问题。首先,资产质量出现下滑趋势。2015年,山东省村镇银行暴露出诸多信用风险,不良贷款余额比上年末增加3.24亿元,达到4.73亿元,不良贷款率则较上年增加0.85个百分点,达到1.41%。

其次,出现使命偏移趋势。目前山东省村镇银行的支农支小力度不足。截至 2015 年末,山东省有 3 家村镇银行的小微企业和农户贷款金额合计占比未达到 80%,另有 22 家银行未实现"三个不低于"的小微企业贷款目标。再次,村镇银行业务发展乏力。部分村镇银行发展速度缓慢,加上不良贷款等因素的制约,部分村镇银行存贷款业务在 2015 年出现不同程度下滑。最后,山东省村镇银行整体盈利能力偏低。突出表现为,部分村镇银行资金闲置较多,涉农信贷投放不足,银行资金运用率低下。

2. 小额贷款公司发展存在问题

首先,经营风险较大。山东省的小额贷款公司并未被纳入央行的征信系统,这导致其无法了解到贷款者的信用状况。从贷款者方面看,涉农贷款具有农业弱质性和高风险性等特性,易导致较高的不良贷款率。加之多数小额贷款公司自身存在资金规模较小、法人治理机制不完善、内部控制制度不健全、风险识别能力低下和监控技术落后等问题,其经营风险较大。

其次,对小额贷款公司的风险补偿较少。2010 年 8 月,山东省发布了旨在鼓励银行业金融机构增加对小企业投放贷款的办法,然而该办法并未将小额贷款公司作为风险补偿奖励对象。2011 年,山东省下发文件指出,从 2011 年开始,对小企业贷款的风险补偿奖励对象涵盖小额贷款公司。根据该文件,小额贷款公司获得风险补偿奖励的申请权,但补贴奖励过少,无法覆盖其经营风险。

再次,盈利能力较低。小额贷款公司建立时间短,与长期在农村地区提供服务的农信社等金融机构比,其品牌知名度和美誉度较低,社会认同度不高。受政策制约,小额贷款公司普遍存在信贷产品和信贷服务单一的问题,无法吸纳更多的优质客户,其服务对象多为农信社等金融机构选剩的"次级"客户。加之其运营成本较高,这些桎梏阻碍了其进一步扩大盈利能力。

最后,发展环境不佳。目前我国的农村金融法律体系尚不健全,农业保险发展较为滞后,农村信用体系和农村担保体系尚未完善,从而导致农村金融生态环境整体较差,制约了小额贷款公司的快速健康发展。

4.3.3.3 民间金融缺乏有效监督,支农支小作用有限

第一,民间非法金融活动仍未得到彻底解决。虽然近年来山东省出

台文件，坚决严厉打击高利贷，但从调查问卷中可以看出，山东省内仍存在高利贷和非法集资等非法经营问题，这不仅对山东省的金融秩序带来负面影响，也会阻碍农村地区的社会经济发展。

第二，互联网金融未实现规范性发展，支农作用不明显

在对互联网金融调查中发现，有63.62%的农户不知道互联网金融，24.23%的农户表示知道并参与过，仅有2.8%的农户表示经常参与互联网金融，这说明新兴互联网金融形式在山东省农村地区的知晓率较低，支农作用不显著。

在第三方支付方面，山东省的网络支付平台建设以及网络支付、手机支付等互联网支付模式发展缓慢，远远落后于北京、上海等省份（如图4-20所示）。截至2014年7月，山东省共有12家第三方支付公司，仅占全国总数的4.46%。其中，占有市场份额较大的为全国性第三方支付企业，如支付宝、财付通等；山东本土第三方支付企业中最具代表性的是山东鲁商一卡通支付有限公司推出的山东一卡通业务，目前已在省内各大商业零售企业推广应用①。在P2P网络借贷方面，山东省是P2P问题平台最具代表性的省份。资料显示，2015年山东新发生的P2P问题平台数量累计达223家，在全年多个月份山东省P2P问题平台

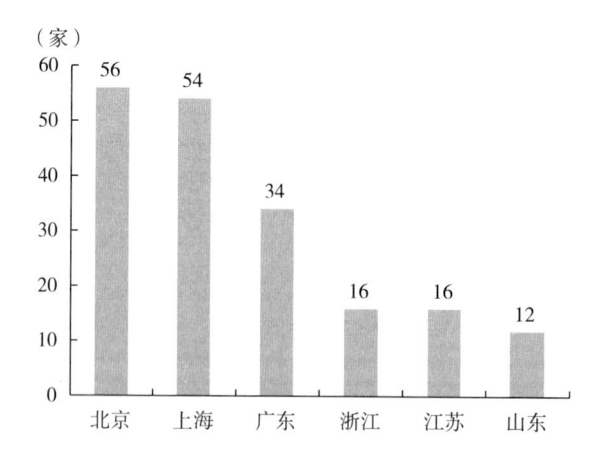

图4-20 部分省市第三方支付机构分布（单位：家）

---

① 数据来源：零壹财经、济南大学金融研究中心。

数量居全国第一。山东 P2P 平台主要是以下三种问题：第一，失联"跑路"问题。这类问题最为严重，全省 P2P 问题平台中失联"跑路"的问题平台占比高达 42.15%，接近半数。第二，提现困难问题。出现提现困难的问题平台占全部问题平台的比例为 29.15%。第三，停止经营问题。山东省停止经营的 P2P 问题平台占比达 28.70%（如图 4－21 所示）。以上咸 BankP2P 平台为例，其于 2014 年 1 月上线，注册资本 1666 万元，2015 年 1 月失联"跑路"，涉及投资者上万人，涉案金额 1.62 亿元[①]。

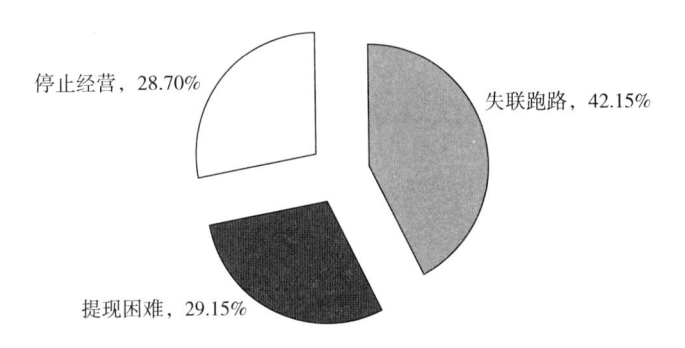

图 4－21　山东省 P2P 平台问题原因分布

研究发现滨州、潍坊和青岛三市的 P2P 问题平台最为严重，对三市问题平台的进一步分析显示，滨州 P2P 网络借贷问题平台中失联"跑路"问题最严重，所占比重达 24.47%；其次是停止经营问题，占比为 17.19%，提现困难问题占比为 15.38%。潍坊 P2P 网络借贷问题平台出现最多的问题是停止经营，所占比重为 21.88%；其次是提现困难，占比为 16.92%；失联"跑路"占比则为 11.70%。青岛 P2P 网络借贷问题平台中最大的问题是失联"跑路"，所占比重为 14.89%。其次是提现困难问题，占比为 13.85%。停止经营问题相对较少，占比为 10.94%。

就 P2P 问题平台运营期限分布方面而言，运营时间不足 3 个月就出现问题的 P2P 平台有 53 家，所占比重为 23.77%；在 4—6 个月运营期

---

① 数据来源：凤凰财经网：http://finance.ifeng.com/a/20160921/14893084_0.shtml。

限内出现问题的平台有 76 家，占山东省 P2P 问题平台总数的 34.08%；其中，滨州、潍坊和青岛三市的问题最为严重，三市共有 42 家 P2P 平台在运营 4—6 个月出现问题，合计占比高达 55.26%；在 6—12 个月运营期限内出现问题的平台有 54 家，所占比重为 24.22%；而运营 1 年以上出现问题的 P2P 平台有 22 家，占比仅为 9.87%。由此可知，山东省 P2P 问题平台平均运营时间较短，多数问题平台的运营时间竟不足 6 个月。如此多数量的 P2P 平台在运营时间不足 6 个月时就出现问题，从某种程度上反映出山东省部分 P2P 问题平台具有欺诈目的。

4.4 山东省农村普惠金融供需均衡性分析

由上文分析可知，目前山东省农村普惠金融呈现区域差异化、借贷需求错位、农业保险发展滞后以及农户金融投资意识较低等特点；传统农村金融机构和新型农村金融机构作为我国农村普惠金融的主要供给方，却存在服务效率不佳、"使命漂移"、产品创新滞后和发展乏力等问题；同时民间金融缺乏有效监督，支农作用有限。这些因素导致了山东省农村普惠金融的供需失衡。

4.4.1 农村普惠金融供需总额存在缺口

山东省农村普惠金融供需总额缺口主要表现在两个方面——信贷资金的供需缺口和农村金融机构的存贷款差额。

首先，山东省农村信贷资金供需缺口较大。山东省有借贷意愿的农户中，仅有 48.26% 的农户获得借款，这反映出大多数的农户借款需求并未得到满足。在四大区域中，西部经济隆起带的农户借款获得率最高，但也仅为 51.19%；其次为山东半岛蓝色经济区，其借款获得率为 46.92%；再次为省会城市群经济圈，其借款获得率为 45.17%；黄河三角洲高效生态经济区的农户借款获得率最低，仅为 41.03%（表 4 - 26）。此外，农户实际获得的借款数额低于其期望值，农户实际获得的借款数额平均值为 6.72 万元（表 4 - 10），而农户期望借到的资金数额为 8.54 万元（表 4 - 27）。

第四章 山东省农村普惠金融运行状况分析 | 119

表4-26　　　　　　　山东省农户借款获得率　　　　　单位：%

地区	获得借款农户占全部农户的百分比	获得借款农户占有借贷需求农户的百分比
山东省	11.99	48.26
山东半岛蓝色经济区	10.08	46.92
省会城市群经济圈	12.92	45.17
西部经济隆起带	13.94	51.19
黄河三角洲高效生态经济区	10.88	41.03

表4-27　　　　　　山东省农户的期望借款数额分析　　　　　单位：%

地区	1万元以下	1万—3万元	3万—5万元	5万—10万元	10万—20万元	20万—50万元	50万元以上	加权均值（万）
山东省	11.98	25.1	19.11	21.41	14.9	5	2.5	8.54
山东半岛蓝色经济区	8.91	20.63	17.97	26.09	16.72	6.72	2.96	9.92
省会城市群经济圈	16.56	30.88	19.93	15.32	11.46	4.61	1.24	6.79
西部经济隆起带	12.74	26.43	20.24	19.64	14.64	4.05	2.26	7.96
黄河三角洲高效生态经济区	14.13	21.91	18.73	22.61	13.07	7.42	2.13	8.89

注：表4-26、表4-27的资料来源：孙国茂、马建春、丁淑娟：《山东省普惠金融现状研究》，山东人民出版社2014年版。

其次，从山东省农村金融机构涉农存贷差额看，如图4-22所示，山东省涉农存款和涉农贷款差距不断拉大，农村地区信贷缺口逐步扩大，2015年山东省农业贷款数额还不及农业存款的一半[①]，反映出农村

---

① 本书的涉农贷款主要采用农业贷款数据，其中1986—2010年的数据来源于《山东统计年鉴》。自2010年起，国家统计局对贷款分类进行了调整，使农业贷款数据难以获得，故2011—2015年的数据本书根据《山东统计年鉴》《山东省普惠金融现状研究》中的金融机构对农林牧渔业贷款的增长率，同时结合笔者对山东省鲁中、鲁西和半岛地区农村金融机构的调研得到的涉农贷款增长率推算而来。本书涉农存款指标主要采用农户储蓄存款。其中，1986—2006年的数据来源于相关年份的《山东金融年鉴》和《山东统计年鉴》，2007—2015年的数据则根据《山东金融年鉴》中的农村信用合作社、农村商业银行和农村合作银行的农户储蓄存款数据加总计算而来。

存款大量流出，存在系统性负投资。

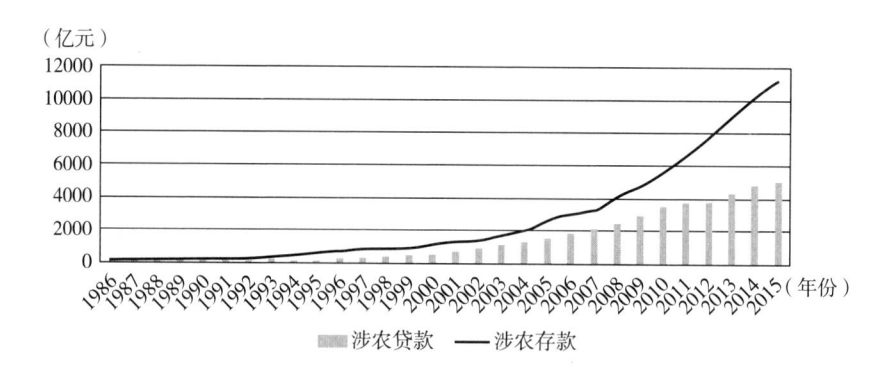

图 4-22 山东省涉农存贷款走势

4.4.2 农村信贷资金存在结构性失衡

1. 农村信贷资金用途存在结构性失衡

山东省农村信贷资金用途还存在结构性失衡问题。从表 4-10 和表 4-13 可以看出不同地区和不同收入层次农户的信贷需求都呈现出资金用途的多样性，既包括购买生产资料、扩大再生产、经商等生产性资金需求，也包括看病、子女教育、婚丧和建房等消费性资金需求，而当前农村金融机构提供的信贷资金用途多为生产性用途，资金供需双方存在用途的结构性失衡。一方面，作为需求方的农户的多样性资金需求无法得到满足；另一方面，作为供给方的农村金融机构的资金在农村又存在难以寻觅市场的问题，形成"想贷款者贷不到款，想放贷者贷不出款"的恶性循环。

2. 农村信贷资金额度存在结构性失衡

从表 4-17 中可以看出，农户的借贷规模绝大部分集中在 3 万元以下，占比为 60.14%，反映出小额贷款占绝大多数；反之，较大额贷款方面则比重很小，10 万元以上的借款仅占 7.43%，而 50 万元以上的借款规模更是降至 0.57%，部分农户的较大额度资金需求无法得到满足。分地区看，鲁中地区 3 万元以下贷款规模所占比重最高，达到 76.19%；其次是鲁西北地区和鲁西南地区的 65.12% 和 53.85%；半岛地区的 3 万元以下贷款所占比重最低，为 33.34%。各个地区的小额贷款比重是与当地的经济发展水平相关的。然而,由于农户需求日益呈现多样化和个性化的特征,偏低的信贷额度已无法满足农户的需求,导致农村信贷额度资金的结构性失衡。

3. 农村信贷期限存在结构性失衡

多样化的贷款需求对应多样化的贷款期限需求,而这一需求并未得到满足。如表4-28所示,山东省范围内近45%的农户期望的贷款期限为1年以上,其中16.81%的农户期望3年以上的贷款期限,而农村金融机构提供的小额贷款的期限多为1年以内,部分经申请可延长至2—3年,这可能满足普通种植业和养殖业农户的资金需求,但不适应于短期内无法回笼资金的信贷项目,如从事林果种植,或将资金用于子女教育、看病、建房等消费性项目上的,这就造成了信贷资金在期限上的结构性失衡。

表4-28　　　　山东省农户期望的借款期限分布　　　　单位:%

地区	半月以内	半月—1个月	1—3个月	3—6个月	6个月—1年	1—3年	3年及以上
山东省	1.3	2.51	5.74	10.7	35.59	27.35	16.81
山东半岛蓝色经济区	1.71	2.98	3.61	8.62	38.09	27.9	17.08
省会城市群经济圈	1.49	3.11	7.97	9.46	34.5	25.78	17.69
西部经济隆起带	0.96	2.63	7.41	11.23	34.17	26.88	16.72
黄河三角洲高效生态经济区	2.83	1.77	3.89	11.31	40.28	25.8	14.12

注:资料来源:孙国茂、马建春、丁淑娟《山东省普惠金融现状研究》,山东人民出版社2014年版。

4.5　本章小结

本章阐述了现行农村普惠金融的设计机制,分析了山东省农村普惠金融的需求状况和供给状况，并指出了山东省农村普惠金融在需求和供给层面存在的问题。

首先，阐述了农村普惠金融现行运行机制设计。现行机制设计为，通过转型传统农村金融机构、发展新型农村金融机构和规范民间金融来促进农村普惠金融发展，进而促进农村经济发展、增加农户收入以及缩小城乡居民收入差距。然而，这一机制设计的运行状况如何以及其是否达到了预定目标需要进一步考察。

其次，通过对山东省572位农户的入户问卷调查，了解到山东省农村普惠金融需求得到一定程度的释放，农户小额贷款意愿有所上升，农户贷款结构趋于合理，民间金融的需求水平提升。然而，山东省农村金融需求层面仍存在正规农村金融信贷供给与农村融资者借贷需求错位、非正规信贷资金供给未能弥补农村信贷资金需求缺口、农业保险发展滞后以及农户金融投资意识较低等问题，这些问题对农村普惠金融需求产生抑制作用。

再次，从供给角度看，近年来山东省农村普惠金融得到了一定的发展。传统农村金融机构回归农村市场，政策性银行在职责范围内积极创新，加大支农力度；农村合作社全面完成银行化改革；邮政储蓄银行强化服务农村市场定位，支农力度增加；新型金融机构发展迅猛，村镇银行数量居全国之首，小额贷款公司实现全省、县、区全覆盖，新型农村合作金融试点工作在全国率先开展；民间金融方面，山东省民间融资公司得到规范化发展，互联网金融发展迅速，支农支小作用不断增加。山东省初步形成了多层次、广覆盖、可持续，且具有一定风险防范能力的农村普惠金融框架体系。同时，不应忽视的是，山东省农村普惠金融发展还存在以下问题：第一，传统金融机构管理机制陈旧，服务农村普惠金融的效率不佳。农业发展银行作为唯一的农业政策性银行，存在经营目标设置和职能定位不准确、经营管理机制缺乏效率和风险控制能力不高等问题。农村合作金融机构经营效率不高，且由于"国家兜底"的历史原因，部分农信社还存在一定的道德风险。此外，完成银行化转型后，农商行的发展路径也容易发生"使命漂移"问题。第二，新型农村金融机构发展尚未成熟，支持农村普惠金融的作用不大。新型农村金融机构由于政策设置和自身规模较小等原因，存在经营风险大、不良贷款率高、发展乏力等问题。第三，民间金融缺乏有效监督，支农支小作用有限。民间金融方面，高利贷和非法集资等非法金融现象依然存在；互联网金融秩序较为混乱，支农作用不显著。

最后，对山东省农村普惠金融市场的供需均衡问题进行了分析。分析认为，当前山东省农村普惠金融市场存在供需失衡问题，主要体现在：第一，农村普惠金融供需总额存在缺口——信贷资金的供需缺口以及农村金融机构的存贷款差额问题；第二，山东省农村信贷资金在信贷资金用途、信贷资金额度和信贷期限等方面存在结构性失衡。

第五章　山东省农村普惠金融发展的影响因素及其作用机制分析

从上一章的山东省农村普惠金融运行状况分析中可以看出，当前山东省农村普惠金融仍存在供需不均衡的问题。要解决问题就必须明确问题的影响因素以及这些影响因素的作用机制，因此本章对影响山东省农村普惠金融发展的因素及其作用机制展开了深入的分析：首先分析了山东省农村普惠金融发展的影响因素，然后构建理论模型剖析这些影响因素的作用机制，最后对该理论模型进行了实证论证。理论分析与实证论证相结合，希望得到更为深入和系统化的结论。

5.1　山东省农村普惠金融发展的影响因素分析

通过对山东省农村普惠金融供需层面的描述性分析，发现存在需求抑制和供给不足的问题，导致山东省农村信贷资金供需失衡。调研资料显示，存在相当大一部分有借款需求却未能成功借到款的农户，究其原因包括利率因素、找不到贷款关系、缺乏抵押品担保、贷款额度小、路途遥远、不知有何贷款、贷款期限太短、以前贷款未还等。农户对这些因素的难度赋值如表 5-1 所示。而对于农村普惠金融供给障碍的调查中，发现缺乏抵押担保、利息低、需求不足、资金来源不足、违约率高、管理层次多导致的贷款审批慢且成本高、路途遥远、违约率高和难以进行批量化运作等因素制约着金融机构的农村金融供给（孙国茂，2014）①。对这些因素进行分类，发现五大影响因素制约山东省农村普惠金融发展。

表5-1　　　　　　有借款需求却未获贷款的原因难度赋值

	山东省	西部经济隆起带	黄河三角洲高效生态经济区	省会城市群经济圈	山东半岛蓝色经济区
利息高	3.35	3.27	3.73	3.44	3.42
找不到贷款关系	2.88	3.06	3.39	2.99	2.69
缺乏抵押担保	2.62	2.63	3.14	2.51	2.71
不知有何贷款	2.05	1.95	2.87	2.09	2.25
贷款额度太小	2.22	2.28	2.99	2.54	1.94
贷款期限太短	1.99	2.13	2.88	2.08	1.89
路途遥远	1.26	1.10	2.27	1.13	1.50
以前贷款未还	1.41	1.37	2.12	1.55	1.46
其他	1.38	1.31	2.17	1.49	1.42

注：1—7为重要程度赋值范围，1为最小值，表示最不重要；7为最大值，表示最为重要。

资料来源：孙国茂、马建春、丁淑娟：《山东省普惠金融现状研究》，山东人民出版社2014年版。

5.1.1　农业产业弱质性对农村普惠金融发展的抑制作用

农业产业的弱质性对农村普惠金融的需求产生较大影响。山东省农业生产经营规模较小，生产率较低，这导致了农业产业的信贷资金需求具有规模小、分散广和收益低的特点，过高的利率水平会抑制农业贷款需求，增加贷款回收难度，不利于农业生产的发展。同时，这些农业产业的弱质性导致了农村普惠金融供需双方对利率水平的要求存在差异性。金融机构在农村地区提供信贷服务的风险较大、交易成本较高，为弥补成本，金融机构倾向于提供较高利率水平的信贷合约；而农户，特

---

① 孙国茂、马建春、丁淑娟：《山东省普惠金融现状研究》，山东人民出版社2014年版。

别是从事传统农业生产的农户，其生产经营利润较低，出于收益考虑，不愿承担高利息。同时，我国目前的利率并未完全市场化，现行的农业利率水平和其他产业相似，为规避风险，获取更高利润，金融机构更倾向于为城镇地区的工业、服务业提供金融服务，因此农村地区产生信贷配给问题，资金供给不足，农户的信贷资金需求被抑制，农村普惠金融发展受阻。

此外，调研发现民间金融中的亲友互助性借贷多满足的是较短期限和较小金额的临时性资金需求，因此那些资金需求量较大且借贷期限较长的农户常常寻求商业性民间借贷途径。然而，商业性民间金融机构的规模普遍较小，风险承担能力弱于正规金融机构，为规避自身风险，其信贷的利率一般高于正规金融机构的贷款利率；再加上法律对于民间借贷的约束力不足，以及地方政府的利益博弈，部分民间借贷冲破法律界限，利率畸高（如高利贷、地下钱庄等），借款农户多不能承受，一旦无法归还将产生巨大风险。因此，这部分农村融资者的信贷资金需求无论从正规金融还是民间金融处都无法得到满足，其信贷资金需求被抑制。

5.1.2 农村金融市场特点对农村普惠金融发展的制约作用

1. 信息不对称问题

表5-1中的农户"不知有何信贷"反映出农村地区金融知识的匮乏。根据山东省农村普惠金融发展状况调查问卷，被调查农户中，绝大多数农户受教育水平较低，多为小学和初中学历（农户占比为83.42%），其所接受的培训也多是与提高生产技能相关的，对金融知识普遍不了解。尤其是一些地处偏僻的农村地区，年轻人多外出务工，留守农村的多是老幼妇孺，更是几乎从未接触过金融知识。因此，金融机构在农村开展金融业务前，必须对农村居民进行相关金融知识培训，而这部分成本主要是由农村金融市场的开发者承担，造成这些金融机构的市场开发成本太高。虽然多数金融机构认为农村普惠金融是行业内的一片蓝海，但深耕农村市场需要大量前期的成本投入，如建立信用体系、对农户进行金融知识培训等，高昂的交易成本阻碍了农村普惠金融的发展。

调查资料中显示，信贷需求者方面，"缺乏抵押担保"被认为是导致借款难的重要原因，其在借款难度排序中位列第三，在山东省范围内的难度赋值为 2.62，在黄河三角洲高效生态经济区的难度赋值则最高，达到 3.14，而黄河三角洲高效生态经济区在山东省属于经济较不发达地区，其经济发展程度落后于东部半岛蓝色经济区和省会城市群经济圈；信贷供给者方面，农户缺乏抵押担保也是影响贷款方信贷意愿的重要因素。

农村地区尚未建立起信用体系，农村金融机构发放贷款后无法对相关项目的实施情况进行有效监督，信息不对称极易导致"道德风险"问题出现；此外，涉农贷款期限受生产周期影响，而林木种植的生产周期甚至长达几十年，贷款期限越长，不确定的风险因素越多，加上农业生产受自然因素影响大，涉农贷款风险较高。为了缓解农村信贷中的风险，农村金融机构在信贷合约中常常要求融资者提供足值的抵押担保，以此来降低融资者的违约成本，并对其生产经营行为产生激励作用。然而，农村金融市场却存在有效抵押品不足的情况，法律范围内可供抵押的多为农户日常生活和生产经营所用物品，变现压力较大，变现执行成本较高。在抵押担保不足的情况下，考虑到借款方仅受到有限约束，道德风险增加，农村金融机构涉农信贷风险提高。在对金融机构的调查中"违约率高"是制约其农村地区信贷资金供给的重要因素，这提升了金融机构的贷后管理成本，此外呆账坏账率的增加也推高了金融机构在农村地区的交易成本，因此导致其缺乏在农村地区发放贷款的动力，产生信贷配给问题，最终造成农村地区信贷供给不足，农村普惠金融发展受阻。

2. 农村合作金融居垄断地位，经营效率较低

如表 5-2 所示，山东省农村借款来源中，农村合作金融占比最高，为 36.31%，新型农村金融机构仅为 2.94%，邮储银行则低至 0.38%。这反映出农村合作金融机构在农村地区居主导地位，这是由其市场定位和历史原因造成的；新型农村金融机构发展乏力，并未发挥预期的支农效果；邮储银行由于长期"只存不贷"的历史原因导致其在农村地区发放信贷资金动力不足、经验欠缺，对农村普惠金融发展的支持作用极为有限。此外，若排除民间融资途径，农村合作金融在正规金融机构的借款来源中占比高达 57%，存在垄断隐患。

由于长期居于垄断地位且缺乏金融机构的市场退出机制，欠缺破产

约束的农村信用社易产生内部人道德风险,过分依赖政府援助,形成低效率的路径依赖。以 2015 年为例,山东省农信社不良贷款率为 3.01%,高出山东省银行业平均水平 0.94 个百分点,经营效率低下。2016 年 9 月,山东省全面完成农村信用社银行化改制,改制后的农村商业银行剥离了大部分不良资产,发展形势转好,但商业化的发展道路容易使其偏离服务"三农"的初衷,过分追求财务目标,因此,如何引导农村商业银行实现社会效益和财务效益双目标兼顾的发展路径是一个亟待解决的问题。

表 5-2　　　　　　　　山东省农户借款来源分布　　　　　　单位:%

借款来源[①]	农信社	新型农村金融机构	政策性银行	邮储银行	民间融资	大中型商业银行
所占比重	36.31	2.94	1.14	0.38	36.3	22.93

资料来源:孙国茂、马建春、丁淑娟:《山东省普惠金融现状研究》,山东人民出版社 2014 年版。

5.1.3　相关制度不健全对农村普惠金融纵深发展的阻碍作用

农村普惠金融的发展需要良好的金融生态环境以及城乡协调发展的金融结构。目前我国处于农村普惠金融发展初期,法律体系不健全、信用体系未建立、整体金融生态环境不佳,需要政府的适度干预,然而当前的政府干预措施却效用不高;此外,由城乡经济发展不平衡导致的二元金融结构问题也依然存在,这些都阻碍了农村普惠金融的发展。

1. 政府补贴问题

调研发现,山东省对于农村普惠金融的补贴政策存在不适当之处,需要进一步根据市场发展状况进行改进。

首先,从需求层面看,农户的较大额度、较长期限的信贷资金需求被抑制,反映出政府补贴在这一领域的缺位。对于一些投资金额较大、贷款期限较长的弱质性行业(如林业),若单以市场机制调节,金融机

---

① 农信社来源包括农村信用合作社、农村商业银行和农村合作银行;新型农村金融机构来源包括村镇银行、贷款公司、资金互助社和小额贷款公司;民间融资来源包括互助性民间贷款、商业性民间贷款、典当行和互联网金融平台;其他来源包括工农中建交五大国有商业银行、12 家股份制商业银行和城市商业银行。

构作为有限理性人，不会对其提供贷款，该领域存在"市场失灵"，需要政府的适度干预，而提供林业等贷款补贴，是一种解决林农信贷需求抑制问题的有效途径；此外，涉农产业受自然因素影响较大，金融机构涉农贷款风险较高，而农业保险作为应对自然灾害的有效方式能够大大降低涉农贷款的自然风险因素。然而调研显示，山东省农业保险发展滞后，农户投保热情不高，在572份有效问卷中，参加农业保险的仅占31.19%。对未参加农业保险农户的保费承担意愿调查中，愿意承担70%以上保费的仅占15.48%，而有36.55%的农户仅在自己承担保费比例在30%以下时才考虑购买农业保险；此外，他们认为山东省目前农业保险的保障水平较低，未购买农业保险的受访者中有62.5%的农户表示农业保险的保障水平达到90%以上时才会考虑购买。因此，山东省农业保险发展滞后的重要原因之一是政府未对农业保险提供足够的补贴。农业保险发展初期农户尚未形成对其的理性认知，需要政府采取措施培育农户的参保意识，而补贴不足抑制了农户的投保意愿，未参保农户贷款的自然风险无法得到有效规避，降低金融机构放贷意愿。

其次，从供给层面看，山东省的农村金融补贴在各类型金融机构间分布不恰当。第一，对农村合作金融的政策支持过量。农信社作为农村地区重要的金融机构，长期以来得到政府的政策支持，由于政府"兜底"的负向激励作用，弱化了农信社改善经营管理的内在动力，形成援助预期，导致内部人经营动力下降，其风险倾向进一步加大，产生内部道德风险问题，经营效率低下。第二，对新型农村金融机构的支持力度不足。新型农村金融机构作为支持农村普惠金融发展的新生力量，从诞生伊始便被赋予了助力"三农"的使命，作为新生事物，在其发展初期离不开政府的大力支持。然而，近年来山东省新型金融机构发展乏力，其中，村镇银行和小额贷款公司的不良贷款率不断上升，涉农贷款比重降低，原因之一就在于政府扶持力度不足，补贴不够。比如，小额贷款公司方面，从2011年开始，小额贷款公司才得以享受对小企业贷款的风险补偿，但补贴奖励过少，无法覆盖其经营风险。

2. 二元金融结构问题

（1）农村金融和城市金融发展不平衡

根据山东省银行业金融机构贷款分行业情况的统计数据，发现农林牧渔业的贷款金额远低于制造业、建筑业、批发和零售业、房地产业等第二产业和第三产业的贷款额度，且呈现出负增长态势（如表5-3所示），这在一定程度上反映出山东省银行业金融机构缺乏涉农贷款动力，对农村普惠金融的支持力度不足。考虑到第二、第三产业多分布在城镇地区，这种贷款的不均衡性说明农村金融和城镇金融发展不平衡，山东省仍存在二元金融结构问题。

表5-3　山东省银行业金融机构贷款分行业分布情况（部分）单位：亿元

行业名称	2015年末	比2015年初
农、林、牧、渔业	2037.43	-219.25
制造业	18207.57	1091.56
电力、燃气及水等生产和供应业	2161.44	233.22
建筑业	2821.54	323.66
批发和零售业	7804.30	378.08
交通运输、仓储和邮政业	2959.92	156.29
房地产业	3303.11	613.55

资料来源：山东银监局：《山东银监局2015年报》，http://www.cbrc.gov.cn/chinese/files/2016/73E088D266F6460EA244AF6EFB61626A.pdf，第120-121页。

二元金融结构的存在能够解释农村地区金融需求与供给错位的问题。农村地区金融环境不佳、信贷风险大、收益低，而城镇地区信用体系相对健全、抵押担保物充足，信贷风险小、收益大，作为理性人的金融机构在市场机制调节下，只愿意在农村地区发放金额小、期限短且有充足担保的信贷项目，农村地区那些投资期较长、金额需求较大又缺乏充足抵押的信贷资金需求无法得到满足，金融供求错位问题产生。此外，农村地区的投资市场开发程度也远落后于城镇市场，农户和涉农企业无法运用期货、期权手段规避市场风险，农户的股票证券类投资也很少（如表5-4所示）。

（2）正规金融与民间金融并存

调研发现，山东省民间金融较为活跃，各地区的民间借贷比重均高于银行借贷比重，鲁西地区的民间借贷比重更是高达60%以上。民间金融以其贷款额度、贷款期限和贷款利率灵活受到农户的欢迎,在农村地区发挥了重要的作用。然而,不应忽视的是,由于法律的缺失和地方政府的利益博弈,山东省部分民间金融突破法律边界,存在违法违规经营现象,给农村地区的经济发展和社会稳定带来了巨大的隐患。例如,位于山东省滨州市的邹平县是山东省排名数一数二的工业强县,其融资额居山东省县级城市首位,然而自2011年起邹平县民间高利贷盛行,许多村民和市民为快速致富加入高利贷行业,一时间邹平县的民间借贷规模和影响力在全国县级市中遥遥领先,但是埋下了巨大的隐患。2017年初,邹平县的代表企业长星企业陷入债务危机,其中有40亿元的债务源自民间高利贷,引发了邹平高利贷崩盘,甚至面临区域性债务崩盘,参加高利贷的村民一夜致贫,为收回投资,社会暴力事件频发,对当地经济发展和社会稳定产生极大威胁①。

表5-4　　　　　不同收入层次群体投资性支出情况　　　　单位:%

	0.5万元及以下	0.5万—1万元	1万—3万元	3万—5万元	5万元以上
股票证券投资	0	1.4	9.6	6.2	1.7
生产资料投资	60	47.2	42.3	45.2	49.2
教育类投资	40	35.7	29.6	24.6	31.3
银行储蓄投资	0	15.7	18.5	24.0	17.8

5.2　山东省农村普惠金融发展影响因素的作用机制分析

完全竞争状态下市场的供求均衡能够促进农村普惠金融发展。然而,在农村普惠金融发展初期,由于农村金融市场信息不对称导致的逆向选择和道德风险、农业产业的弱质性、农村金融生态环境的不完善和二元金融结构等问题的存在,使市场机制无法对农村金融资源进行有效

---

① 凤凰财经:《深度:债务崩盘的山东模板　从疯狂民间高利贷说起》,http://finance.ifeng.com/a/20170330/15274377_0.shtml,2017年3月29日。

配置。农村金融机构通过信贷配给与信贷合约对低收入农户进行金融排斥，"市场失灵"问题出现，农村普惠金融发展受阻，最终抑制农村经济发展，阻碍农户收入增长，加大城乡居民收入差距；而这些问题又反作用于农村金融市场，进一步加剧其弱质性，农村普惠金融运行难题形成（如图5-1所示）。

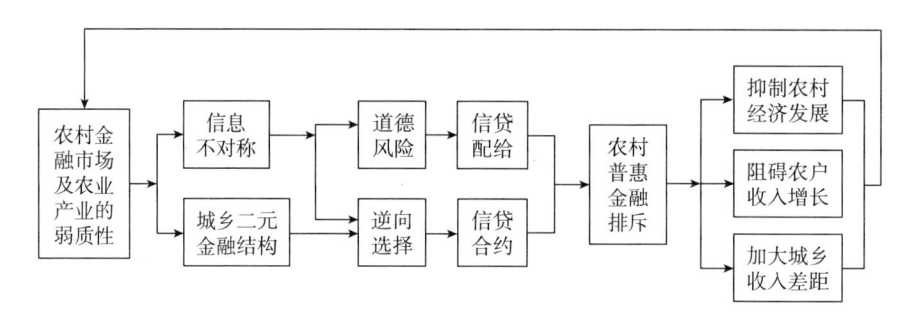

图 5-1　山东省农村普惠金融影响因素的作用机制

5.2.1　逆向选择导致农村普惠金融排斥

信息不对称会引发逆向选择问题。参照 Mussa 和 Rosen 在 1978 年提出的垄断者在消费市场的合约模型，同时结合田国强（2014）的委托—代理模型，构建一个农村金融机构以金融合约方式对资金需求者进行逆向选择的理论模型①。

假设委托人为农村金融机构，代理人为资金需求者。农村金融机构提供信贷合约，资金需求者选择信贷合约。

假设资金需求方的效用函数为：

$$u(k, F, \gamma) = \gamma v(k) - F$$

其中，k 是资金需求方需要借贷的资金数量；F 是资金需求方在约定时期时需要返还给银行的资金数量；γ 为资金需求方的资金使用效率，较富裕群体或大型企业的资金使用效率较高，设为优质的信贷者 γ_1，较贫困群体(农村地区则为贫困农户)的资金使用效率较低，设为次级信贷者 γ_2，即 γ 的取值为 $\{\gamma_1, \gamma_2\}$，$\gamma_1 > \gamma_2$，令 $\Delta\gamma = \gamma_1 - \gamma_2$，并

---

①　田国强：《高级微观经济学》，中国人民大学出版社2014年版。

假设取值为 γ_2 的概率为 α，则 γ_1 的概率为 $1-\alpha$，且以上函数需满足以下假设：

$v(0)=0$，$v'(k)>0$，$v''(k)<0$

就农村金融机构方面而言，其在资金信贷过程中也会产生成本，如其吸收存款需要支付利息，存款利息即为其借贷成本，假设农村金融机构单位借贷成本为 R，则其贷出 k 单位资金需要支付的成本为 Rk。设定 $F(k)$ 是资金需求方贷款 k 单位资金后，在规定期限内需要返还给农村金融机构的回报，则农村金融机构的效用函数表示为：

$V=F(k)-Rk$

在信息不完全情形下，农村金融机构要获得更多的利润，必须要设计出恰当的信贷合约，使不同的资金需求者能够选择与其类型相符的合约，即农村金融机构需制定激励相容合约。农村金融机构在设计信贷合约时，需使其满足以下约束：

$U_1 = \gamma_1 v(k_1) - F_1 \geq \gamma_1 v(k_2) - F_2 = U_2 + \Delta\gamma v(k_2)$ （式5.1）

$U_2 = \gamma_2 v(k_2) - F_2 \geq \gamma_2 v(k_1) - F_1 = U_1 - \Delta\gamma v(k_1)$ （式5.2）

$U_1 = \gamma_1 v(k_1) - F_1 \geq 0$ （式5.3）

$U_2 = \gamma_2 v(k_2) - F_2 \geq 0$ （式5.4）

式5.1和式5.2为类型为 γ_1 和 γ_2 的资金需求者的激励相容约束条件；式5.3和式5.4则分别为 γ_1 和 γ_2 的参与约束条件。

在信息不对称背景下，农村金融机构要设计出最优信贷合约，还需要实现式5.5的最优化问题：

$$\max_{(k_i, F_i)} \alpha(F_2 - Rk_2) + (1-\alpha)(F_1 - Rk_1)$$ （式5.5）

并满足激励相容约束条件式5.1和式5.2以及参与约束条件式5.3和式5.4。此外，激励相容条件还必须施加限制条件，其中可执行条件（又称为单调性条件）尤为重要，即 $k_1 \geq k_2$，此时的 F_1 和 F_2 满足式5.6限定的条件时，激励相容约束条件成立。

$\gamma_2[v(k_1)-v(k_2)] \leq k_1 - k_2 \leq \gamma_1[v(k_1)-v(k_2)]$ （式5.6）

同时还需考虑信息租金[①]问题。类型为 γ_1 和 γ_2 的资金需求者的信

---

① 信息租金是代理方（资金需求者）拥有比委托方（银行）更多的信息而获取得更多的收益。

息租金分别为：

$$U_1^* = \gamma_1 v(k_1^*) - F_1^* \quad \text{(式5.7)}$$

$$U_2^* = \gamma_2 v(k_2^*) - F_2^* \quad \text{(式5.8)}$$

在完全信息情形下，$U_1^* = 0$，$U_2^* = 0$；然而，在不完全信息情形下，对于任意激励相容可行信贷合约$(F_1, k_1; F_2, k_2)$，资金使用效率高的资金需求者会产生掩盖自身信息，模仿低效率者的动力，他的期望效用为：

$$\gamma_1 v(k_2^*) - F_2^* = \Delta\gamma v(k_2^*) + U_2$$

此时，使γ_2类型的资金需求者只能获得保留效应，即$U_2^* = 0$，γ_1类型的资金需求者会获得$\Delta\gamma v(k_2^*)$的信息租金，这一信息租金来源于资金需求方相对于农村金融机构的信息优势。对此，农村金融机构需要选择一个激励相容信贷合约$(F_1, k_1; F_2, k_2)$，其最优化选择即实现以下的约束条件最优化。

$$\max_{(F_1, k_1; F_2, k_2)} \alpha(F_2 - Rk_2) + (1-\alpha)(F_1 - Rk_1)$$

s.t
$$\gamma_1 v(k_1) - F_1 \geq \gamma_1 v(k_2) - F_2$$
$$\gamma_2 v(k_2) - F_2 \geq \gamma_2 v(k_1) - F_1$$
$$\gamma_1 v(k_1) - F_1 \geq 0$$
$$\gamma_2 v(k_2) - F_2 \geq 0$$

已知两类资金需求者的信息资金$U_1 = \gamma_1 v(k_1) - F_1$和$U_2 = \gamma_2 v(k_2) - F_2$，把需要返还的资金$F_1$和$F_2$用信息租金和资金信贷量函数代替，则农村金融机构的目标函数为：

$$\max(1-\alpha)[\gamma_1 v(k_1) - Rk_1] + \alpha[\gamma_2 v(k_2) - Rk_2] - [(1-\alpha)U_1 + \alpha U_2]$$

（式5.9）

s.t
$$U_1 \geq U_2 + \Delta\gamma v(k_2) \quad \text{(式5.10)}$$
$$U_2 \geq U_1 - \Delta\gamma v(k_1) \quad \text{(式5.11)}$$
$$U_1 \geq 0 \quad \text{(式5.12)}$$
$$U_2 \geq 0 \quad \text{(式5.13)}$$

式5.9中，前半部分$(1-\alpha)[\gamma_1 v(k_1) - Rk_1] + \alpha[\gamma_2 v(k_2) - Rk_2]$代表农村金融机构的期望配置效率，后半部分$[(1-\alpha)U_1 + \alpha U_2]$则表示优质信贷者的信息租金，这反映出农村金融机构希望最优化的资金配置效率扣除资金需求者的信息租金，其为了降低资金需求者的信息租金而愿意接受一定程度的信贷资金配置扭曲。

当 $k_2>0$ 时，优质的资金需求者的激励相容条件式 5.10 与参与约束条件式 5.12 中至少存在一个等式约束；次级资金需求者的激励相容条件式 5.11 和参与约束条件式 5.13 间也至少存在一个等式约束。

从式 5.9 中可得：$U_1 \geq U_2 + \Delta\gamma v(k_2) > 0$，因此，优质信贷者的参与条件式 5.12 是严格不等式。此时的优质信贷者的激励相容约束条件一定为等式约束。

由可执行条件 $k_1 > k_2$ 以及式 5.10 的等式约束可得，次级信贷者的激励相容条件式 5.11 为严格不等式约束，则其参与条件式 5.13 一定为等式约束。此时式 5.9 中，约束农村金融机构选择的是：对于次级信贷者 γ_2 需满足参与约束条件，即 $U_2 \geq 0$，对于优质信贷者 γ_1 需满足激励相容条件，即 $U_1 \geq U_2 + \Delta\gamma v(k_2)$。因此：

$$U_1 = \Delta\gamma v(k_2) \tag{式5.14}$$
$$U_2 = 0 \tag{式5.15}$$

将式 5.14 和式 5.15 代入式 5.9，可得：

$$\max_{(k_1,k_2)} (1-\alpha)[\gamma_1 v(k_1) - Rk_1] + \alpha[\gamma_2 v(k_2) - Rk_2] - (1-\alpha)[\Delta\gamma v(k_2)] \tag{式5.16}$$

对式 5.16 作 k_1，k_2 的一阶求导，可得不对称信息状况下的次佳结果（second best solution，SB）：

$$\gamma_1 v'(k_1^{SB}) = R \tag{式5.17}$$

$$\gamma_2 v'(k_2^{SB}) = \frac{R}{1 - \frac{\alpha}{1-\alpha}\frac{\Delta\gamma}{\gamma_2}} > R \tag{式5.18}$$

根据式 5.17 和式 5.18 以及两类资金需求者 γ_1 和 γ_2 的约束条件，可知其内点解满足：

$$k_1^{SB} = k_1^* \tag{式5.19}$$
$$k_2^{SB} < k_2^* \tag{式5.20}$$

因此，在信息不对称背景下，农村金融机构的最优信贷合约将导致次级信贷需求者获得贷款的数量低于最佳资金量，存在资金配置扭曲，不存在信息租金，其获得的信贷资金数量低于优质的资金需求者（不存在资金配置扭曲,但需支付信息租金),因此农户,尤其是贫困农户作为次级信贷者,其获得贷款的难度很大(田国强,2014)[①]。根据前文分析可知,农户生产经营效率低,农作物生产具有周期性且受自然因素影响大,经营风险高,因此他们作为次级信贷需求者所面临信贷合约往往具有严苛的审批手续和担保要求,而其往往又不具备有效抵押物;此外,他们还有可能被要求支付高昂的利息,这也是其无法承担的。最终使农户,特别是贫困农户无法获得所需信贷资金,产生农村普惠金融排斥问题,抑制农村经济发展,阻碍农户收入增长。

5.2.2 道德风险抑制农村普惠金融供给

信息不对称在农村普惠金融市场中存在两个问题,一个是逆向选择问题,另一个则是借款人的道德风险问题。本节继续在田国强(2014)委托—代理框架下,分析农村金融市场的道德风险问题[②]。

假设一个农户打算投资一个初始投资金额为 I 的项目,农户的效用函数为 $u(*)$,且满足 $u'>0$ 和 $u''<0$。农户没有自有资金,因此投资所需资金需从委托人(金融机构)处贷款,此处假定农村金融机构为风险中性。此项目的资金收益为随机,分别为 V_s 和 V_d,且 $V_s > V_d$。代理人(农户)存在两种可能性 n,努力经营并守约或者怠于经营并违约,分别对应于 $n=1,0$,则 V_s 的概率为 $p(n)$,V_d 的概率为 $1-p(n)$,投资项目的利润变动范围为 $\Delta V = V_s - V_d > 0$,金融机构向农户提供的信贷合约由农户的还款数额 (k_s, k_d) 构成。假设 $\beta = c(1)$ 为农户选择努力经营并守约的成本,$c(0)=0$ 则表示其怠慢违约的成本为零。

若农户的努力和守约程度 $n=1$,则金融机构的期望收益函数为:

$$p_1 k_s + (1-p_1) k_d - I$$

若农户的努力和守约程度 $n=0$,则金融机构的期望收益函数为:

$$p_0 k_s + (1-p_0) k_d - I$$

若农户的努力和守约程度 $n=1$,则农户的期望收益函数为:

$$p_1 u(V_s - k_s) + (1-p_1) u(V_d - k_d) - \beta$$

[①] 田国强:《高级微观经济学》,中国人民大学出版社 2014 年版。
[②] 田国强:《高级微观经济学》,中国人民大学出版社 2014 年版。

与逆向选择模型相似,此时的贷款合约也要满足激励相容约束条件和参与约束条件。在不完全信息情况下,农户作为投资者若不承担风险,则金融机构给农户的补偿合约无法满足激励相容约束条件。因此,为满足激励相容约束,农户应承担一定的投资风险。在金融机构风险中性的背景下,激励农户努力经营并守约还款的次佳贷款合约,是求解式5.21:

$$\max_{(k_d,k_s)} p_1 k_s + (1-p_1) k_d - I \quad \text{(式5.21)}$$

s.t $p_1 u(V_s - k_s) + (1-p_1) u(V_d - k_d) - \beta \geq p_0 u(V_s - k_s) + (1-p_0) u(V_d - k_d)$ (式5.22)

$$p_1 u(V_s - k_s) + (1-p_1) u(V_d - k_d) - \beta \geq 0 \quad \text{(式5.23)}$$

令 $t_s = V_S - k_s$,$t_d = V_d - k_d$,式5.22和式5.23可转化为:

s.t $p_1 u(t_s) + (1-p_1) u(t_d) - \beta \geq p_0 u(t_s) + (1-p_0) u(t_d)$

(式5.24)

$$p_1 u(t_s) + (1-p_1) u(t_d) - \beta \geq 0 \quad \text{(式5.25)}$$

定义 $u_s = u(t_s)$,$u_d = u(t_d)$,设 u 的反函数为 f,即 $f = u^{-1}$,可得 $t_s = f(u_s)$,$t_d = f(u_d)$,则式5.21、式5.24和式5.25可转化为:

$$\max_{(u_d,u_s)} p_1 (V_s - f(u_s)) + (1-p_1)(V_d - f(u_d)) - I$$

s.t $p_1 u_s + (1-p_1) u_d - \beta \geq p_0 u_s + (1-p_0) u_d$ (式5.26)

$$p_1 u_s + (1-p_1) u_d - \beta \geq 0 \quad \text{(式5.27)}$$

此时,目标函数为凹函数(关于 u_s 和 u_d),$f = u^{-1}$ 为严格凸函数,$f' > 0$,$f'' \geq 0$,激励相容约束条件(式5.26)和参与约束条件(式5.27)均为线性,此时,式5.26和式5.27最优解的充分条件是引入拉格朗日方程并对其求一阶导。将 α 和 μ 分别设为对应式5.26和式5.27的拉格朗日乘子,构建拉格朗日方程,并对方程求关于 u_s 和 u_d 的一阶导,可得:

$$\frac{1}{u'(t_s^{SB})} = \mu + \alpha \frac{\Delta p}{p_1} \quad \text{(式5.28)}$$

$$\frac{1}{u'(t_d^{SB})} = \mu - \alpha \frac{\Delta p}{1-p_1} \quad \text{(式5.29)}$$

其中,t_s^{SB} 和 t_d^{SB} 分别为次佳状态下的转移支付。

同时,对式5.26和式5.27的等式约束求解,可得:

$$u_s = \beta + (1-p_1)\frac{\beta}{\Delta p} \tag{式5.30}$$

$$u_d = \beta - p_1\frac{\beta}{\Delta p} \tag{式5.31}$$

则：

$$t_s^{SB} = f\left[\beta + (1-p_1)\frac{\beta}{\Delta p}\right] \tag{式5.32}$$

$$t_d^{SB} = f\left(\beta - p_1\frac{\beta}{\Delta p}\right) \tag{式5.33}$$

由式 5.32 和式 5.33 可知，金融机构在激励借款农户选择 $n=1$ 时的成本为：

$$C^{SB} = p_1 f\left[\beta + (1-p_1)\frac{\beta}{\Delta p} + (1-p_1)f\left(\beta - \frac{p_1\beta}{\Delta p}\right)\right]$$

金融机构在激励借款农户选择 $n=1$ 时的期望利润为：

$B = \Delta p \Delta V$

有 $B \geq C^{SB}$，意味着在次佳状态下，金融机构仍希望农户努力经营投资项目并守约还款。金融机构的期望利润为：

$$V_1 = p_1 V_s + (1-p_1)V_d - C^{SB} - I \tag{式5.34}$$

由式 5.34 可知，项目的初始投资额度 I 对农村金融机构是否放贷有着较大影响。当且仅当该投资项目带来的期望利润 $V_1 > 0$ 时，农村金融机构才会发放贷款。于是，要求 I 满足：

$$I < I^{SB} = p_1 V_s + (1-p_1)V_d - C^{SB} \tag{式5.35}$$

而完全信息状态下，不存在成本 C^{SB}，农村金融机构的有效信贷只需要满足：

$$I < I^* = p_1 V_s + (1-p_1)V_d \tag{式5.36}$$

由式 5.35 和式 5.36 可得 $I^{SB} < I^*$，这说明，在信息不对称时，由于存在道德风险问题，农户获得的贷款数量少于完全信息状态下的可获得数量。

若农户的自有资金为零，则激励相容约束为 $t_d^{SB} = f\left(\beta - p_1\frac{\beta}{\Delta p}\right) < 0$。于是，为了规避资金需求方农户的道德风险，必须让其自身承担一定的贷款风险，使其在投资失败时的收益为负。引入有限债务约束条件，最

佳的贷款合约转化为 $t_d^{yx}=0$ 和 $t_s^{yx}=f\left(\dfrac{\beta}{\Delta p}\right)$，即农户在投资失败时收益为零，成功时的剩余利润则被金融机构占有。

由于 $f(*)$ 为凸函数，$f(0)=0$，则：

$$t_s^{yx}-t_d^{yx}=f\left(\dfrac{\beta}{\Delta p}\right)\geqslant t_s^{SB}-t_d^{SB}=f\left[\beta+(1-p_1)\dfrac{\beta}{\Delta p}\right]-f\left(\beta-\dfrac{p_1\beta}{\Delta p}\right)$$

（式5.37）

当 f 可微时，根据中值定理可知，有限债务约束下的合约的激励效果劣于最优激励合约。此时，为了激励农户努力经营和按期还款，农村金融机构需对其在不同情况下的收益制造较大的差异，这一差异将增加农户的风险，但同时也会提高金融机构的成本。

在农村金融市场中，贫困农户往往缺少自有资金，且担保物匮乏，因此缺少有效担保物和自有资金的农户很难在金融机构获得足额的资金支持，此时的农村信贷市场，可得信贷规模由农户的自有资金数量决定，产生信贷配给，并最终导致对贫困农户信贷的排斥问题，农村普惠金融发展受阻。

假设一个农户投资某项目需要的资金数量为 I，其自有资金量为 A，$I>A$，则其需要到市场借贷 $I-A$ 数量的资金才能够投资该项目。若项目经营成功，回报为 R，若失败则为零。假设存在道德风险，设守约的概率为 p_s，发生道德风险违约的概率为 p_d，$p_s>p_d$，但违约可获得额外的私人收益 S。令 $\Delta p=p_s-p_d$。假设农户和农村金融机构均为风险中性，农户在有限责任约束下，其收益不低于零。同时，假设竞争环境中农村金融机构的均衡利率 $r=0$，信贷双方在信贷合约中规定，若项目经营成功，农户需依约按时还款，双方对收益 R 进行分配，其中，金融机构获得的收益为 R_B，农户获得的收益为 R_N，$R=R_B+R_N$。

对金融机构而言，市场均衡利益 $r=0$ 意味着 $p_sR_B=I-A$。进一步，农户只有努力经营时才会产生正收益，$p_sR>I>p_dR+S$。

对农户而言，只有在 $p_sR_N\geqslant p_dR_N+S$ 或 $R_N>\dfrac{S}{\Delta p}$ 时，其才会努力经营并按约还款，因此金融机构在这笔贷款中获得的回报不会大于 $R-\dfrac{S}{\Delta p}$，则金融机构发放贷款的保障收入为 $P\equiv p_s\left(R-\dfrac{S}{\Delta p}\right)$。由此可知，金

融机构只有在 $P \equiv p_s(R - \dfrac{S}{\Delta p}) \geqslant I - A$ 时,才会发放贷款。于是,对农户投资项目发放贷款的必要条件为:$A \geqslant A_1 = p_s \dfrac{S}{\Delta p} - (p_s R - I)$。当 $p_s R - I < p_s \dfrac{S}{\Delta p}$ 时,$A_1 > 0$。农户私人收益 S 和项目投资额 I 的上升,会导致对农户自有资金数量的下限 A_1 的要求增加。这反映出,农户自有资金匮乏则可能无法从金融机构借到钱,且投资额 I 越大,或道德风险 S 越高,这种由信贷配给产生的农村普惠金融排斥现象会愈加严重(田国强,2014)[①]。因此,投资者农户的道德风险的存在,将使金融机构为降低自身风险而产生信贷配给,将缺乏自有资金和有效担保的贫困农户排斥在外,抑制农村普惠金融发展,最终阻碍农村经济发展和农户收入增长。

5.2.3 二元金融结构导致农村金融抑制

制度因素也会影响农村普惠金融的发展,当前,金融学研究的重点之一即为二元金融结构以何种传导机制对农村普惠金融发生作用。为此本节建立理论模型分析二元金融结构与农村普惠金融发展间的相关关系。

首先,进行设定理论模型的前提条件:

假设1:农村和城市是经济中的两部门,即农村部门(N)和城市部门(C)。

假设2:两部门中的每个人在某一固定事情从事生产投资活动,所得收入用于消费(c)和储蓄,其中储蓄的货币将遗赠给下一代(b)。

假设3:两部门中的每个个体同质且拥有的劳动力为1单位,但不同部门所进行的生产投资活动具有异质性,投资收益不同。

假设4:两部门中每个人的初始财产(P)为上一代的遗赠财产,两部门初始财产并不相同,即 $P_N \neq P_C$。

假设5:设 i 部门在 t 期的个人财产分布函数为 $F_t^i(P)$

假设6:各类型金融机构可以自由选择在农村部门或城市部门发放

[①] 田国强:《高级微观经济学》,中国人民大学出版社2014年版。

贷款，利率均为 r。

1. 需求方借贷博弈

根据上述博弈假设，在 t 时期，i 部门的人有两种选择博弈，分别为：

选择1：不进行任何资本投资，只投入1单位劳动力进行生产，所得收益为 R_1^i，$R_1^i > 0$。

选择2：进行资本投资类生产活动，设需要投入的资本数量为 K^i，则有 p^i 的概率获得收益 R_2^i，$(1-p^i)$ 的概率收益为 0（简便起见，未考虑亏损）。这里设定 $p^i R_2^i > R_1^i$。

假设两部门中的任何一个人都只能在以上两项中择其一进行生产投资，且仅能够使用本部门的生产投资技术。生产或投资后所剩余的财产只能存入银行，且设 $(1+s)P^i < p^i R_2^i$，其中 s 为存款收益率。

因此，两部门中的每个人展开生产投资博弈：

情况1：所拥有的初始财富大于投资所需资本数量（即 $P^i > K^i$）的群体，若将财产投资于第二项投资生产活动，其所得收益为：$p^i R_2^i + (1+s)(P^i - K^i)$；若将财产投资于第一项劳动生产活动，其所得收益为：$R_1^i + (1+s)P^i$。由于 $p^i R_2^i > R_1^i$，$(1+s)P^i < p^i R_2^i$，设第二项投资活动为高收益项目，且当 P^i 值足够大时，这部分群体会选择投资活动，则其所获收益为：$p^i R_2^i + (1+s)(P^i - K^i)$。

情况2：所拥有的初始财富小于投资所需资本数量（即 $P^i < K^i$）的这部分群体，进行第二项投资生产活动时，必然要发生借贷行为，其借贷规模为 $K^i - P^i$，设银行贷款利率为 r，项目成功的概率为 p^i，失败的概率为 $(1-p^i)$。若项目投资成功，其借款的预期收益为 $p^i[R_2^i - (K^i - P^i)(1+r)]$；若项目投资失败，则其预期收益为 $-(1-p^i)[(K^i - P^i)(1+r)]$。因此，这部分群体选择借贷的条件为：

$$p^i[R_2^i - (K^i - P^i)(1+r)] - (1-p^i)[(K^i - P^i)(1+r)] > (1+s)P^i + R_1^i$$

推导得出：

$$P^i > \frac{R_1^i + K^i(1+r) - p^i R_2^i}{r-s} = \hat{P}^i, \text{ 其中 } r-s > 0$$

因此，对于那些初始财产 P^i 小于第二项投资选择所需资本量 K^i 的群体而言，只有当其初始财产 P^i 大于 $\hat{P}^i$ 时，才能够产生借贷行为。

2. 供给方贷款博弈

上文分析了作为借款需求方的选择博弈，接下来笔者将分析供给方金融机构在农村部门的贷款意愿。

由于两部门的生产投资收益具有异质性，假设资金借贷到城市地区成功的概率 p^C 大于借贷到农村地区的概率 p^N，则贷款 L 供给到城市地区所获预期收益恒大于其农村地区所得收益，即 $p^C(1+r)L \geq p^N[(1+r)L]$。由于追求利益最大化是金融部门的根本目标，因此，金融机构会将所有资金放贷到城市地区，农村地区得不到任何贷款额度，即 $L^N = 0$，此时，农村部门的贷款总需求 D^N 全部无法满足。

3. 供需双方博弈结果

农村部门初始财产的总存款规模为：

$$S^N = \int_0^{K^N} P_t dF_t^N(P) + \int_{K^N}^{\infty} (P_t - K^N) dF_t^N(P)$$

而贷款规模为：$L^N = 0$。

故农村部门初始财产所发生的存款总额全部被转移到城市地区，即金融机构对农村部门进行负投资：$L^N - S^N = -S^N$，即负投资水平为 S^N。

4. 农村和城市部门的收入增长率

根据前文假设，农村和城市部门中的每个人都会将生产投资所得收益全部用于消费和下一代的馈赠，设遗赠的财产比例为 λ），则 $t+1$ 期时，两部门居民的收益随之发生变化。

农村部门居民在 $t+1$ 期的收入为：

$$P_{t+1}^N = \lambda \left[\int_{K^N}^{\infty} p^N R_2^N + (1+s)(P_t^N - K^N) dF_t^N(P) + \int_0^{K^N} R_1 + (1+s) P_t^N dF_t^N(P) \right]$$

（式5.38）

城市部门居民在 $t+1$ 期的收入为：

$$P_{t+1}^C = \lambda \left\{ \int_0^{\hat{P}^C} R_1 + (1+s) P_t^C dF_t^C(P) + \int_{\hat{P}^C}^{K^C} p^C [R_2^C - (K^C - P_t^C)(1+r)] dF_t^C(P) + \int_{K^C}^{\infty} p^C R_2^C + (1+s)(P_t^C - K^C) dF_t^C(P) \right\}$$

（式5.39）

通过对式5.38和式5.39对比可以看出，城市部门中财产处于 $(\hat{P}^C,$

K^C)之间的那部分居民能够获得金融机构贷款进行第二项资本投资,而农村部门中财产处于($\hat{P}^N$,K^N)之间的居民由于其投资成功的概率小于城市部门而无法获得金融机构投资,只能进行第一项生产活动,并将财产存入金融机构获得一定的利息收入。根据前述假设可知,投资活动为高收益项目,其所获收入大于资产存入金融机构所获利息,故可推断出,城市部门与农村居民的收入差距将日益拉大。

因此可以看出,金融支持对于经济增长有正向作用,但二元金融结构这种制度因素会导致"农村金融抑制"现象发生,拉大城乡差距,不利于农村地区社会经济的发展(王曙光等,2013)[①]。因此,为了发展农村普惠金融,必须鼓励金融机构在农村地区投资。通过优化利率传导机制、建立健全农村信用体系、扩大抵押品范围等政策制度,提高农村居民资本投资的成功率,降低制度因素导致的农村普惠金融领域的融资需求抑制状况。

5.2.4 理论模型结论

根据理论模型1和模型2的分析可知,农村金融市场的信息不对称带来逆向选择和道德风险问题。理论模型3则主要分析了制度原因导致的农村普惠金融发展受阻问题。

模型1中可以看出,由于农业生产具有弱质性,经营风险高,同时我国农村并未形成集约性生产,多为分散经营,农户生产经营效率低且担保能力差,农村金融机构出于自身风险的规避,通过制定不同的信贷合约进行逆向选择,加剧了贫困农户的贷款难度。

模型2则反映出,由于农户道德风险的存在,农村金融机构为降低自身风险而产生信贷配给,最终将缺乏自有资金和有效担保的贫困农户排斥在外,这种农村普惠金融排斥抑制了农村经济发展和农户收入增长。

模型3分析发现,中国目前的城乡二元金融结构会导致农村金融抑制现象发生,从而加剧城乡居民收入差距问题,不利于农村经济的发展

---

① 王曙光、王丹莉、王东宾、李冰冰、曾江:《普惠金融——中国农村金融重建中的制度创新与法律框架》,北京大学出版社2013年版。

和农户收入的增加。

逆向选择、道德风险和二元金融结构会导致农村普惠金融排斥，农村普惠金融排斥又会引发农村经济和农户收入的发展滞后，并不断拉大城乡收入差距；同时，这种农村社会经济的发展滞后反过来又加剧了二元金融结构问题，并进一步恶化逆向选择和道德风险问题，由此形成恶性循环，产生农村普惠金融运行困境，即如图 5-1 所示。

5.3 影响因素作用机制的实证分析

理论模型（图 5-1）指出，信息不对称导致的逆向选择和道德风险问题将会抑制农村普惠金融发展，进而影响农村经济发展和农户收入增长，并加剧城乡居民收入差距问题。本节将结合山东省调研和统计数据对这一理论结论进行实证论证。

5.3.1 逆向选择和道德风险作用机制的实证分析

理论模型指出，在信息不对称情况下，存在逆向选择和道德风险，金融机构会通过信贷合约和信贷配给的方式进行金融排斥。为考察山东省农村正规金融机构的普惠金融供给情况，结合山东省农村调研数据，运用 Logistic 模型对逆向选择和道德风险对农村普惠金融的作用机制进行验证。

1. 选择变量

运用 Logistic 模型研究获得足额贷款的影响因素。结果变量为是否获得足额贷款，将可能产生逆向选择和道德风险的所有因素列入考虑范围，主要包括：家庭成员有无接受过职业技能培训或具有某种技能，家庭所从事行业，2015 年家庭总收入，家中是否有存折、储蓄卡、信用卡，是否使用过现代化的数字化支付手段，农户是否拥有足额的有效担保以及是否购买农业保险等，其中家庭所从事行业设定为哑变量，其参照水平为"种植业"。

2. 构建模型

首先，对 Logit（Loan）与各个自变量进行线性关系分析和残差分析，认为 Logit（Loan）与各个自变量间存在线性关系，残差合计为 0，且服从二项分布。其次,采用逐步回归法建立二元 Logistic 回归模型,其中,家庭所从事行业的参照水平设置为"种植业",回归方法为"向前步进(似然比)"。

表 5-5　　　　　　　　　　指标选取

指标名称	指标代码	指标描述
是否获得足额贷款	Loan	0 = 否;1 = 是
是否具有某种技能	skill	0 = 否;1 = 是
家庭所从事行业	industry	1 = 种植业;2 = 林业;3 = 务工;4 = 养殖业;5 = 其他
2015 年家庭总收入	income	1 = 0.5 万元以下;2 = 0.5 万—1 万元;3 = 1 万—3 万元;4 = 3 万—5 万元;5 = 5 万元及以上
是否有存折	Passbook	0 = 否;1 = 是
是否有储蓄卡	Debit card	0 = 否;1 = 是
是否有信用卡	credit card	0 = 否;1 = 是
是否用过现代化支付手段	Digital payment	0 = 否;1 = 是
是否有足额有效担保	Guarantee	0 = 否;1 = 是
是否购买农业保险	insurance	0 = 否;1 = 是

回归结果显示:共有是否具有足额的有效担保、2015 年家庭总收入、是否有储蓄卡和是否有信用卡四个变量进入模型。表 5-6 输出了逐步回归过程中每一步模型中的参数估计值与标准误差等。表 5-7 则显示了在拟合过的四个模型中,-2 对数似然比逐步减小,伪决定系数逐渐增大。

表 5-6　　　　　　　　　　方程中的变量

		B	S.E	Wals	df	Sig.	Exp (B)
步骤 1[a]	是否有足额有效担保	4.401	0.291	229.182	1	0.000	81.496
	常量	-2.350	0.182	166.365	1	0.000	0.095
步骤 2[b]	是否有信用卡	0.678	0.291	5.444	1	0.020	1.970
	是否有足额有效担保	4.378	0.293	222.466	1	0.000	79.645
	常量	-2.613	0.226	134.063	1	0.000	0.073

续表

		B	S.E	Wals	df	Sig.	Exp（B）
步骤3c	2015年家庭总收入	-0.367	0.160	5.246	1	0.022	0.693
	是否有信用卡	0.928	0.313	8.805	1	0.003	2.529
	是否有足额有效担保	4.628	0.329	197.708	1	0.000	102.285
	常量	-1.655	0.458	13.070	1	0.000	0.191
步骤4d	2015年家庭总收入	-0.392	0.163	5.770	1	0.016	0.676
	是否有信用卡	0.826	0.313	6.946	1	0.008	2.284
	是否有储蓄卡	1.080	0.525	4.241	1	0.039	2.946
	是否有足额有效担保	4.623	0.333	192.920	1	0.000	101.830
	常量	-2.506	0.644	15.146	1	0.000	0.082

注：a. 在步骤1中输入的变量：是否有足额有效担保。
b. 在步骤2中输入的变量：是否有信用卡。
c. 在步骤3中输入的变量：2015年家庭总收入。
d. 在步骤4中输入的变量：是否有储蓄卡。

表5-7　　　　　　　　　　模型汇总

步骤	-2对数似然值	Cox和SnellR^2	伪决定系数
1	361.091[a]	0.489	0.672
2	355.634[a]	0.494	0.678
3	350.308[a]	0.499	0.685
4	345.722[b]	0.503	0.69

注：a. 因为参数估计的更改范围小于0.001，所以估计在迭代次数5处终止。
b. 因为参数估计的更改范围小于0.001，所以估计在迭代次数6处终止。

根据模型中自变量是否能够被剔除出现有模型的似然比检测，发现所有入选模型的自变量均不能剔除。同时，未纳入方程的其余变量的Sig值均大于0.05，即统计学检验不显著。因此，可得回归模型：

$$Logit(P|outcome=获得足额贷款) = -2.506 + 0.826 credit + 1.080 debit + 4.623 guarantee - 0.392 income \quad （式5.40）$$

3. 模型结论

由式5.40可以发现，能否获得足额贷款受到是否有信用卡、是否有储蓄卡、是否有足额有效担保和2015年家庭收入水平等因素的影响。

首先，拥有信用卡或储蓄卡对获得足额贷款有正向影响。这源于拥有信用卡和储蓄卡的农户在金融系统中拥有一定的信用记录，能够一定程度上克服信息不对称的问题，降低道德风险。因此，这两大因素有利于农户获得金融机构的足额贷款。而没有信用卡、储蓄卡的农户家庭，由于缺乏信用记录，信息不对称问题突出，农户发生道德风险的不确定性较强，金融机构为降低信贷风险，通过逆向选择，对其进行金融排斥的概率提升。

其次，拥有足额有效抵押物对获得足额贷款有强正向影响。这部分农户家庭向金融机构申请贷款时由于能够提供足额抵押物，使其道德风险的发生概率大为降低，因此，这一因素有利于农户获得正规金融机构的足额贷款。而欠缺有效抵押物的农户，由于贷款无法得到有效担保，道德风险发生率较高，为降低放贷风险，金融机构进行逆向选择，产生金融排斥。

最后，2015年家庭收入与能否获得足额贷款负相关。这一结论可能源于"能否获取足额贷款"问题。家庭收入较低的贫困农户往往信贷需求额度较小，随着农村普惠金融的发展，山东省金融领域出台了一系列政策，旨在帮助贫困农户脱贫，其中包括政策性扶贫贷款和小额信用贷款，因此这部分农户的小额信贷需求得到了满足，信贷配给问题得到了一定程度的克服。然而，收入较高的农户家庭为了规模化生产经营产生较大额度的信贷需求，由于数额较大，不符合扶贫贷款范畴，此时，如果借款者信用记录不达标或者无法提供足额担保，则不能获得足额贷款。这一点在山东省农村普惠金融调研中也得以反映，调研结果显示全省范围内60%以上的贷款额度在3万元以下，而10万元以上的贷款仅为7.43%。这同时说明了山东省近年来农村普惠金融在对贫困农户的微型贷款上得到了一定的发展，但对于农户进一步发展的5万元以上贷款需求仍支持不足。

综上所述，山东省农村普惠金融有一定程度的发展，贫困农户的信贷需求满足度提升，普惠金融可及性有所增强。但不应忽视，信息不对称导致的逆向选择和道德风险问题仍然存在，这阻碍了农村普惠金融的进一步纵深发展。

5.3.2 二元金融结构作用机制的实证分析

现行农村普惠金融机制设计的初衷是为了促进农村社会经济发展，进而化解二元金融结构问题，因此为进一步考察农村普惠金融发展是否实现机制设计目标，本书参考王曙光（2013）对二元金融机构作用机制实证验证的指标选取，建立农村普惠金融与农村经济之间、农村普惠金融与农户收入之间以及农村普惠金融与城乡居民收入差距之间三组模型，对二元金融机构的作用机制进行实证验证[①]。

1. 变量的选取与数据说明

首先，变量的选取。选取向量自回归（VAR）模型研究农村普惠金融发展与农村经济增长间、农村金融普惠发展与农户收入增长间以及农村普惠金融发展与城乡居民收入差距变化之间的关系。VAR 模型由西姆斯于 1980 年提出，它是一种非结构化模型，即变量之间的关系并非以经济理论为基础。VAR 模型把系统中每一个内生变量作为系统中所有内生变量的滞后项的函数来构建模型。VAR 模型主要用于预测和分析随机扰动项对系统的动态冲击、冲击的大小、正负方向及持续的时间。因此，用此模型来分析农村普惠金融与农村发展间的关系是有效的。VAR 模型定义为：设 $Y_t = (y_{1t}, y_{2t}, \cdots, y_{Nt})^T$ 是 $N \times 1$ 阶时序应变量的列变量，则 p 阶 VAR 模型（即 VAR(p)）为：

$$Y_t = c + \sum_{i=1}^{p} \prod_i Y_{t-i} + U_t = c + \prod_1 Y_{t-1} + \prod_2 Y_{t-2} + \cdots + \prod_p Y_{t-p} + U_t, U_t \sim \mathrm{II} D(0, \Omega)$$

变量选取方面，RGDP 代表农村经济增长水平指标，RNI 代表农户收入增长水平指标，RGAP 代表城乡居民收入差距水平指标，RFTZ 代表农村金融系统性负投资指标，RSD 代表农村金融发展深度指标，RGTZ 代表农村投资增长率指标。c 为常数向量，$\prod (i = 1, 2, \cdots, p)$ 为第 i 个待估参数矩阵，$U_t = (u_{1t} u_{2t}, \cdots, u_{Nt})^T$ 是随机误差列向量，Ω 为方差协方差矩阵，p 为内生变量的滞后阶数，对于 p 的取值，可根据

---

① 王曙光、王丹莉、王东宾、李冰冰、曾江：《普惠金融——中国农村金融重建中的制度创新与法律框架》，北京大学出版社 2013 年版。

施瓦茨准则（SC）取值最小的原则来确定。实证过程中的变量选取列示于表5-8中。

表5-8 指标选取

指标名称	指标代码	指标描述
农村经济增长水平	RGDP	采用第一产业的山东省地区生产总值增长率作为代理变量
农户收入增长水平	RNI	采用农村居民纯收入的增长率作为代理变量
城乡收入差距水平	RGAP	采用农村居民纯收入与城镇居民可支配收入的比值作为衡量城乡居民收入差距的代理变量
系统性负投资水平	RFTZ	系统性负投资水平=（农村存款－农村贷款）/农村存款；该指标反映了农村金融负投资状况。该指标为正值意味着存在农村资金的净流出，为负值意味着农村资金的净流入
农村金融发展深度	RSD	农村金融发展深度=（农业贷款/贷款余额）/（农业GDP/GDP），该指标反映了农村金融发展的纵深度
农村投资增长率	RGTZ	采用农村固定资产投资增长率作为代理指标，该指标能反映出对于农村地区投资支持的变化情况。

其次，数据说明与实证方法。由于数据的可得性原因，选取1986—2015年的数据进行建模分析。其中：

农村贷款指标采用涉农贷款数值。此前国内大部分学者对于农村贷款的取值多为农业贷款和乡镇企业贷款之和（雷启振，2009；陈冲，2013；许丹丹，2013；曲小刚，2013）[1]，考虑到山东省乡镇企业贷款数额数据的不可得性，本书的农村贷款指标取值为农业贷款，1986—2010年的数据来源于《山东统计年鉴》。2010年起，国家统计局对贷

---

[1] 雷启振：《中国农村金融体系构建研究——基于"三农"实证视角》，博士学位论文，华中科技大学，2009年。
陈冲：《农村金融发展与农民收入增长：理论假说与实证检验》，《经济与管理》2013年第6期。
许丹丹：《中国农村金融可持续发展问题研究》，博士学位论文，吉林大学，2013年。
曲小刚：《农村正规金融机构双重目标兼顾研究》，博士学位论文，西北农林科技大学，2013年。

款分类进行了调整，使农业贷款数据难以获得，故 2011—2015 年的数据根据《山东统计年鉴》、《山东省普惠金融现状研究》中的金融机构对农林牧渔业贷款的增长率，同时结合笔者对山东省鲁中、鲁西和半岛地区农村金融机构的调研得到的涉农贷款增长率推算而来。

农村存款方面采用农户储蓄存款数值。此前国内大部分学者对于农村存款的取值为农户储蓄存款与农业存款之和（雷启振，2009；陈冲，2013；许丹丹，2013）[①]，由于山东统计局从 2010 年起改变统计口径，农业存款数据不可得，且缺少相关推导指标，故本书的农村存款指标取值为农户储蓄存款，1986—2006 年的数据来源于相关年份的《山东金融年鉴》和《山东统计年鉴》，2007—2015 年的数据则根据《山东金融年鉴》中的农村信用合作社、农村商业银行和农村合作银行的农户储蓄存款数据加总计算而来。

农民收入水平以相关年份的农民人均纯收入剔除价格影响因素（采用农村居民消费价格指数指标，以 1980 年为基期）为指标，能够反映农户收入水平的真实变化。为保持和其他指标建模的有效性，取其增长率作为代理指标。

农业地区生产总值、农村固定资产投资额等数据均来自相关年份的《山东统计年鉴》。其中，农业地区生产总值采用以 1980 年为基期（1980 年 = 100）的地区生产总值指数指标，剔除价格影响因素，求其增长率。

系统性负投资水平将反映农村资金是否存在净流出，该指标为正值意味着存在农村资金的净流出，为负值意味着农村资金的净流入。

城乡收入差距水平指标采用农村居民纯收入与城镇居民可支配收入的比值作为代理指标。为保证数据的有效性，农村和城镇居民收入均采用以 1980 年为基期的农村和城镇价格指数平滑处理。

为避免伪回归，本书首先利用 Dicker 和 Fuller 提出的 ADF 单位根

---

① 雷启振：《中国农村金融体系构建研究——基于"三农"实证视角》，博士学位论文，华中科技大学，2009 年。
陈冲：《农村金融发展与农民收入增长：理论假说与实证检验》，《经济与管理》2013 年第 6 期。
许丹丹：《中国农村金融可持续发展问题研究》，博士学位论文，吉林大学，2013 年。

检验对VAR系统所包含的变量进行单位根检验,以确定变量的平稳性,对于非平稳变量进行处理使之变为平稳的时间序列。若所有变量为单整,将采用Johansen协整检验方法对VAR模型的相关变量进行协整检验,以确定系统性负投资水平、农村固定资产投资增长率、农村金融发展深度等因素与农村经济社会发展间的长期关系。利用变量差分进行格兰杰因果检验,判断各变量间的因果关系。最后,采用Sims提出的向量自回归技术对各变量间进行脉冲响应分析,以此对它们之间的关系做更为深入的分析。

2. 单位根检验

利用Eviews6.0软件对解释变量和被解释变量进行单位根检验,以确定其平稳性。通过检验发现,原数据序列为非平稳变量。对其取一阶差分,如表5-9所示,经过处理后的所有数据序列在5%显著水平下都是平稳的一阶单整序列。

表5-9　　　　　　ADF检验结果(1986—2015年)

变量	检验类型 (C, T, L)	ADF检验值	显著水平(临界值)	是否平稳
ΔRGDP	(0, 0, 1)	-8.239396	-1.953858 (5%)	是
ΔRNI	(C, T, 1)	-4.350683	-3.632896 (5%)	是
ΔRGAP	(0, 0, 1)	-6.065115	-4.339330 (1%)	是
ΔRFTZ	(C, 0, 1)	-4.710392	-2.976263 (5%)	是
ΔRSD	(C, 0, 1)	-3.323021	-2.971853 (5%)	是
ΔRGTZ	(C, T, 1)	-6.974115	-4.339330 (1%)	是

注:检验类型中的C代表截距项,T表示趋势项,L代表滞后阶数。

3. 构建模型

(1) 模型1:农村普惠金融发展与农村经济发展间的关系

第一步:协整检验

由单位根检验结果可知,农村地区的经济增长率、系统性负投资水平和固定资产投资增长率均为一阶单整序列，即为 I（1）数列，因此，可以利用 Johansen 检验来判断各变量间是否存在协整关系，用以观察 RGDP 与 RFTZ、RGTZ 的长期均衡关系。需注意的是，协整检验之前，必须对各变量进行 VAR 模型结构的判定。最优滞后期的确定如表 5 - 10 所示，根据 LR（25.3435）和 SC（-4.812058）标准得出该 VAR 模型的最优滞后期为 2，利用 White 检验和 JB 检验，发现其拟合优度较好，残差序列平稳。建立 VAR（2）模型检验发现所有特征根的倒数均落在单位圆内（图 5 - 2），说明所建立的 VAR（2）模型是稳定的。

表 5 - 10　　　　　　　　滞后期检验

Lag	LogL	LR	FPE	AIC	SC	HQ
0	63.22973	NA	1.95E-06	-4.633056	-4.487891	-4.591254
1	79.42648	27.40987	1.13E-06	-5.186652	-4.605992	-5.019443
2	96.76677	25.3435*	6.15e-07*	-5.828213*	-4.812058*	-5.535597*
3	102.179	6.66125	8.82E-07	-5.552234	-4.100584	-5.134211
4	107.166	4.986925	1.43E-06	-5.243535	-3.356391	-4.700106

注：*表示系数在5%的置信水平下统计显著。

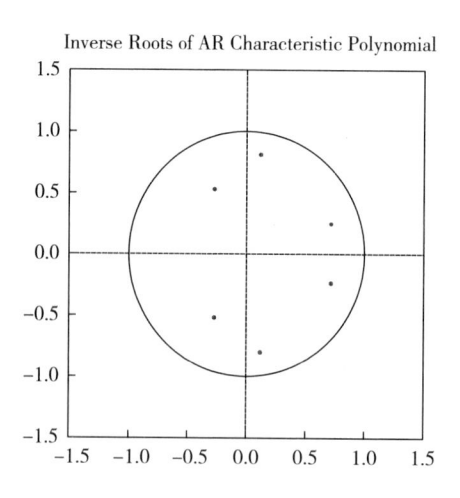

图 5 - 2　VAR 模型的稳定性分析

确定 VAR 模型后，进行 Johansen 协整检验。由于 VAR 模型的滞后阶数为 2，则 Johansen 协整检验的最优滞后阶数应为 1。表 5-11 的 Johansen 协整检验结果显示，在 1986—2015 年的样本区间内，在 5% 的显著性水平下，山东省农村地区经济增长率（RGDP）与系统性负投资水平（RFTZ）和农村固定资产投资增长率（RGTZ）之间存在着一个协整关系，即存在长期稳定关系。

Johansen 协整检验结果显示其均衡的协整向量为：

$\beta' = (1.00000, 0.227095, -0.073287)$

故这三个变量间的标准化协整方程表示为：

$$RGDP = -0.227095 RFTZ + 0.073287 RGTZ \quad \text{（式 5.41）}$$
$$\quad\quad\quad (0.05839) \quad\quad\quad (0.04480)$$

表 5-11　　　　　　农村经济与农村金融发展水平的
Johansen 协整检验结果（1986—2015 年）

零假设：协整向量的个数	特征值	迹统计量	临界值（5%）	P 值	结论
0	0.696061	56.56855	29.79707	0.0000	拒绝
至多 1 个	0.483041	23.22256	15.49471	0.0028	拒绝
至多 2 个	0.155985	4.748393	3.841466	0.0293	拒绝

结论：迹检验结果显示在 5% 的置信水平下存在 3 个协整关系。

协整方程式 5.41 反映了 RGDP、RFTZ 以及 RGTZ 三个变量间的长期均衡关系。如方程所示，农村经济增长率（RGDP）与农村固定资产投资增长率（RGTZ）间存在正向关系，与农村金融负投资（RFTZ）间存在负向关系。这说明，农村固定资产投资的增加能够促进农村经济发展，但系数较低反映出促进作用并不显著；农村金融负投资说明金融机构在农村地区的贷款额小于农村地区的存款额，农村地区资金净流出，加剧了农村资金供给短缺状况，阻碍了农村经济的发展，加剧了城乡经济发展差距。同时，负投资（RFTZ）较高的系数水平也反映出山东省的普惠金融发展状况并不好，其仍然在起着农村资金"抽水机"的负面作用，农村资金净流出严重，农村资金供给状况不容乐观，对农村经济发展产生负面影响。

第二步：格兰杰因果检验

进一步，对 RGDP、RFTZ 和 RGTZ 进行格兰杰因果检验，其实质是检验一个变量的滞后变量是否可以引入其他变量的方程。表 5-12 为具体的检验结果。

表 5-12　　　　农村经济增长与农村金融发展的格兰杰检验

零假设	最优滞后期	F 统计量	P 值
DRGDP 不是 DRFTZ 的格兰杰原因	2	2.87757	0.0776*
DRFTZ 不是 DRGDP 的格兰杰原因	2	0.41150	0.6677
DRGDP 不是 DRGTZ 的格兰杰原因	2	0.73316	0.4918
DRGTZ 不是 DRGDP 的格兰杰原因	2	2.21830	0.1326

注：*、**、***分别表示系数在 10%、5% 和 1% 的置信水平下统计显著。

由表 5-12 可以看出，有关农村普惠金融发展与农村经济增长之间的因果关系，应区分不同的指标进行分析。具体而言，山东省农业生产总值在 10% 的显著性水平下构成了系统性负投资率的格兰杰原因，系统性负投资率并未构成农业生产总值增长的格兰杰原因。此外，农村固定资产投资增长率和农业生产总值增长率相互并未构成格兰杰原因。结合协整方程式 5.41 分析可以解释为，随着农村经济的增长，农村储蓄增加，农村金融机构在农村地区的贷款增加幅度却小于存款增长率，系统性负投资状况恶化，更多的资金被金融机构抽离农村地区，反映出当前山东省农村金融机构仍在发挥"抽水泵"作用，将农村地区的资金抽离，农村普惠金融的发展状况不佳。

（2）模型 2：农村普惠金融发展与农户增收之间的关系

第一步：协整检验

由单位根检验结果可知，农户收入增长率、系统性负投资水平和农村金融发展深度均为一阶单整序列，即为 I（1）数列，利用 Johansen 检验来判断各变量间是否存在协整关系。根据 LR（113.3948）和 SC（-7.224234）标准得出该 VAR 模型的最优滞后期为 1，White 检验和 JB 检验发现其拟合优度较好，残差序列平稳。建立 VAR（1）模型稳定，其特征根的倒数均落在单位圆内（见表 5-13）。

表 5-13　　　　　　　VAR 模型的稳定性分析

特征根	系数
0.963318	0.963318
0.76456	0.76456
-0.298527	0.298527

结论：所有的特征根都落在单位圆内。

确定 VAR 模型后，进行 Johansen 协整检验。由于 VAR 模型的滞后阶数为 1，则 Johansen 协整检验的最优滞后阶数应为 0。表 5-14 的 Johansen 协整检验结果显示，在 1986—2015 年的样本区间内，在 5% 的显著性水平下，山东省农户收入增长率（RNI）与系统性负投资水平（RFTZ）以及农村金融发展深度（RSD）之间存在着一个协整关系，即存在长期稳定关系。

表 5-14　　　农户增收与农村金融发展水平的 Johansen 协整
　　　　　　　检验结果（1986—2015 年）

零假设：协整向量的个数	特征值	迹统计量	临界值（5%）	P 值	结论
0	0.708200	44.25641	29.79707	0.0006	拒绝
至多 1 个	0.234642	8.537524	15.49471	0.4099	接受
至多 2 个	0.026625	0.782597	3.841466	0.3763	接受

结论：迹检验结果显示在 5% 的置信水平下存在 1 个协整关系。

Johansen 协整检验结果显示其均衡的协整向量为：
$\beta' = (1.00000, 0.132983, -0.050059)$
故这三个变量间的标准化协整方程表示为：

$$RNI = -0.132983 RFTZ + 0.050059 RSD \quad (式5.42)$$
$$\quad\quad\quad (0.11992) \quad\quad (0.03309)$$

协整方程 5.42 反映了 RNI、RFTZ 以及 RSD 三个变量间的长期均衡关系。农户收入增长率（RNI）与农村金融发展深度（RSD）间存在正向关系，与农村金融负投资（RFTZ）之间存在负向关系。这反映出，农村金融的纵深发展有助于增加农户收入。但是系统性负投资的负相关反映出金融机构存在对农村地区资金的抽离,加剧了农村资金供给紧张问题,农户得不到自身发展所需的资金支持,抑制其收入增长。同时,系统性负投资(RFTZ)的负向相关系数较高,说明山东省农村普惠金融发展尚未摆脱以往农村金融发展的路径依赖,未能在促进农户收入增长上发挥最佳作用。

第二步:格兰杰因果检验

对 RNI、RFTZ 和 RSD 进行格兰杰因果检验。如表 5 - 15 所示,系统性负投资水平和农村金融发展深度分别在 1% 和 10% 的显著性水平下,能够在格兰杰意义上影响农户收入增长;但是,农户收入增长并未成为这两者的格兰杰原因。

表 5 - 15　　　　农村经济增长与农村金融发展的格兰杰检验

零假设	最优滞后期	F 统计量	P 值
DRNI 不是 DRFTZ 的格兰杰原因	2	0.65154	0.5310
DRFTZ 不是 DRNI 的格兰杰原因	2	5.97603	0.0085***
DRNI 不是 DRSD 的格兰杰原因	2	0.59445	0.5605
DRSD 不是 DRNI 的格兰杰原因	2	3.02172	0.0693*

注:*、**、***分别表示系数在 10%、5% 和 1% 的置信水平下统计显著。

第三步:脉冲响应函数分析

基于 VAR 模型,为进一步检验系统性负投资(RFTZ)和农村金融深度(RSD)对农户收入增长(RNI)的影响,对其作脉冲响应函数分析。如图 5 - 3 所示,第一,当给本期 RFTZ 一个冲击时,对农户收入产生负向作用,并在第二期时达到最大值,第三期时负向影响快速降低,随后缓慢减小;第二,当给本期 RSD 一个冲击时,对农户收入增长产生正向影响,并在第二期时达到正向影响最大值,随后正向影响效应出现一个快速下降期,然而从第三期起,正向影响保持在一个相对稳定的较高的水平上。

(3)模型 3:农村普惠金融发展与城乡居民收入差距间的关系

为了考察系统性负投资水平、农村固定资产投资增长率以及农村金融发展深度是否会加剧城乡居民收入差距,需要对它们之间的关系作进一步的实证分析。

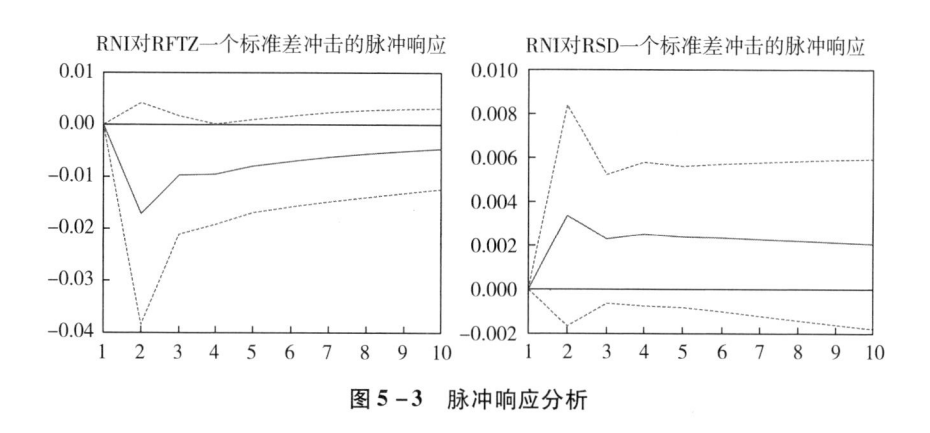

图 5-3 脉冲响应分析

第一步：协整分析

根据 LR（28.24952）标准得出 RGAP、RFTZ、RGTZ 和 RSD 构建的 VAR 模型的最优滞后期为 2，White 检验和 JB 检验认为其拟合优度较好，残差序列平稳。VAR（2）模型稳定，其所有特征根的倒数均落在单位圆内（图 5-4）。

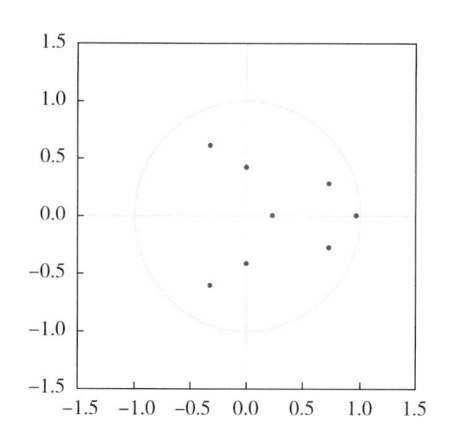

图 5-4 VAR 模型的稳定性分析

Johansen 协整检验结果显示，在 1986—2015 年的样本区间内，在 5% 的显著性水平下，山东省城乡居民收入差距（RGAP）与系统性负投资水平（RFTZ）、农村固定资产投资增长率（RGTZ）以及农村金融深度（RSD）之间存在协整关系，协整关系如表 5-16 所示。

表 5-16　城镇居民收入增长与农村金融发展水平的
Johansen 协整检验结果（1986—2015 年）

零假设：协整向量的个数	特征值	迹统计量	临界值（5%）	P 值	结论
0	0.572560	54.75241	47.85613	0.0098	拒绝
至多 1 个	0.465736	30.95404	29.79707	0.0366	拒绝
至多 2 个	0.373721	13.40181	15.49471	0.1009	接受
至多 3 个	0.010620	0.298959	3.841466	0.5845	接受

结论：迹检验结果显示在 5% 的置信水平下存在 2 个协整关系。

Johansen 协整检验结果显示其均衡的协整向量为：

$\beta' = (1.00000, -0.299838, 0.041142, 0.186700)$

故这三个变量间的标准化协整方程表示为：

$RGAP = 0.299838RFTZ - 0.041142RSD - 0.186700RGTZ$ （式 5.43）
　　　　(0.11401)　　　(0.02990)　　　(0.05466)

协整方程式 5.43 反映了 RGAP 与 RFTZ、RSD、RGTZ 之间的长期均衡关系。1986—2015 年，系统性负投资与城乡居民收入差距之间存在正向关系，说明农村金融机构将农村地区的存款净流出到城镇地区，加剧了城乡居民收入差距；而农村金融发展深度和农村固定资产投资水平与城乡居民收入差距之间的负向关系，说明农村固定资产投资增加和农村金融的纵深发展有助于提高农户收入，起到了缩小城乡居民收入差距的作用。整体看来，RSD 和 RGTZ 的系数较低，RFTZ 的系数相对较高，不利于缩小城乡居民收入差距。

第二步：格兰杰因果关系检验

由于 RGAP 与 RFTZ、RSD、RGTZ 之间存在长期均衡关系，可以在 VECM 中进行三者的格兰杰因果关系检验，表 5-17 显示了格兰杰检验结果。

从表 5-17 中发现，首先，在 DRGAP 方程中，农村固定资产投资在1%的显著性水平下构成城乡居民收入差距的格兰杰原因。同时，系统性负投资、农村固定资产投资和农村金融发展深度在1%的显著性水平下联合拒绝原假设，说明其能在格兰杰意义上影响城乡居民收入差距。其次，在DRFTZ方程中，农村固定资产投资在1%的显著性水平下构成系统性负投资的格兰杰原因，城乡居民收入差距、农村金融深度和农村固定资产投资在5%的显著性水平下联合拒绝原假设，说明其能在格兰杰意义上影响系统性负投资。再次，在DRSD方程中，城乡居民收入差距和农村固定资产投资水平分别在5%和1%的显著性水平下构成农村金融发展深度的原因，城乡居民收入差距、系统性负投资和农村固定资产投资在1%的显著性水平下联合拒绝原假设，反映出三者能在格兰杰意义上影响农村金融发展深度。最后，在DRGTZ方程中，城乡居民收入差距、系统性负投资和农村金融发展深度均不构成农村固定资产投资水平的格兰杰原因，三者联合也未拒绝原假设，说明它们不能共同在格兰杰意义上影响农村固定资产投资。

表5-17　　　　　　　　　　格兰杰检验

因变量	零假设	df	χ^2 统计量	P 值
DRGAP 方程	DRFTZ 不能 Granger 引起 DRGAP	1	0.565668	0.452
	DRSD 不能 Granger 引起 DRGAP	1	2.051038	0.1521
	DRGTZ 不能 Granger 引起 DRGAP	1	7.437578	0.0064***
	DRFTZ、DRSD、DRGTZ 不能同时 Granger 引起 DRGAP	3	12.67191	0.0054***
DRFTZ 方程	DRGAP 不能 Granger 引起 DRFTZ	1	0.883972	0.3471
	DRSD 不能 Granger 引起 DRFTZ	1	0.000277	0.9867
	DRGTZ 不能 Granger 引起 DRFTZ	1	8.446137	0.0037***
	DRGAP、DRSD、DRGTZ 不能同时 Granger 引起 DRFTZ	3	9.324426	0.0253**
DRSD 方程	DRGAP 不能 Granger 引起 DRSD	1	4.955656	0.0260**
	DRFTZ 不能 Granger 引起 DRSD	1	0.00887	0.925
	DRGTZ 不能 Granger 引起 DRSD	1	10.72728	0.0011***
	DRGAP、DRFTZ、DRGTZ 不能同时 Granger 引起 DRSD	3	14.58523	0.0022***

续表

因变量	零假设	df	χ^2 统计量	P 值
DRGTZ 方程	DRGAP 不能 Granger 引起 DRGTZ	1	0.290603	0.3252
	DRFTZ 不能 Granger 引起 DRGTZ	1	0.000112	0.8322
	DRSD 不能 Granger 引起 DRGTZ	1	0.317036	0.4462
	DRGAP、DRFTZ、DRSD 不能同时 Granger 引起 DRGTZ	3	1.664789	0.6448

注：*、**、***分别表示系数在10%、5%和1%的置信水平下统计显著。

5.3.3 实证分析结论

前文通过 Logistic 模型测度了逆向选择和道德风险对山东省农村普惠金融可及性的影响，并运用三个 VAR 模型分析了当前山东省的二元金融结构问题。实证分析结论契合了理论模型结论，即山东省农村普惠金融虽然得到了一定程度的发展，然而由于存在信息不对称，其仍然受到逆向选择和道德风险的影响，农村金融排斥现象依然存在；而农村普惠金融发展受阻会抑制农村经济发展、阻碍农户收入增长以及加剧城乡居民收入差距（如图 5 - 1 所示），二元金融结构问题进一步加剧。具体分析如下：

首先，拥有信用卡或储蓄卡对获得足额贷款有正向影响。持有信用卡和储蓄卡的农户在金融系统中拥有信用记录，部分地克服了信息不对称问题，能够降低农户违约的道德风险；而没有信用卡、储蓄卡的农户家庭，缺乏信用记录，信息不对称问题突出，农户贷款违约风险上升，为降低信贷风险，金融机构通过金融合约进行逆向选择，产生金融排斥问题。

其次，拥有足额有效抵押物对获得足额贷款具有正向影响。拥有足额有效抵押物的农户家庭向金融机构申请贷款时能够提供足额担保，降低了其发生违约等道德风险的概率；而欠缺有效抵押物的农户，考虑到贷款没有有效担保，农户道德风险发生率较高，金融机构为降低放贷风险，通过信贷配给和信贷合约对这部分农户进行普惠金融排斥。

再次，农村地区信息不对称问题依然存在，其所导致的系统性负投资对农村经济发展和农户收入增长有着显著的负向效应。系统性负投资问题源于农村信息体系尚未建立,农村金融存在严重的信息不对称问题,金融机构出于风险规避和趋利考虑,存在逆向选择意愿,以要求足额担保等信贷合约的方式对自有资金不足和有效担保物匮乏的农户进行信贷排斥。大型国有金融机构在农村的服务网点萎缩,部分新型农村金融机构的服务重点出现目标偏移,互联网金融发展尚未成熟规范,这些都导致农村金融机构已演变成输出农村储蓄的媒介,导致农村金融资产严重匮乏(曲小刚,2013)[①]。农村金融机构并没有真正服务于农村普惠金融的发展,农村资金存在外流现象。图5-5显示出,近年来山东省农村金融系统性负投资现象仍呈现增长趋势,反映出农村金融机构对农村资金"抽水机"作用并未得到根本改善,对农村经济发展和农户收入上升不利。

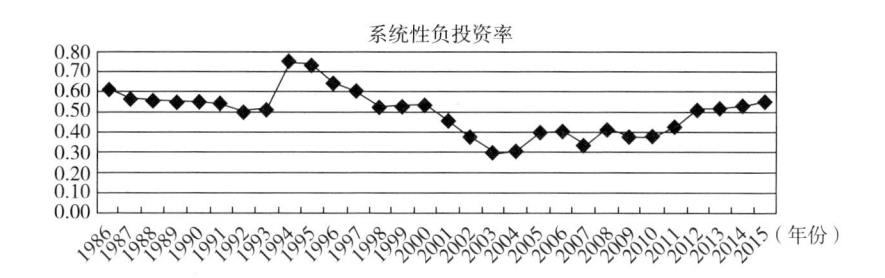

图5-5 系统性负投资发展趋势

再次,农村固定资产投资水平对山东省农村经济发展有一定的促进作用,且能够起到缩小城乡居民收入差距的作用。农村固定资产投资额的增加有利于农村基础设施建设和农业机械化生产,优化农村发展环境,从而在一定程度上促进农村经济增长,进而缩小城乡居民收入差距。

最后,从长期看,农村金融发展深度对农户收入增长和缩小城乡居民收入差距具有一定的正向效应,说明农村金融的纵深发展对于提高农户收入水平有着促进作用,从而有利于缩小城乡居民收入差距。

[①] 曲小刚:《农村正规金融机构双重目标兼顾研究》,博士学位论文,西北农林科技大学,2013年。

综上所述，目前山东省农村固定资产投资增长率和农村金融发展深度都呈现良性发展态势，对农村普惠金融发展起促进作用，山东省农村普惠金融可及性增加；然而，山东省仍存在农村地区信用体系不健全，信息不对称现象突出，农业保险发展乏力，农村金融市场发展滞后，二元金融结构等问题，农村金融机构为了规避农户的道德风险进行逆向选择，系统性负投资现象仍然存在。这反映出山东省农村普惠金融发展仍未摆脱路径锁定，这一障碍抑制了农村经济和农户收入的增长速度，不利于缩小城乡居民收入差距，农村普惠金融发展并未达到机制设计目标。

5.4 本章小结

本章对山东省农村普惠金融发展的影响因素及其作用机制进行了深入的分析。首先阐述了影响山东省农村普惠金融发展的因素，然后分析了这些影响因素的作用机制，最后进行了实证论证。

首先，探究了山东省普惠金融发展的影响因素。第一，农业产业弱质性对农村普惠金融发展产生抑制作用。农业产业的弱质性导致农村普惠金融供需双方对利率水平的要求存在差异，而这种差异最终造成农村普惠金融供给不足。第二，农村金融市场特点对农村普惠金融发展速度产生制约作用。农村金融市场具有交易成本高的特点，有限理性的金融机构出于利益的追求，欠缺为农村市场提供信贷资金的动力。此外，农村合作金融在农村市场居垄断地位，一家独大，经营效率较低。第三，相关制度不健全对农村普惠金融纵深发展产生阻碍作用。农村普惠金融的发展需要良好的金融生态环境以及城乡协调发展的金融结构。我国处于农村普惠金融发展初期，存在"市场失灵"领域，需要政府的适度干预，然而当前的政府干预措施效用不高。此外，二元金融结构问题也依然存在，这些都阻碍了农村普惠金融的发展。

其次，通过构建理论模型，分析了农村普惠金融影响因素的作用机制。第一，模型1指出农村金融市场的信息不对称导致了金融机构的逆向选择，使次级信贷需求者获得贷款的数量低于最佳资金量，资金配置扭曲，其获得的信贷资金数量低于优质的资金需求者。贫困农户的生产经营效率低，经营风险高，作为次级信贷需求者，他们常常会面临更为严苛的信贷合约；此外，他们还有可能被要求支付其无法承受的高昂利息，最终使贫困农户无法从金融机构获得所需信贷资金，产生农村普惠金融排斥问题。第二，模型2分析了道德风险对于农村普惠金融发展的抑制作用。道德风险会导致金融机构的信贷配给问题，且投资额越大，道德风险越高，这种由信贷配给产生的农村普惠金融排斥现象会愈加严重。因此，道德风险的存在导致金融机构为降低自身风险而产生信贷配给，最终将缺乏自有资金和有效担保的贫困农户排斥在外，抑制农村普惠金融发展。第三，模型3指出了制度因素——二元金融结构加剧农村普惠金融抑制问题。二元金融结构引发金融机构的逆向选择，农村资金流向城市，农村金融供给数量下降，加剧农村金融抑制问题，不利于农村普惠金融的发展。

最后，进行实证论证。第一，实证验证了逆向选择和道德风险的作用机制。通过构建 Logistic 模型，发现农户家庭2015年收入水平、是否拥有信用卡、是否拥有储蓄卡以及是否拥有足额有效担保等因素会影响农户足额信贷可得性。分析认为，山东省贫困农户的信贷获得率增加，农村普惠金融可及性有所提高，但仍存在道德风险和逆向选择问题。第二，实证验证二元金融结构与农村社会经济发展之间的关系。通过构建三个VAR模型研究了农村普惠金融发展对农村经济增长、农户增收和城乡居民收入差距的影响，研究发现，总体而言，农村普惠金融对农村发展的促进作用并不显著。其中，系统性负投资对农村经济发展、农户收入增长有着显著的负向效应，并拉大了山东省城乡居民收入差距；农村固定资产投资水平对山东省农村经济发展有一定的促进作用，且能够缩小城乡居民收入差距；农村金融发展深度对农户收入增长和缩小城乡居民收入差距均具有一定的正向效应。由此可得，山东省农村普惠金融虽然得到了一定程度的发展，但由于信息不对称和二元金融结构依然存在，其发展状态欠佳，对农村经济发展、农户增收和城乡居民收入差距缩小的促进作用有限。实证分析结论与理论模型结论相契合。

第六章 山东省农村普惠金融发展路径的机制分析——基于博弈论

前文对当前农村普惠金融运行状况进行了理论分析和实证论证，剖析了影响农村普惠金融发展的因素及其作用机制，探究了农村普惠金融运行难题的形成机制。接下来需要探讨的问题是山东省农村普惠金融该如何克服信息不对称、逆向选择和道德风险问题；其发展路径如何摆脱"锁定效应"和"路径依赖"；适应山东省的农村普惠金融发展路径为何；如何破解农村金融中存在的垄断问题；政府是否应介入农村普惠金融发展以及如何为适度介入；这一系列问题都需要通过剖析其运行机制来解释。本章采用博弈论方法对农村普惠金融发展路径进行深入的机制剖析。首先，分析传统农村金融机构服务农村普惠金融发展的运行机制。其次，构建斯坦科尔伯格博弈模型分析新型农村金融机构的市场进入机制，破解农村金融市场的垄断问题；运用演化博弈方法，探寻新型农村金融机构服务农村普惠金融的发展路径。再次，基于博弈理论，研究新型与传统农村金融机构的对接服务农村普惠金融的运行机制。最后，分析民间金融机构、中央政府和地方政府之间的博弈问题，指出在适度监管下，政府可以引导民间金融机构更好地为农村普惠金融服务。

6.1 传统农村金融机构服务普惠金融的运行机制分析

农村普惠金融要求金融机构不仅要服务富裕阶层，也要为低收入阶层提供必要的金融服务，其旨在通过金融服务（如小额信贷等）帮助农村低收入阶层居民摆脱贫困,更好地发展。普惠金融所提供的金融服务实质为一种金融资源,作为理性人的行为个体在金融服务上存在供给与需求两个方面,两者动机截然不同:供给方存在供给欠缺的动机,需求方却存在需求过度的动机。有鉴于此,引入博弈理论,对农村普惠金融的资金供给与需求双方选择机制做博弈分析。

6.1.1 农村小额信贷供需双方的基本博弈模型

农村信贷行为将从单次静态博弈、有限次重复博弈和无限次重复博弈三个维度展开讨论。假设:(1)农户和金融机构都为理性人。(2)农户借贷额度为 L,若投资成功,农户收益为 R,$R=L((1+r)+e$。其中,r 为贷款利率,e 为农户清偿贷款后的净收益。(3)交易费用为 c,由农户支付,$c<L$。则农户和金融机构信贷的单次静态博弈如表6-1所示。

表6-1　　　　　　　　农户与金融机构借贷行为的静态博弈

		农户	
		还贷	不还贷
金融机构	贷款	$L((1+r)+c$, $e-c$	$-L+c$, $L((1+r)+e-c$
	不贷款	$-L((1+r)-c$, $-e+c$	0, 0

现实中,"金融机构不贷款,农民还款"的情况并不存在,表6-1中的(不贷款,还款)处的双方损益实质为机会成本,即金融机构不贷款,农户投资成功时的双方机会成本。单次静态博弈模型中,唯一的纳什均衡是金融机构不贷款,农户不还款,即(0,0)点。有限次重复博弈模型中,借贷双方将采用逆向归纳法(Backward Induction)进行动态博弈。首先,在最后一轮博弈中,借贷供需双方均认为此次博弈是一次性博弈,无须考虑以后的合作问题,因为双方的最优选择为(不贷款,不还款);其次,进行倒数第二轮博弈,由最后一轮博弈结论可得,双方的最优选择仍将是贷方不贷款,借方不还款。同理可证,逆向归纳到首轮博弈中,由于借贷双方都知晓对方在最后一轮博弈中的最优选择是不合作,故而,在有限次重复博弈的最终结果仍是金融机构不贷款,农户不还款,即(0,0)。只有在无限次重复博弈中,农户考

虑未来合作的需求，会注重个人信誉选择还款，这也说明了个人信用记录在借贷行为中的重要性。若农户通过贷款方式进行规模化经营，一旦投资成功，为保持经营的连续性，进一步扩大规模，农户需要不断追加投资，而只有信用记录良好，才能获得金融机构的长期信贷支持。由于信用记录的存在，农户违约成本较高，农户的最优选择是履约还贷；由于农户按期偿还贷款行为可以预知，金融机构的最优选择是贷款。通过建立健全农户个人信用记录，降低信息不对称性，规范和约束农户的行为选择，避免道德风险的发生。因此，当且仅当在信用制度健全的无限次重复博弈中，农户考虑效用函数的最大化会选择还贷，而金融机构由于较好地克服了信息不对称，知晓了农户将履约还贷作为最优选择，其也会选择对农户发放贷款。

从山东省统计数据来看，截至 2013 年，山东省约有农村居民 5482 万人，这些农户的平均收入水平低于城镇居民平均收入水平。特别是处于最底层收入的群体，尤其需要金融机构的小额贷款。农村普惠金融的作用在这一阶层中显得尤为重要。孟加拉国的格莱珉银行（GB）就是致力于为这一阶层群体提供小额信贷支持，帮助他们脱贫。事实证明，在信用制度完善的前提下，这些贫困农户的还款率高，是值得信任的群体（GB 的还款率为 96%，高于一般的商业银行）。

当前，山东省农村地区存在较为严重的信贷供给不足，金融机构作为理性人和经济人，从自身效益角度考虑，很少将贷款发放到农村地区，贫困阶层得到的贷款支持稀少。根据上文分析，继续假设：

（1）每个农户的每项投资均存在成功和失败两种可能性。

（2）若投资成功，农户收益为 $R = L((1+r) + e - c$，且 $R > 0$。

（3）若投资失败，农户无钱还款发生违约，其投资收益为 $R = 0$。

（4）市场上存在多个投资项目，每个项目的预期收益均为 I，且 I 已知。

（5）投资成功概率为 p，p 为农村金融生态环境①E 的函数，金融

---

① 农村金融生态环境，主要指农村金融体系得以生存与发展的外部环境，包括经济基础、法律制度环境、金融监管力度、信用水平等因素。农村金融生态环境状态制约着农村金融机构的运行与发展。

第六章　山东省农村普惠金融发展路径的机制分析——基于博弈论

生态环境越完善，p 值越大，$p(E) \in [0, 1]$。推导可知，$p(E)R = I$，即在 I 一定的前提下，成功概率越高，收益越小，反之亦然。

（6）农户全部投资来自金融机构贷款，不存在自有资金投资问题。金融机构贷款评估时主要考虑风险因素。

（7）模型未考虑市场利率调节因素。

农户投资的期望利润为：

$$y = p(E)[R - L(1+r) - c] + [1 - p(E)] * 0 = p(E)[R - L(1+r) - c]$$

（式6.1）

若农户不投资，则期望利润为 0，即 $y = 0$，此处存在临界值 $R^* = L(1+r) + c$，当且仅当 $R \geqslant R^*$ 时，农户投资该项目会取得正收益，农户才会产生贷款需求对其进行投资。由 $p(E)R = I$ 可知，当 I 一定时，p 也存在临界值 $p^*(E)$，$p^*(E)$ 与 R^* 反向变动，即当且仅当 $p(E) \leqslant p^*(E)$ 时，项目期望利润 $y \geqslant 0$，该项目才会获得投资。推导可知，$p^*(E)$ 为：

$$p(E)^* = I/R^* = I/[L(1+r) + c] \qquad （式6.2）$$

假设 p 在 $[0, 1]$ 区间内的密度函数为 $g(p)$，则其分布函数为 $G(p)$（蒲勇健，赵耀华，2008）①。当项目贷款申请成功的平均概率为：

$$\bar{p}(E) = \frac{\int_0^{p^*(E)} p(E)g[p(E)]dp(E)}{\int_0^{p^*(E)} g[p(E)]dp(E)} = \frac{\int_0^{p^*(E)} p(E)g[p(E)]dp(E)}{G[p^*(E)]}$$

（式6.3）

由于交易成本会影响到平均成功概率 $\bar{p}(E)$，这里首先用 $\bar{p}(E)$ 对 c 求偏导，可得：

$$\frac{\partial \bar{p}(E)}{\partial c} = \frac{\dfrac{\partial p^*(E)}{\partial c} p^*(E) g[p^*(E)] G[p^*(E)] - \dfrac{\partial G[p^*(E)]}{\partial c} \int_0^{p^*(E)} p(E) g[p^*(E)] dp(E)}{G^2[p^*(E)]}$$

---

① 蒲勇健、赵耀华：《博弈论与经济模型》，重庆大学出版社 2008 年版。

$$= -\frac{g[p^*(E)]}{G^2[p^*(E)]} * \frac{I}{[L+(1+r)+c]^2}\left\{p^*(E)G[p^*(E)] - \int_0^{p^*(E)} p(E)g[p(E)dp(E)]\right\} \quad \text{(式6.4)}$$

式6.4中，$\frac{g[p^*(E)]}{G^2[p^*(E)]} > 0$，$\frac{I}{[L+(1+r)+c]^2} > 0$。由式6.3推导可知，$\bar{p}(E)G[p^*(E)] = \int_0^{p^*(E)} p(E)g[p(E)]dp(E)$，且 $\bar{p}(E) \leqslant p^*(E)$，则 $\bar{p}(E)G[p^*(E)] < p^*(E)G[p^*(E)]$，可知 $\left\{p^*(E)G[p^*(E)] - \int_0^{p^*(E)} p(E)g[p(E)dp(E)]\right\} > 0$。因此，$\frac{\partial \bar{p}(E)}{\partial c} < 0$，即交易成本越高，贷款申请成功的概率越低。原因在于，交易成本高的项目，为了弥补成本，必然存在较高收益，根据前述假设，$p(E)R = I$，贷款收益I一定时，期望收益R越高，投资成功的概率$p(E)$越小，因此只有高收益高风险的项目才会申请贷款。同时，投资成功的概率是金融生态环境E的反函数，因此项目投资的外部经济基础、金融监管力度、信用水平等环境越差，投资成功的概率越低。

对于金融机构而言，其贷款的平均预期收益为：

$$\bar{f} = [c + L(1+r)]\bar{p}(E) \quad \text{(式6.5)}$$

对c求导可得：

$$\frac{\partial \bar{f}}{\partial c} = \bar{p}(E) + [c + L(1+r)]\frac{\partial \bar{p}(E)}{\partial c} \quad \text{(式6.6)}$$

式6.6中，$\bar{p}(E) > 0$，$c + L(1+r) > 0$，但$\frac{\partial \bar{p}(E)}{\partial c} < 0$，故 $[c+L(1+r)]\frac{\partial \bar{p}(E)}{\partial c} < 0$。这说明在利率未完全实现市场化的背景下，单纯依靠提高交易费用也未必能增加银行收益。此时，银行考虑风险因素，更愿意将款项贷给交易风险较小的大公司。由于农业生产的弱质性和农户抵押物的欠缺，农业投资存在高风险性，一旦受到巨灾，金融机构在农业上的投资有可能血本无归。再加上中小农户贷款额度小，评级机构缺乏审查其信用级别的动力，这些都导致了农村地区小额信贷供给不足

(罗茜等,2010)①。

结论1:在未考虑利率市场化(因为我国尚未完全实现利率市场化)、农业保险和政府干预的背景下,仅从交易费用角度分析可得,由于信息不对称、农业弱质性、农户抵押物欠缺等因素的存在,金融机构趋向于投资交易风险小的商业机构(即大公司),而不愿向中小农户提供小额信贷服务,中小农户的信贷需求无法得到满足,农村地区小额信贷缺口出现并呈现加剧态势。

6.1.2 农业保险与传统农村金融机构支农的博弈分析

由结论1可知,山东省仍存在农村小额信贷匮乏现状,这已成为阻碍农村经济和社会发展的桎梏。农业的"弱质性"与农户的"弱势性"决定了金融机构不可能无视投资农业的风险(罗茜等,2010)②。如何破解这一农村小额信贷供给难题成为农村经济进一步发展过程中亟待解决的问题。

从需求方看,山东省是农业大省,拥有众多农村人口,这为农村金融发展提供了广阔的市场,农村金融机构发展潜力巨大。理论界观点认为,农业保险对于降低金融机构农村小额贷款风险具有正向作用,引入农业保险将提升金融机构向农户提供小额信贷的意愿。农业保险一方面可以减少金融机构的经营风险,有助于满足农户小额信贷需求,缩小农村小额信贷缺口;另一方面农业保险的发展也有利于保险机构险种的健全,促进保险行业的整体发展。因此,农业保险的引入可以促进农户、金融机构和保险机构三方共同发展。

为证明农业保险对金融机构支农的促进作用,继续上节博弈模型,假设农户未购买农业保险时申请农业贷款成功的概率为s_1,金融机构小额贷款的期望收益为:

$$f_1 = [c + L(1+r)]p(E) + [1 - p(E)](-L + c) \qquad (式6.7)$$

农户此时的期望收益为:

---

① 罗茜、蒲勇健:《不对称信息博弈下的农户小额信贷分析——以全国首批城乡统筹示范区重庆市为例》,《农村经济》2010年第3期。

② 同上。

$$n_1 = s_1\{[1-p(E)][-L(1+r)-c]+p(E)(e-c)\} \qquad (式6.8)$$

若农户购买农业保险,需要支付的保险费用为 i,保险额度为 w, $w > i$。假设购买农业保险的农户向金融机构申请贷款成功的概率将提高到 s_2, $s_2 > s_1$。推导可知,金融机构此时的期望收益为:

$$f_2 = [c+L(1+r)]p(E)+[1-p(E)](w-L+c) \qquad (式6.9)$$

农户此时的期望收益为:

$$n_2 = s_2\{[1-p(E)][-L(1+r)-c+w]+p(E)(e-c)-i\}$$
$$(式6.10)$$

当且仅当购买农业保险的期望收益大于等于不购买农业保险时,农户才会购买农业保险,因此 $n_2 > n_1$。同时,由式6.7和式6.9推导可得,$[1-p(E)]w \geq 0$,因此 $f_2 \geq f_1$,即金融机构对参保农户贷款的期望收益大于未参保农户。

进一步,由式6.7和式6.9推导得出:

$$f_1 - f_2 = (s_1-s_2)f_1 - s_2[1-p(E)]w + s_2 i \leq 0 \qquad (式6.11)$$

推导可知:

$$i \leq [1-p(E)]w - \frac{s_1-s_2}{s_2}f_1 \qquad (式6.12)$$

由式6.12可知,保险费用的额度由保险额度、金融机构贷款增加的幅度、农业投资获得成功的概率以及参保前金融机构小额贷款的期望收益等因素共同决定。同时,当农业保险费用满足式6.12时,保险费用与保险额度实现均衡,此时金融机构农村地区的小额贷款额度将增加,农户也会从中受益增加收入,农村地区小额贷款供求缺口问题能够得以缓解。

因为 $i > 0$,可知:

$$s_1 - s_2 < [1-p(E)]w\frac{s_2}{f_1} \qquad (式6.13)$$

已知 $p(E) \in [0,1]$,当 $p(E)=1$ 时,$s_1-s_2 < 0$,因此式6.13恒成立,即理论界认为的农业保险能够提高金融机构对农户借贷意愿的假设恒成立:$s_1 < s_2$。

结论2:在合理规划农业保险费用与保险额度的均衡比例的前提下,金融机构的期望收益值增加将促使其提升在农村地区的贷款意愿;

同时,农户的农业投资热情上涨,期望收益值增加。因此,农业保险的引入,能够起到缩小农村地区小额信贷缺口的作用。

6.1.3 小组联保模式与传统农村金融机构支农的博弈分析

农户小组联保模式起源于20世纪70年代尤努斯建立的格莱珉银行,其目的在于通过小组成员间的相互约束降低信息不对称性,防范道德风险,提高农户还贷比率,同时降低金融机构的借贷风险。本小节以农村信用合作社(传统农村金融机构)小额信贷业务为例,在"两户联保"基础上构建三方博弈模型,并进一步推广到"多户联保",以此探讨小组联保模式对传统农村金融机构支农的作用机制。

1. 模型假设

假设1:农村普惠金融市场中存在农村信用合作社(以下简称"农信社")和借款农户博弈双方,其中每一方对对方的特征、策略域、经济状况和支付函数均不能准确认识,即博弈双方信息不对称。博弈双方能够在自身约束条件下做出实现其效用最优化的理性决策,即博弈双方符合理性人假设,能够做出实现博弈均衡的理性行为。

假设2:博弈模型中包括三个行为主体,分别为农信社(供给方)、农户A和农户B(需求方)。由于小额信贷为信用贷款,没有抵押物,为防范道德风险,农信社要求借款农户间进行联保,即借款农户A和农户B间相互承担对方违约的连带责任。

假设3:借款农户A和农户B共同向银行申请一笔贷款,假定每户贷款金额为L,贷款期限为一年,贷款利率为r,则此次贷款为额度$2L$、利率为r的一年期贷款。贷款用于农业生产,农户投资的年收益率分别记为i_A、i_B。农信社批准了贷款申请,贷款关系建立。

假设4:借款农户有守约和违约两种策略选择。借款农户违约概率为p_{1x},守约概率为$1-p_{1x}(X=A,B)$,当$0 \leqslant p_{1x} \leqslant \lambda$时,借款农户守约,将按时还本付息;当$\lambda \leqslant p_{1x} \leqslant 1$时,借款农户违约,拒绝按期还款,逃避债务。其中,$\lambda$为常数,且$\lambda \in [0,1]$。

假设5:借款农户将贷款投资于农业生产。若A和B都守约,其收益为$L(i_x-r)$,农信社收益为$2Lr$;若借款农户中有一方违约,则守约方将承担连带责任,为违约方偿还贷款本息$L(1+r)$,则守约方的收益

为 $L(i_x - r) - L(1 + r)$；违约方逃避债务，未偿还贷款，因此其收益为 $L(1 + i_x)$，但考虑到其会受到农信社的惩罚 F（如不良信用记录、不再提供贷款等），此外，守约方在替其偿债后会对其进行追讨，违约方的民间信誉也会出现下降，这些可以看作为民间惩罚 C，此时违约方的收益降低为 $L(1 + i_x) - F - C$；而作为资金供给方的农信社由于联保机制的存在未受损失，其收益仍为 $2Lr$。若借贷农户 A 和农户 B 均违约，则农户收益为 $L(1 + i_x) - F$，农信社收益为 $-2L(1 + r)$。因此，当且仅当所有农户均违约时，农信社才会出现收益损失，可以看出，农户联保机制大大降低了农信社的借贷风险，保障了其借贷收益。

假设 6：若农信社拒绝贷款给农户，则其损失的机会成本为 $2Lr$；借款农户损失的机会成本为 $L(i_x - r)$。

假设 7：农信社发放贷款的概率为 p_2，拒绝放贷的概率则为 $1 - p_2$。

2. 模型的构建与解释

基于上述假设，构建三方博弈模型如表 6-2 所示：

表 6-2　　　　　　　　　三方博弈支付矩阵

		借款农户 B			
		守约 $1 - p_{1B}$		违约 p_{1B}	
		借款农户 A		借款农户 A	
		守约 $1 - p_{1A}$	违约 p_{1A}	守约 $1 - p_{1A}$	违约 p_{1A}
农信社	贷款 p_2	$2Lr$	$2Lr$	$2Lr$	$-2L(1+r)$
		$L(i_A - r)$	$L(1 + i_A) - F - C$	$L(i_A - r) - L(1 + r)$	$L(1 + i_A) - F$
		$L(i_B - r)$	$L(i_B - r) - L(1 + r)$	$L(1 + i_B) - F - C$	$L(1 + i_B) - F$
	拒贷 $1 - p_2$	$-2Lr$	$-2Lr$	$-2Lr$	$-2Lr$
		$-L(i_A - r)$	$-L(i_A - r)$	$-L(i_A - r)$	$-L(i_A - r)$
		$-L(i_B - r)$	$-L(i_B - r)$	$-L(i_B - r)$	$-L(i_B - r)$

（1）借款农户的策略选择。从效用最大化的考虑，借款农户 A 的理性效用选择为：

$$V_{1A} = p_2(1 - p_{1B})\{(1 - p_{1A})[L(i_A - r)] + p_{1A}[L(1 + i_A) - F - C]\} + \\ p_2 p_{1B}\{(1 - p_{1A})[L(i_A - r) - L(1 + r)] + p_{1A}[L(1 + i_A) - F]\} + \\ (1 - p_2)(1 - p_{1B})\{(1 - p_{1A})[-L(i_A - r)] + p_{1A}[-L(i_A - r)]\} +$$

$$(1-p_2)p_{1B}\{(1-p_{1A})[-L(i_A-r)]+p_{1A}[-L(i_A-r)]\}$$
(式6.14)

V_{1A}对p_2和p_{1B}的偏导为0，即：

$$\frac{\partial^2 V_{1A}}{\partial p_2 \partial p_{1B}}=0$$

推导可得：

$$p_{1A}=\frac{L(1+r)}{C+L(1+r)}$$

进一步化简，得到：

$$p_{1A}=1-\frac{1}{1+\frac{L(1+r)}{C}}$$
(式6.15)

同理可知，借款农户B的理性选择也为效用最大化：

$$V_{1B}=p_2(1-p_{1A})\{(1-p_{1B})[L(i_B-r)]+p_{1B}[L(1+i_B)-F-C]\}+$$
$$p_2 p_{1A}\{(1-p_{1B})[L(i_B-r)-L(1+r)]+p_{1B}[L(1+i_B)-F]\}+$$
$$(1-p_2)(1-p_{1A})\{(1-p_{1B})[-L(i_B-r)]+p_{1B}[-L(i_B-r)]\}+$$
$$(1-p_2)p_{1A}\{(1-p_{1B})[-L(i_B-r)]+p_{1B}[-L(i_B-r)]\}$$
(式6.16)

V_{1B}对p_2和p_{1A}的偏导为0，即：

$$\frac{\partial^2 V_{1B}}{\partial p_2 \partial p_{1A}}=0$$

推导可得：

$$p_{1B}=\frac{L(1+r)}{C+L(1+r)}$$

进一步化简，得到：

$$p_{1B}=1-\frac{1}{1+\frac{L(1+r)}{C}}$$
(式6.17)

由式6.15和式6.17可知：第一，借款农户违约概率p_{1x}与贷款金额L，金融机构贷款利率r以及违约时所受到的民间惩戒C相关，与自身收益率i_x，金融机构贷款意愿p_2以及违约后金融机构对其的惩罚F不相关。第二，借款农户违约概率p_{1x}与贷款金额L正相关，即贷款金

额 L 越大，借款农户违约概率 p_{1x} 越高。这意味着借款本金越高，借款农户的还款压力越大，违约概率也随之上升。第三，借款农户违约概率 p_{1x} 与贷款利率 r 正相关，金融机构贷款利率越高，借款农户还款利息越多，还款压力升高，导致违约概率增加。第四，借款农户违约概率 p_{1x} 与违约时所受到的民间惩戒 C 负相关。借款农户违约时受到的民间惩罚越大越严厉，其越倾向于守约，违约概率随之减小。即小组联保模式越健全，对联保农户的约束力越强，其违约时受到的惩罚越严厉，借款农户违约概率也就越低。

（2）农信社的策略选择。从效用最大化的考虑，农信社需从发放贷款和拒绝贷款两大策略中以效用最大化为原则做出抉择。假设发放贷款的预期效用为 V_{21}，拒绝贷款的预期效用为 V_{22}，则：

$$V_{21} = P_{1B}(1 - P_{1A})2Lr + (1 - P_{1B})2Lr - P_{1B}P_{1A}2Lr \quad \text{（式 6.18）}$$

$$V_{22} = -2L(1 + r) \quad \text{（式 6.19）}$$

从效用最大化的理性角度抉择，农信社只有在 $V_{21} > V_{22}$ 时才会选择对借款农户发放贷款。由于 $V_{22} = -2L(1 + r) < 0$，为简化模型，这里不考虑其他投资收益，因此农信社发放贷款的前提为 $V_{21} > 0$。

由式 6.18 和 $V_{21} > 0$ 共同推导，可得：

$$P_{1A}P_{1B} < \frac{1}{2} \quad \text{（式 6.20）}$$

由式 6.20 可知，在两户联保的模型条件下，农信社只有在两位借款农户同时失信的概率小于 1/2 时，才会选择发放贷款。

3. 模型的推广与结论

将"两户联保"模型推广到"多户联保"，以此来检验小组联保模式对降低金融机构信用风险的作用。假设有 n 户农户参加小组联保，每户申请的贷款额度为 L，总额度为 nL。若 n 户中有 q 户违约，$n - q$ 户守约还贷，农户 x 需要做出策略选择。若其违约，将受到 $n - q$ 户守约农户的惩罚，惩罚力度为 $(n - q)C$。根据"两户联保"模型假设条件进行推导，可得：

$$p_{1x} = 1 - \frac{1}{1 + \frac{L(1 + r)}{(n - q)C}} \quad \text{（式 6.21）}$$

由式 6.21 可得结论 3：在多户联保的小组联保模式下，借款农户

的违约概率 p_{1x} 与贷款金额 L 正相关,与金融机构贷款利率 r 正相关,与联保户数 n 负相关,与违约时所受到的民间惩戒 C 负相关。因此,金融机构需要根据农户的实际借款需求合理规划借款规模和贷款利率,约束贷款小组行为,加大其内部约束与惩罚力度。在这些措施保障下,小组联保模式能够降低金融机构的贷款风险,从而提高其贷款意愿。

6.1.4 政府干预与传统农村金融机构支农的博弈分析

从本书第四部分调研分析中不难看出,在特定时期内,农村金融机构小额信贷供给和农业保险供给与保障需要政府干预。然而部分学者认为我国政府存在一定程度的过分干预。由于部门利益冲突,政府存在强制供给(刘仁和等,2013)①,这导致农村信用社内部治理结构薄弱,外部道德风险严重,影响其可持续发展能力(张雪春,2006)②。此外,政府的过分干预也使农信社偏离了服务初衷,不再以服务"三农"为使命,呈现出资金流向和经营机构的非农化问题(盛勇炜,2001)③。那么,政府应在哪一时期以何种方式对金融机构做出多大程度的干预?这一问题仅依赖实证分析无法得出明确结论,必须对其进行机制研究。本小节通过构建博弈模型,对政府干预作用于金融机构服务农户的行为进行机制分析。

6.1.4.1 变量解释与模型构建

首先导入博弈模型中的变量,如表 6-3 所示。

其次,设定假设条件:

假设 1:农村金融机构都是风险中性的,它们既吸收存款也发放贷款,它们是理性主体,追求效益最大化。其贷款包括两种类型,一种是投放到农村地区用于农业生产的农业贷款,其特点是风险大,成本高,收益低;另一种是投放到城市地区用于商业发展的商业贷款,其特点是信息获得成本较低,收益较高。

---

① 刘仁和、柳松、米运升、傅波:《农村金融改革与发展高层论坛综述》,《农业经济问题》2013 年第 9 期。
② 张雪春:《政府定位与农村信用社改革》,《金融研究》2006 年第 6 期。
③ 盛勇炜:《城市性还是农村性:农村信用社的运行特征和改革的理性选择》,《金融研究》2001 年第 5 期。

表 6-3　　　　　　　　　　博弈变量解释

变量	变量解释
农村金融机构	这里主要指传统农村金融机构，即农村信用社、农村商业银行、农村合作银行、邮政储蓄银行和农业银行等具有国有或集体性质的金融机构
政府干预	政府干预行为包括：第一，政府巨额专项资金投入；第二，政府对其经营管理进行宏观干预指导；第三，政府从金融机构经营中受益，这一获益并非利润分配，而是从农村经济和社会发展中获得内在收益；第四，政府承担农村金融机构经营失败风险，为其提供隐形经营担保
农村金融发展水平	包括金融机构规模的扩张、金融机构结构的优化、金融服务和金融产品的创新、金融机构经营效率的提高等
宏观金融结构	主要指二元金融结构程度，即农村金融和城市金融的差距，其受到二元经济水平和社会整体经济发展水平影响

假设 2：农村金融机构发放的所有贷款都需要付出监督成本，监督成本 $C_x(x=1,2$。1 代表农业贷款，2 代表商业贷款) 是项目期望收益率 $r_x(x=1,2$。1 代表农业贷款，2 代表商业贷款)、金融发展水平 L 和二元金融结构程度 D 的函数，若农村金融机构实现服务和产品创新化、经营规模化、组织机构和效率优化，则监督成本 C 降低，反之，则升高。

假设 3：农户为农业贷款的融资者，城镇企业家为商业贷款的融资者，两种的自有资本均为 K_1，为运行农业生产和商业项目，农户和城镇企业家都必须向金融机构融资 K_2。农村金融机构考虑自身效益最大化原则进行投资项目决策。

假设 4：农业项目的期望收益率对借贷双方都为 r_1，商业项目的期望收益率对借贷双方均为 r_2，设 $r_2 > r_1$。

假设 5：金融机构对农业贷款的监督成本为 C_1，对商业项目的监督成本为 C_2，设 $C_1 > C_2$。

假设 6：借款者违约的概率均为 p，为金融生态环境 E 的函数，金融生态环境 E 越完善，意味着法律环境优良、信用体系和监管体系健全，借款者失信的概率 $p(E)$ 越低，反之亦然。

6.1.4.2　博弈模型构建与理论阐释

1. 模型 1：政府干预必要性的理论解释

如果政府不拥有金融机构的股权，也不干预其经营活动，金融机构具有全部的自主经营权利。金融机构向借款者放贷时，由于存在信息不对称以及可能的道德风险问题，为了收回贷款本金和利息，金融机构必须对借款者行为进行监督，监督成本为 C，是项目期望收益率 r_x、金融发展水平 L 和二元金融结构程度 D 的函数，且 $C_x(r_x, L, D) > 0$。设 $\frac{\partial C}{\partial r_x} > 0$，即项目期望收益率 r_x 越高，监督成本也就越高；$\frac{\partial C_x}{\partial L} < 0$，对于任一投资项目期望收益率 r_x 和相应的二元金融结构程度 D，金融发展水平 L 越高，需要付出的监督成本越低，当 $L \to +\infty$ 时，$\lim C_x = 0$。这说明随着金融机构规模的扩张、结构的优化、服务和产品的创新、经营效率的提高，信息不对称性会降低，所需花费的监督成本必然会随之减少；$\frac{\partial C_x}{\partial D} > 0$，对于任一投资项目期望收益率 r_x 和相应的金融发展水平 L，二元金融结构越显著，所需花费的监督成本越高，原因在于，二元金融结构的存在，使金融机构更倾向于将资金流动到较为发达的城市地区，这反过来又进一步加深了农村和城市间的金融差距，形成恶性循环，最终导致农村金融被忽视，监督成本不断攀升。

当贷款方失信时，金融机构的期望收益为 $-K_2(1+r_x) - C_x(r_x, L, D)$，农户或企业家的期望收益为 $r_x K_1 + (1+r_x) K_2$；当贷款方守信时，金融机构的期望收益为 $r_x K_2 - C_x(r_x, L, D)$，农户或企业家的期望收益为 $r_x K_1$。

综上所述，得到政府不干预时的博弈双方支付矩阵（设农业贷款为 A 项目，商业贷款为 B 项目）（见表 6-4）。

表 6-4　　　　　　　　政府不干预时借贷双方博弈矩阵

		贷款者	
		贷款者失信 $p(E)$	贷款者守信 $1-p(E)$
机构	A 项目	$-K_2(1+r_1) - C_1(r_1, L, D)$, $r_1 K_1 + (1+r_1) K_2$	$r_1 K_2 - C_1(r_1, L, D)$, $r_1 K_1$
	B 项目	$-K_2(1+r_2) - C_2(r_2, L, D)$, $r_2 K_1 + (1+r_2) K_2$	$r_2 K_2 - C_2(r_2, L, D)$, $r_2 K_1$

从表 6-4 中可以看出，贷款者失信时的期望收益为 $r_x K_1 + (1+r_x)$

K_2,守信时的期望收益为 $r_x K_1$,由于 $(1+r_x)K_2 > 0$,因此 $r_x K_1 + (1+r_x)K_2 > r_x K_1$,即在市场经济环境中,贷款者的最优理性选择为失信。预期到贷款者一定会发生道德风险,失信逃废债务,金融机构也会做出收益最优化的理性选择。推导得到金融机构投资项目Ⅰ(农业贷款)的期望收益为:

$$p(E)[-K_2(1+r_1) - C_1(r_1, L, D)] + [1-p(E)][r_1 K_2 - C_1(r_1, L, D)] = r_1 K_2 - p(E)K_2(1+2r_1) - C_1(r_1, L, D) \quad (\text{式}6.22)$$

投资项目Ⅱ(商业贷款)的期望收益为:

$$p(E)[-K_2(1+r_2) - C_2(r_2, L, D)] + [1-p(E)][r_2 K_2 - C_2(r_2, L, D)] = r_2 K_2 - p(E)K_2(1+2r_2) - C_2(r_2, L, D) \quad (\text{式}6.23)$$

由假设4和假设5可知,$r_2 > r_1$,$C_1 > C_2$,因此:

$$r_2 K_2 - p(E)K_2(1+2r_2) - C_2(r_2, L, D) > r_1 K_2 - p(E)K_2(1+2r_1) - C_1(r_1, L, D)$$

金融机构的理性选择为投资收益大的项目,此时:

$$p(E) < \frac{K_2(r_2 - r_1) + (C_1 - C_2)}{2K_2(r_2 - r_1)} = \frac{1}{2} + \frac{C_1 - C_2}{2K_2(r_2 - r_1)} \quad (\text{式}6.24)$$

只有在期望收益值大于零时,金融机构才会做出投资决定,因此假设式6.22和式6.23均大于零,又因为投资项目Ⅱ的期望收益值大于投资项目Ⅰ,可得:

$$p(E) < \frac{r_2 K_2 - C_2(r_2, L, D)}{K_2(1+2r_2)} \quad (\text{式}6.25)$$

由式6.25可以看出,贷款者是否发生道德风险,受到贷款额度、贷款收益率、金融发展水平、农村金融生态环境和二元金融结构程度的影响。当金融发展水平低下、二元金融结构严重时,$p(E)[-K_2(1+r_2) - C_2(r_2, L, D)] + [1-p(E)][r_2 K_2 - C_2(r_2, L, D)] \leq 0$,此时,即使投资项目Ⅱ,金融机构也无利可图,投资行为不可能发生,此时贷款者道德风险概率将升高为:

$$p(E) \geq \frac{r_2 K_2 - C_2(r_2, L, D)}{K_2(1+2r_2)} \quad (\text{式}6.26)$$

随着金融发展水平 L 的逐步提升和二元金融结构程度 D 的不断减弱,金融机构的监督

成本 C 将不断降低,并最终趋向于 0,即 $\lim C_x(r_x, L, D) = 0$,则 $\dfrac{r_2 K_2 - C_2(r_2, L, D)}{K_2(1 + 2r_2)} = \dfrac{r_2}{1 + 2r_2}$,若 $p(E) < \dfrac{r_2}{1 + 2r_2}$,则金融机构会投资于项目 Ⅱ;但若农村生态环境不佳,使 $p(E) \geq \dfrac{r_2}{1 + 2r_2}$,则金融机构不会做出投资决策。

推论 1:当农村金融机构以追求利益最大化为唯一目标时,若金融发展水平滞后,农村金融生态环境不佳甚至恶劣,二元金融结构程度严重时,农村金融机构不会做出任何投资决策;随着金融发展水平的提升和农村生态环境好转,二元金融结构问题得以缓解,然而出于追求利益的理性思维,农村金融机构仍不会将资金投向涉农领域。故若此时,政府对金融机构的投资行为不加干预,农村金融机构将不断减少在农村地区的营业网点并不断收缩涉农贷款,最终导致农村资金流向城镇,进一步加剧二元金融结构,恶化农村金融生态环境,由此形成恶性循环。因此,在早期,为引导资金流向,政府对农村金融市场的有效干预行为是必要的。

2. 模型 2:政府干预下借贷双方单次博弈的理论阐释

政府对金融机构放贷行为进行干预的情况下,根据上述前提条件,政府将投入专项涉农贷款资金支持,对金融机构的经营管理进行宏观指导,并承担农村金融机构经营失败风险,为其提供隐形经营担保。由于政府成为投资风险的最终承担者,农村金融机构的经营风险得以转移,其失去了对资金使用领域进行严格监督的动力,对涉农资金使用的合理性和投资的风险性关注降低。在单次博弈时,农户在政府干预前提下将得到贷款支持,同时能够享受财政补贴和利率优惠,但是为了获取超额利润,其也会产生违约动机,产生道德风险。若农户发生违约行为,其可以获取的额外收益 R 是政府干预强度 g 的函数,记为 $R(g)$,且 $R(g) \geq 0$。政府对农村金融机构的干预越强,$R(g)$ 越大,农户发生违约时获得的额外收益越高。对于金融机构而言,政府成为农业投资风险的最终承担者,因此无论农户是否发生道德风险,其农业贷款的预期收益均为 $r_1 K_1$;此时,金融机构商业贷款的收益未发生变化,若贷款者守信,金融机构的期望收益为 $-K_2(1 + r_2) - C_2(r_2, L, D)$,若失信,则

期望收益为 $r_2K_2 - C_2(r_2, L, D)$。政府干预时借贷双方的单次博弈矩阵如表6-5所示。

表6-5　　　　　　　政府干预时借贷双方的单次博弈矩阵

		贷款者	
		贷款者失信 $p(E)$	贷款者守信 $1-p(E)$
机构	A项目	$r_1K_2, r_1K_1 + (1+r_1)K_2 + R(g)$	$r_1K_2, r_1K_1 + R(g)$
	B项目	$-K_2(1+r_2) - C_2(r_2, L, D), r_2K_1 + (1+r_2)K_2$	$r_2K_2 - C_2(r_2, L, D), r_2K_1$

由表6-5可知，若金融机构贷款给农户，农户守信时可以得到 $r_1K_1 + R(g)$ 个单位的期望收益，该收益显然低于其失信时的期望收益 $r_1K_1 + (1+r_1)K_2 + R(g)$，因为 $(1+r_1)K_1 > 0$，可得 $r_1K_1 + (1+r_1)K_2 + R(g) > r_1K_1 + R(g)$；若金融机构贷款给企业家，贷款者若违约将获得 $r_2K_1 + (1+r_2)K_2$ 个单位的期望收益，而守约时的收益仅为 r_2K_1，由 $(1+r_2)K_2 > 0$ 可得，企业家选择失信时的收益显著大于守信时，即 $r_2K_1 + (1+r_2)K_2 > r_2K_1$。因此，作为理性人，农户和企业家都会选择违约，道德风险显现。

作为博弈的另一方，金融机构也会从自身利润最大化出发做出放贷决策。由于金融机构贷款给农户的期望收益恒等于 r_1K_2，且 $r_1K_2 > 0$，因此，当投资商业项目的期望收益大于投资农业项目时，即 $p(E)[-K_2(1+r_2) - C_2(r_2, L, D)] + [1-p(E)][r_2K_2 - C_2(r_2, L, D)] > r_1K_2$ 时，金融机构会发放贷款给商业项目，此时贷款者发生道德风险的概率符合 $p(E) < \dfrac{r_2K_2 - C_2(r_2, L, D) - r_1K_2}{K_2(1+2r_2)}$。当投资给商业项目的期望收益小于投资给农业项目，即 $p(E)[-K_2(1+r_2) - C_2(r_2, L, D)] + [1-p(E)][r_2K_2 - C_2(r_2, L, D)] < r_1K_2$ 时，金融机构会通过农业贷款，此时贷款者的失信风险为：$p(E) > \dfrac{r_2K_2 - C_2(r_2, L, D) - r_1K_2}{K_2(1+2r_2)}$。

模型2与模型1的不同之处在于，模型1中政府未对金融机构的借贷行为进行干预，因此当 $p(E) \geq \dfrac{r_2 K_2 - C_2(r_2, L, D)}{K_2(1+2r_2)}$ 或 $p(E) \geq \dfrac{r_2}{1+2r_2}$ 时，投资机构不会做出投资决策；而模型 2 中，由于政府的干预措施，使金融机构对农业贷款的投资期望收益恒等于 $r_1 K_2$，且 $r_1 K_2 > 0$，因此，金融机构一定会做出投资决定，它此时所需做的是在农业贷款和商业贷款中进行利益最大化抉择。

根据式 6.25 可知，政府不干预时，贷款者失信概率 $p(E) < \dfrac{r_2 K_2 - C_2(r_2, L, D)}{K_2(1+2r_2)}$ 时，金融机构投资给 B 项目；而政府干预时，只有在贷款者失信概率 $p(E) < \dfrac{r_2 K_2 - C_2(r_2, L, D) - r_1 K_2}{K_2(1+2r_2)}$ 时，金融机构才会把贷款发放给 B 项目，对于任何金融发展水平和二元金融结构程度而言，均有：

$$\dfrac{r_2 K_2 - C_2(r_2, L, D) - r_1 K_2}{K_2(1+2r_2)} < \dfrac{r_2 K_2 - C_2(r_2, L, D)}{K_2(1+2r_2)} \quad （式6.27）$$

说明，在政府干预的前提下，金融机构放款给商业项目需要更高的农村金融生态环境。因此，当农村金融生态环境不佳时，金融机构的理性选择是贷款给农业项目。此时政府的干预措施，将增加农业资金供给，缩小城乡间金融服务差距，最终促进农村经济和社会的发展。然而当金融发展水平升高、二元金融结构减缓、农村金融环境好转时，政府的干预措施对金融机构投资农业的影响不大。

推论 2：在早期农村金融市场发育不完善、金融市场环境恶劣时，政府干预对引导金融机构投资方向有效；当农村金融市场逐渐发育健全，农村金融市场环境优化时，政府干预对引导投资方向的作用不大。

3. 模型 3：政府干预下借贷双方重复博弈的理论阐释

模型 2 阐述的是政府干预下借贷双方的单次博弈，而在现实社会中，借贷双方常常会进行重复博弈。长期博弈中，随着农村金融生态环境的改善，农户信用体系建立健全，若贷款方发生道德风险，将会被记入信用记录，形成不良信用，加大其未来贷款被拒概率，因此，在重复博弈理性思维前提下，贷款者需要对违约时的当期收益和守约时的未来长期收益进行权衡，只有在当期违约收益大于未来各期守约收益的现值总和时，贷款方才会发生道德风险，选择违约。为了计算未来各期预期收益之和，需要引入贴现因子 δ，$\delta < 1$，δ 反映的是贷款者的守信意识，δ 值越大守信意识越强，说明贷款者越重视未来收益（张维迎，2014）[①]。δ 是农村金融环境 E 的函数，农村金融环境越好，信用体系越健全，贷款者进行长期重复博弈的概率越大，记为 $\delta(E)$，$\dfrac{d\delta}{dE} > 0$，当 $E \rightarrow +\infty$ 时，$\lim \delta(E) = 1$，$\delta(E) \in [0, 1)$。

农户守约进行重复博弈的前提条件为：

$r_1 K_1 + (1 + r_1) K_2 + R(g) < \delta(E)[r_1 K_1 + R(g)] + \delta(E)^2 [r_1 K_1 + R(g)] + \delta(E)^3 [r_1 K_1 + R(g)] + \cdots$

推导可得：

$$\delta(E) > \dfrac{(1 + r_1) K_2}{r_1 K_1 + (1 + r_1) K_2 + R(g)} \quad \text{（式6.28）}$$

从式 6.28 中可以看出，贴现因子 $\delta(E)$ 受到政府干预度 $R(g)$ 的影响，$R(g)$ 越大，贴现因子 $\delta(E)$ 越小，说明在金融生态环境既定的情况下，政府干预程度越强，农户守约意识越弱，农户越倾向于发生道德风险。因此长期重复博弈中，政府的干预行为，会提升农户道德风险概率，增加金融机构的不良贷款，这些不良贷款最终将由政府承担。

对于商业贷款者而言，其重复博弈的前提为：

$r_2 K_1 + (1 + r_2) K_2 < \delta(E) r_2 K_1 + \delta^2(E) r_2 K_1 + \delta^3(E) r_2 K_1 + \cdots$

推导可得：

$$\delta(E) > \dfrac{(1 + r_2) K_2}{r_2 K_1 + (1 + r_2) K_2} \quad \text{（式6.29）}$$

从式 6.29 中不难发现，商业贷款者的贴现因子主要是受到农村金融生态环境 E 的影响。综合考虑模型 2 中推导所得的式 6.27 和推论 2 可知，当农村金融环境完善时，金融机构会倾向于投资给期望收益值更大的商业贷款者。同时，农村金融环境的完善会增加商业贷款者道德风险的机会成本，促使其保持诚信，最终增加其长期重复博弈的概率。

推论 3：政府长期干预下，特别是在农村金融环境完善时的干预，

[①] 张维迎：《博弈与社会》，北京大学出版社 2014 年版。

易诱导农户产生道德风险，形成金融机构大量不良贷款，并最终由政府承担。同时，随着金融水平的发展和金融生态环境的改善，金融机构出于理性思维，会将贷款发放给收益率更高的商业贷款者，从而引发农村资金流向城市，进一步加剧二元金融结构程度。

4. 政府干预对金融机构支农抉择的作用机制阐释

通过三个博弈模型推导，可以发现政府干预行为对早期的农村金融市场发展具有一定的作用，但随着金融水平的提升和金融生态环境的改善，政府干预会引发"诺斯悖论"，政府的干预效果将逐渐减弱，甚至诱导农户产生道德风险，不利于资源的优化配置[①]。政府干预对金融机构支农决策的作用机制，即结论4如下：

第一，政府干预对于发育不健全的早期农村金融市场而言是必要的。当农村金融机构以追求利益最大化为唯一目标时，若金融发展水平滞后，农村和城市的金融生态环境均不佳甚至恶劣时，农村金融机构不会做出任何投资决策；随着金融发展水平的提升，农村和城市生态环境好转，但农村金融发展滞后于城市时，出于追求利益的理性思维，农村金融机构会将资金投向城市地区。故而若此时，政府对金融机构的投资行为不加干预，农村金融机构将不断减少在农村地区的营业网点并不断收缩涉农贷款，最终导致农村资金流向城镇，进一步加剧二元金融结构，恶化农村金融生态环境，由此形成恶性循环。因此，在早期，为引导资金流向，政府对农村金融市场的有效干预行为是必要的。

第二，在早期农村金融市场，政府干预对引导金融机构投资方向有效；当农村金融市场逐渐发育健全，农村金融市场环境优化时，政府干预对引导投资方向的作用不大。

第三，长期的政府干预，特别是在农村金融环境完善时的干预，易诱导农户产生道德风险，形成金融机构大量不良贷款，并最终由政府承担。此外，金融机构更乐于将贷款发放给收益率更高的商业贷款者，农村资金流向城市，进一步加剧二元金融结构形势。

---

① 武丽娟、徐璋勇、靳共元：《政府干预与机构支农行为——理论分析与中国农村金融市场的经验证据》，《预测》2015年第5期。

6.2 新型农村金融机构服务农村普惠金融的运行机制分析

2006年底,我国政府在多次对传统农村金融机构进行"存量改革"未达到理想成效的背景下,转变改革方向,通过调整放宽农村金融机构(银行业)准入政策,尝试以"增量改革"的方式探索农村金融发展之路。相关政策出台后,我国新型农村金融机构迅猛发展。

改革开放以来,我国进行过多次农村金融改革,然而始终对促进农村经济发展的效果不理想,原因之一是缺乏合适的金融机构。农村金融改革成功的关键在于,应该建立多元化的农村金融机构,并促进机构间的合理竞争(林毅夫,2003;王芳,2005)[①]。新型农村金融机构发展对我国农村地区的社会、经济发展具有重要作用(周立,2005;何广文,2007;马九杰,沈杰,2010;张兵等,2013;高晓光,2015)[②]。新型农村金融机构具有小型化、地域性强等特点,降低了农村地区的信息不对称性,通过创新金融服务、缩减贷款手续等方式更好地为农村市场提供金融服务,增加农村地区的金融供给量(马九杰,沈杰,2010)[③]。

银监会统计显示,截至2015年底,我国新型农村金融机构共组建1373家,虽然与2007年底的31家相比有了数量上的快速提升,但相

[①] 林毅夫:《"三农"问题与我国农村的未来发展》,《求知》2003年第3期。
王芳:《我国农村金融需求与农村金融制度:一个理论框架》,《金融研究》2005年第4期。

[②] 周立:《农村金融供求失衡与政策调整:广东东莞、惠州、梅州调查》,《农业经济问题》2005年第7期。
何广文:《农村社区发展基金的运作机制及其绩效诠释》,《经济与管理研究》2007年第1期。
马九杰、沈杰:《中国农村金融排斥态势与金融普惠策略分析》,《农村金融研究》2010年第5期。
张兵、张宁、李丹:《农村非正规金融市场需求主体分析:兼论新型农村金融机构的市场定位》,《南京农业大学学报(社会科学版)》2013年第2期。
高晓光:《新型农村金融机构可持续发展研究》,《当代经济研究》2015年第2期。

[③] 马九杰、沈杰:《中国农村金融排斥态势与金融普惠策略分析》,《农村金融研究》2010年第5期。

较于我国32975个乡镇的基数来说，平均每百个乡镇只有4.16家新型农村金融机构提供服务。山东省虽然新型农村金融机构发展较快，但也存在平均到乡镇数量不足的问题，究其原因在于部分地区仍存在新型农村金融机构进入壁垒问题（杜鹃，王利军，2008）①。此外，部分新型农村金融机构出于利益最大化和可持续性考虑，将其业务重点转至城镇等较为发达的地区，偏离了其服务"三农"的初衷。对此，本节首先采用斯坦科尔伯格模型对新型农村金融机构进入农村金融市场问题进行博弈分析；其次采用演化博弈理论剖析新型农村金融机构的发展路径问题。

6.2.1 新型农村金融机构的市场进入博弈

从银监会统计数据可以看出，虽然我国从2006年12月起放宽了银行业金融机构的市场准入政策，然而，某些非资产性的门槛仍对农村金融机构的进入造成阻碍，如要求村镇银行的主要发起人、最大股东必须为符合条件的银行业金融机构。此外，作为新进入者，新型农村金融机构的进入势必会对传统农村金融机构（市场中居垄断地位）的既得利益造成一定的威胁，因此，为了维护自身利益，传统农村金融机构会利用在位者优势设置市场进入壁垒阻碍新型农村金融机构的进入。本节将对新型农村金融机构进入壁垒进行博弈分析。

1. 基本假设

假设1：农村金融市场存在两个竞争主体——传统农村金融机构和新型农村金融机构。传统农村金融机构作为先进入者，为维护既得利益，其势必会设置市场进入的经济性壁垒。

假设2：传统农村金融机构的成本函数为$C_1(q)$，新型农村金融机构的成本函数为$C_2(q)$。

假设3：为克服农村金融市场进入的经济性壁垒，新型农村金融机构需要支付相应的成本，设成本为ω，ω包括设立新型金融机构的最低资本要求以及未来经营过程中为实现规模经济所需付出的最低成本。

---

① 杜鹃、王利军：《新型农村金融机构法律问题研究》，《中共石家庄市委党校学报》2008年第8期。

假设4：农村金融市场的需求函数为：

$P(q) = 1 - q$

农村金融市场中金融服务的总供给为：

$q = q_1 + q_2$

贷款农户的需求剩余为：

$$S(q) = V(q) - q \times P(q), V(q) = \int_0^q P(\alpha)d\alpha$$

其中，q_1 是传统农村金融机构提供的金融服务的数量，q_2 是新型农村金融机构在农村金融市场上提供的金融服务的数量，$V(q)$ 代表贷款农户获得的效用。

假设5：目标利润函数为 $\pi(q_1, q_2)$，其中传统农村金融机构的利润为 $\pi_1(q_1, q_2)$，新型农村金融机构的利润为 $\pi_2(q_1, q_2)$。

2. 传统农村金融机构与新型农村金融机构参与的进入博弈

根据上述假设，构建斯坦科尔伯格（Stackelberg）模型。开放的农村金融市场中，博弈双方具有完全信息，新型农村金融机构作为潜在进入者可以观察到传统农村金融机构在农村金融市场上的资金供给为 q_1，于是其资金供给为 $q_2(q_1)$ 单位。由于传统农村金融机构设置了市场进入的经济性壁垒，新型农村金融机构需要多支付 ω 个单位的市场进入成本。使用逆序求导求解精炼纳什均衡，则新型农村金融机构期望的目标利润函数为：

$$\max_{q_2 \geq 0} \pi_2(q_1, q_2) = (1 - q_1 - q_2)q_2 - \omega \qquad (式6.30)$$

对式6.30求关于 q_2 的一阶导，可得：

$$q_2^*(q_1) = \frac{1 - q_1}{2} \qquad (式6.31)$$

$$\pi_2^*(q_1, q_2) = \frac{(1 - q_1)^2}{4} - \omega \qquad (式6.32)$$

考虑到传统农村金融机构预测到新型农村金融机构将根据 $q_2^*(q_1)$ 选择 q_2，则传统农村金融机构的期望目标利润函数为：

$$\max_{q_1 \geq 0} \pi_1(q_1, q_2) = (1 - q_1 - q_2)q_1 \qquad (式6.33)$$

将式6.31代入传统农村金融机构的期望目标利润函数（式6.33），可得：

$$\pi_1^*(q_1, q_2^*(q_1)) = \frac{(1-q_1)q_1}{2} \qquad (式6.34)$$

假定 $\omega = 0$（现实情况中不存在），即新型农村金融机构零进入成本时，其一定会进入农村金融市场。对式6.34求关于 q_1 的一阶导，得到斯坦科尔伯格博弈结果：

$$q_1^* = \frac{1}{2}, \ q_2^* = \frac{1}{4}, \ \pi_1^* = \frac{1}{8}, \ \pi_2^* = \frac{1}{16}$$

然而现实生活中，新型农村金融机构进入农村金融市场的成本 $\omega > 0$，此时的斯坦科尔伯格博弈结果为：

$$q_1^* = \frac{1}{2}, \ q_2^* = \frac{1}{4}, \ \pi_1^* = \frac{1}{8}, \ \pi_2^* = \frac{1}{16} - \omega$$

因此，在 $\omega > 0$ 情况下，只有 $\pi_2^* = \frac{1}{16} - \omega > 0$ 时，即 $\omega < \frac{1}{16}$ 时，新型农村金融机构才能获得盈利，也才会进入农村金融市场。

此时，既得利益者（传统农村金融机构）考虑到新型农村金融机构的市场进入威胁时，将调整对农村市场的资金供给（追加资金投放），从而使得新型农村金融机构的利润为负值，阻碍新型农村金融机构的进入。此时：

$$\pi_2^*(\bar{q}_1, q_2) = \frac{(1-\bar{q}_1)^2}{4} - \omega \leq 0, \ 即 q_1 \geq \bar{q}_1 = 1 - 2\sqrt{\omega}$$

这里 $\bar{q}_1$ 是传统农村金融机构建立经济性壁垒的最低资金投入量。将 $\bar{q}_1 = 1 - 2\sqrt{\omega}$ 代入式6.34可得出传统农村金融机构的利润为：

$$\bar{\pi}_1 = \bar{q}_1(1-\bar{q}_1) = 2\sqrt{\omega}(1-2\sqrt{\omega}) \qquad (式6.35)$$

传统农村金融机构是否追加资金供给阻碍新型农村金融机构的进入，完全取决于 ω，即设置经济性壁垒的成本，当且仅当阻碍新型农村金融机构所得利润大于斯坦科尔伯格博弈中资金投入量下获取的利润时，传统农村金融机构才会选择增加资金供给阻碍新型农村金融机构进入农村金融市场。

令 $\bar{\pi}_1 = \bar{q}_1(1-\bar{q}_1) = 2\sqrt{\omega}(1-2\sqrt{\omega}) = \frac{1}{8}$，可求得：

$$\sqrt{\omega_1} = \frac{(2-\sqrt{2})}{8}, \ \sqrt{\omega_2} = \frac{(2+\sqrt{2})}{8}$$

综上分析，当 $\omega>0$ 时，新型农村金融机构是否进入农村市场共有三种情况：

情况1：当固定成本 $\omega>\frac{1}{16}$ 时，新型农村金融机构进入农村金融市场的利润为负值，其不会进入市场；传统农村金融机构不会追加市场资金投入，它将选择利润最优时的资金供给量，即 $K_2^*=\frac{1}{2}$，获取最大利润 1/4。

情况2：当固定成本 $\omega\in(\omega_1,1/16)$ 时，$q_1<\bar{q}_1$，即 $\bar{\pi}_1=\bar{q}_1(1-\bar{q}_1)=2\sqrt{\omega}(1-2\sqrt{\omega})=\frac{1}{8}$，传统农村金融机构阻碍新型农村金融机构进入市场所得利润将大于斯坦科尔伯格博弈中资金投入时的利润，传统农村金融机构会增加 $\bar{q}_1=1-2\sqrt{\omega}$ 的资金投入，从而阻碍新型农村金融机构进入农村金融市场。

情形3：当固定成本 $\omega\in(0,\omega_1)$ 时，传统农村金融机构阻碍新型农村金融机构所得利润低于斯坦科尔伯格博弈中资金投入时的利润（1/8），此时，传统农村金融机构不会阻碍新型农村金融机构的进入。

推导可得，决定新型农村金融机构能否进入农村金融市场的条件为：潜在的进入者（新型农村金融机构）克服既得利益者（传统农村金融机构）所设置障碍的成本 ω，传统农村金融机构所设置的进入成本 ω 越高，新型农村金融机构越难进入农村金融市场。因此，阻碍新型农村金融机构进入市场的最优策略为设置较高的市场准入壁垒。

3. 政府、传统与新型金融机构参与的市场准入博弈

农村金融对农村经济社会发展具有重要作用。地方政府为实现当地农村社会福利最优化的目标，鼓励新型农村金融机构进入农村市场。由于农村金融市场存在较大的政策性因素，所以新型农村金融机构的进入并非单纯的既得利益者和潜在进入者双方间的博弈，而是包含地方政府在内的三部门博弈行为[①]。

地方政府加入博弈后，考虑到农村金融机构会给当地的经济发展和

---

① 课题组：《博弈论视角下的小额贷款公司制度分析》，《西部金融》2012 年第 7 期。

社会稳定带来一定的红利，农村金融部门会得到一定的政策扶持，如财政补贴 $\mu_i(i=1,2;\mu_1\neq\mu_2)$。农村金融机构给地方社会和经济带来的红利为 $\varphi_i(i=1,2;\varphi_1\neq\varphi_2)$，此时传统农村金融机构和新型农村金融机构的利润预期都会发生变化。设 q_1^t 为新型农村金融机构进入前传统农村金融机构提供的资金量，则在新型农村金融机构进入农村金融市场前，传统农村金融机构的利润函数为：

$$\pi_1^t = (1+\mu_1^t)[P(q_1^t)\times q_1^t - C_1(q_1^t)]$$

进入后，传统农村金融机构的利润函数为：

$$\pi_1 = (1+\mu_1)[P(q_1)\times q_1 - C_1(q_1)]$$

此时，新型农村金融机构的利润函数为：

$$\pi_2 = \gamma(1+\mu_2)[P(q_2)\times q_2 - C_2(q_2)]\quad(\gamma\text{ 是新型农村金融机构的进入概率})$$

进入后，地方政府的社会福利函数为：

$$\max(V) = S(q) + \pi_1 + F + \varphi_1\times\pi_1 + \rho(1+\varphi_2)\pi_2\quad(\rho=0,1)$$

其中，F 为地方政府支持农村金融发展从中央政府处获得的财政补偿，$\rho=0$ 代表新型农村金融机构未进入农村市场，$\rho=1$ 代表新型农村金融机构进入农村市场。

新型农村金融机构未进入农村市场前，地方政府的社会福利函数为：

$$V = S(q_1^t) + \pi_1^t + F + \varphi_1\times\pi_1^t$$

新型农村金融机构进入后，地方政府的社会福利函数变为：

$$V^* = S(q_1+q_2) + \pi_1 + F + \varphi_1\times\pi_1 + \pi_2 + \varphi_2\times\pi_2$$

当且仅当 $V^* - V \geq 0$ 时，地方政府才会鼓励新型农村金融机构进入，即：

$$S(q_1+q_2) - S(q_1^t) + (\pi_1 - \pi_1^t) + (\varphi_1\pi_1 - \varphi_1^t\pi_1^t) + (1+\varphi_2)\pi_2 \geq 0$$

由于 $S(q_1+q_2) - S(q_1^t) > 0$，$(1+\varphi_2)\pi_2 > 0$，则 $V^* - V \geq 0$ 取决于新型农村金融机构对既得利益者（传统农村金融机构）的利润影响（$\pi_1 - \pi_1^t$）以及既得利益者对地方福利的影响变化（$\varphi_1\pi_1 - \varphi_1^t\pi_1^t$）。

进一步假设新型农村金融机构进入农村市场无任何约束，即 $C_1(q) = C_2(q)$，且其和传统农村金融机构提供的金融服务是具有可替代性的，则新型农村金融机构获得市场准入后，农村金融市场变为双寡头市场，利润分别为：$\pi_1 = \dfrac{\pi_1^t}{2}$，$\pi_2 = \dfrac{\pi_1^t}{2}$，此时 $V^* - V \geq 0$ 为：

$$S(q_1+q_2) - S(q_1^t) + \left(\dfrac{\pi_1^t}{2} - \pi_1^t\right) + \left(\varphi_1\dfrac{\pi_1^t}{2} - \varphi_1^t\pi_1^t\right) + (1+\varphi_2)\dfrac{\pi_1^t}{2} \geq 0$$

简化可得：

$$S(q_1+q_2) - S(q_1^t) + \dfrac{\pi_1^t}{2}(\varphi_1 - 2\varphi_1^t + \varphi_2) \geq 0 \qquad (式6.36)$$

由式 6.36 推导可得，由于 $S(q_1+q_2) - S(q_1^t) > 0$，因此只要 $(\varphi_1 - 2\varphi_1^t + \varphi_2) > 0$，即新、旧两种农村金融机构给地方社会经济带来的福利效用足够大，则 $V^* - V \geq 0$，此时新型农村金融机构进入农村金融市场能得到一半以上的市场份额。

将式 6.36 整理转化，可得：

$$S(q_1+q_2) - S(q_1^t) \geq \dfrac{\pi_1^t}{2}(2\varphi_1^t - \varphi_1 - \varphi_2) \qquad (式6.37)$$

由式 6.37 可以推论，若 $S(q_1+q_2) - S(q_1^t)$ 足够大，可以抵偿新型农村金融机构进入后传统金融机构的损失（既包括传统金融机构的利润损失，也包括地方政府的社会福利损失），则地方政府允许新型农村金融机构进入市场。

4. 市场进入博弈结论

结论1：新型农村金融机构是否进入农村金融市场的决定性因素为其进入市场所需支付的固定成本 ω，ω 的临界值为 1/16，即 $\omega > 1/16$ 时，潜在进入者（新型农村金融机构）不会进入农村金融市场，当 $\omega < 1/16$ 时，它会进入农村金融市场。

结论2：既得利益者（传统农村金融机构）所设置的进入成本 ω 越高，新型农村金融机构越难进入农村金融市场。因此为阻碍新型农村金融机构的进入，传统农村金融机构会增加资金供给量以压缩潜在进入者（新型农村金融机构）的利润。

结论3：决定地方政府是否鼓励新型农村金融机构进入农村地区的因素为新型农村金融机构进入农村市场后是否会增加当地的社会福利水平 V，能否提供更大的社会效用。

结论4：新型农村金融机构获得政府支持的选择有两种：一是进入

农村市场后能占据一半以上的农村金融市场份额；二是其增加的消费者剩余 $S(q_1+q_2)-S(q_1^t)$ 能够补充其进入后可能带来的既得利益者和当地初始社会福利的损失。

6.2.2 新型农村金融机构支农路径的演化博弈分析

6.2.2.1 模型假设

由于部分新型农村金融机构以追求财务可持续发展为目标，因此假设这些金融机构存在着两大群体 A 和 B，它们的发展目标为单纯追求财务目标或者财务 - 社会双目标兼顾发展，两群体个数均为 N，N 为充分大，并满足以下条件：（1）A 与 B 间的相互作用是随机的、有限理性的；（2）A 与 B 间信息不对称；（3）A 与 B 具有相同的发展策略，即单纯追求财务目标或者财务 - 社会双目标兼顾；（4）A 与 B 同时进行目标决策。基于此，构建演化博弈支付矩阵。

表 6 - 6　　　　新型农村金融机构 A 与 B 间博弈支付矩阵

B \ A	财务 - 社会目标（p）	财务目标（$1-p$）
财务 - 社会目标（p）	$(R+\Delta R-M,\ R+\Delta R-M)$	$(R+2\Delta R-M,\ R+S-2F)$
财务目标（$1-p$）	$(R+S-2F,\ R+2\Delta R-M)$	$(R+S-F,\ R+S-F)$

表 6 - 6 中，R 表示新型农村金融机构从现有客户处获得的收益；ΔR 表示新型农村金融机构致力于财务—社会双目标兼顾时所增加的收益，如社会捐赠的增加额以及政府增加的财政补贴；M 表示新型农村金融机构同时关注扶贫社会目标时的收益损失，包括小额贷款审核成本的上升（C_1）、发放小额贷款所增加的坏账损失（L_1）以及扶贫款项的机会成本（C_2），因此 M 可表示为 $M=f(C_1,\ L_1,\ C_2)$；S 表示新型农村金融机构将所有资金都用于较好的大额贷款项目时所增加的收益；F 表示新型农村金融机构因过分追求财务目标所受到的损失，如扶贫性质的社会捐款减少、金融机构扶贫社会美誉度的降低等。新型农村金融机构追求财务—社会目标兼顾的比例为 p，仅追求财务目标的比例为 $1-p$。若新型农村金融机构 A 和 B 均追求财务—社会双目标兼顾的发展路径，

双方将各自增加收益 ΔR，同时损失收益 M，最终收益为 $R + \Delta R - M$；若均只追求财务目标，则可能由于借贷给收益良好的项目而增加收益 S，社会捐赠、政府财政补贴减少，以及社会美誉度降低带来的损失为 F，收益为 $R + S - F$；若 A 公司选择双目标兼顾，而 B 公司只追求财务目标，A 公司会损失掉收益 M，但却由于社会绩效良好获得社会和政府加倍的奖励 $2\Delta R$，总收益为 $R + 2\Delta R - M$；B 公司追求财务目标将得到额外的收益 S，却可能因为未进行支农小额贷款造成政府补贴和社会支农美誉度下降的损失，损失成本为 $2F$，总收益为 $R + S - 2F$；反之亦然。

6.2.2.2 建立演化博弈模型

根据上述假设，财务—社会双目标兼顾的新型农村金融机构的期望收益 u_1 为：

$$u_1 = p(R + \Delta R - M) + (1-p)(R + 2\Delta R - M) = R + 2\Delta R - M - p\Delta R$$

（式6.38）

仅追求财务目标，不考虑社会支农目标的新型农村金融机构的期望收益 u_2 为：

$$u_2 = p(R + S - 2F) + (1-p)(R + S - F) = R + S - F - pF \quad (\text{式}6.39)$$

则新型农村金融机构群体的平均收益 u 为：

$$u = pu_1 + (1-p)u_2 \quad (\text{式}6.40)$$

故该演化博弈模型的复制动态方程为：

$$F(p) = dp/dt = p(u_1 - u) = p(1-p)(u_1 - u_2)$$
$$= p(1-p)[2\Delta R + F - M - S - p(\Delta R - F)] \quad (\text{式}6.41)$$

令 $F(p) = 0$，得到 $p^* = 0$，$p^* = 1$，$p^* = (2\Delta R + F - M - S)/(\Delta R - F)$，新型农村金融机构中兼顾财务和社会目标的比例是稳定的，但仍无法确定其是否为演化稳定策略，即 ESS，只有 $F(p)' < 0$ 时的均衡点才是 ESS。

$$F'(p) = (2\Delta R + F - M - S) - 2p(3\Delta R - M - S) + 3p^2(\Delta R - F)$$

（式6.42）

将上述 p^* 值代入方程式6.42，可得：

$$F'(0) = 2\Delta R + F - M - S$$

$$F'(1) = -(\Delta R + 2F - M - S)$$

$$F'[(2\Delta R+F-M-S)/(\Delta R-F)]=(2\Delta R+F-M-S)(\Delta R+2F-M-S)/(\Delta R-F)$$

此时，数值间的相互关系存在两种情况：

情况1：当 $2\Delta R+F-M-S>0$，$\Delta R-F>0$ 时，$\Delta R+2F-M-S<0$，则 $F'(0)>0$，$F'(1)>0$，$F'[(2\Delta R+F-M-S)/(\Delta R-F)]<0$，此时 $p^*=(2\Delta R+F-M-S)/(\Delta R-F)$ 是唯一的 ESS，形成"鹰鸽博弈"①（如图6-1所示）。在上述条件下，长期博弈的结果为，新型农村金融机构愿意兼顾财务与社会目标的概率最终会稳定在 $p^*=(2\Delta R+F-M-S)/(\Delta R-F)$ 水平上，新型农村金融机构平均收益达到最大。

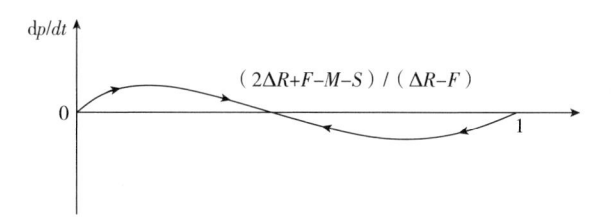

图6-1 鹰鸽博弈复制动态方程相位

情况2：当 $2\Delta R+F-M-S<0$，$\Delta R-F<0$ 时，$\Delta R+2F-M-S>0$。得到 $F'(0)<0$，$F'(1)<0$，$F'[(2\Delta R+F-M-S)/(\Delta R-F)]>0$，此时，存在 $p^*=0$ 和 $p^*=1$ 两个稳定均衡点，形成协调博弈②。即新型农村金融机构要么都只注重财务目标，要么全都财务可持续性与社会支农双重目标兼顾。若追求双重目标兼顾的初始概率 p 落在 $[0,(2\Delta R+F-M-S)/(\Delta R-F)]$，复制动态模型会趋向于 $p^*=0$，即所有的新型农村金融机构都只注重财务目标；若初始概率 p 落在 $[(2\Delta R+F-M-S)/(\Delta R-F),1]$，复制动态模型则趋向于 $p^*=1$，即所有的新型农村金融机构在发展的过程中都将兼顾财务可持续（财务目标）和信贷支农

---

① 鹰鸽博弈，是指一个群体内部竞争与冲突中的策略选择与均衡问题。"鹰派"代表"激进型"策略，"鸽派"代表"和平型"策略。MaynardSmith（1982）以"鹰鸽博弈"展开《演化博弈理论》的讨论，"鹰鸽博弈"成为生物学中研究演化博弈稳定的标准模型。
② 协调博弈，是指在博弈定义的收益空间中存在多重均衡，并强调信念与行为预期对博弈的影响。

(社会目标);当初始水平恰好落在$(2\Delta R+F-M-S)/(\Delta R-F)$点上时,各个新型农村金融机构将随机选择是否双目标兼顾,此时两种选择的期望收益一致(如图6-2所示)。

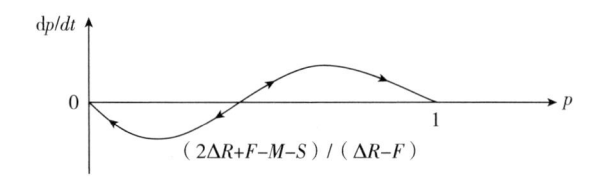

图6-2 协调博弈复制动态方程相位

表6-7　　　　　　　　　　模型均衡结果

条件	均衡点p^*	$F'(p^*)$数值	结果
鹰鸽博弈	$p^*=0$	$F'(0)>0$	不稳定点
	$p^*=1$	$F'(1)>0$	不稳定点
	$p^*=(2\Delta R+F-M-S)/(\Delta R-F)$	$F'[(2\Delta R+F-M-S)/(\Delta R-F)]<0$	ESS
协调博弈	$p^*=0$	$F'(0)<0$	ESS
	$p^*=1$	$F'(1)<0$	ESS
	$p^*=(2\Delta R+F-M-S)/(\Delta R-F)$	$F'[(2\Delta R+F-M-S)/(\Delta R-F)]>0$	不稳定点

6.2.2.3　模型分析

在"鹰鸽博弈"中,当演化均衡点$p^*=(2\Delta R+F-M-S)/(\Delta R-F)$趋近于1,即$(2\Delta R+F-M-S)/(\Delta R-F)\approx 1$时,新型农村金融机构发展路径为双目标兼顾,推导可得,政府部门需要降低新型农村金融机构进行社会扶贫的各项成本M,包括审核成本(C_1)、风险成本(L_1),以及机会成本(C_2);当新型农村金融机构片面追求财务可持续性时,降低对其的财政补贴力度F,并通过各项举措增加新型农村金融机构扶农支农信贷收益,缩小其与纯商业信贷的收益差距,从而降低将资本全部用于财务发展项目的额外收益S。

在"协调博弈"中,由于存在$p^*=0$和$p^*=1$两个演化均衡点,因此p的初始值决定了博弈的演化方向。为了促使小额贷款机构向$p^*=1$的均衡点演化,需要确保其初始p值落在$[(2\Delta R+F-M-S)/$

$(\Delta R - F)$，1]区间内，即 $p > (2\Delta R + F - M - S)/(\Delta R - F)$，故而也需要降低新型农村金融机构的成本 M，降低对其的财政补贴力度 F，并采取各种措施减少支农贷款与单纯追求财务单目标的收益差距，从而降低 S。

6.2.2.4 博弈分析结论

由上述分析可得以下结论。

结论1：单纯依靠新型农村金融机构的自主选择，无法达到其在实现财务可持续的同时兼顾社会扶贫目标，政府必须介入指导，通过制定各项引导和激励措施来促进新型农村金融机构向着双目标兼顾的路径演化。

结论2：通过多元化融资途径、优化组织模式、创新经营方式以及引入农业保险等方式，降低新型农村金融机构的社会扶贫成本，增加其社会扶贫意愿。

结论3：以创新服务方式和灵活的利率政策等手段，增加新型农村金融机构发放农村小额贷款的收益；政府相关部门应出台相应鼓励政策（并非行政干预），支持新型农村金融机构的社会扶贫性质贷款，缩小支农贷款和商业贷款间的收益差距，从而助力新型农村金融机构在达到社会目标的同时，实现自身的可持续发展。

6.3　新型与传统农村金融机构对接服务普惠金融的运行机制分析

新型与传统农村金融机构在服务对象、业务类型等方面具有重叠性，都为农户提供货币信用服务，通过在农村提供金融服务实现其社会价值目标，同时从利润获取中达到可持续经营目标。

新型与传统农村金融机构存在协作基础。新型农村金融机构在信息获取、业务流程、风险保障、运行模式和社会形象方面与传统农村金融机构存在差异性。新型农村金融机构具有信息和地域方面的比较优势，这降低了其借贷业务成本。传统农村金融机构在农村地区服务期限较长，具有丰富的服务"三农"经验，此外，其在农村地区的信用度和知名度也较高。因此新型与传统农村金融机构可以通过合作优势互补，实现共赢。然而双方在产品和服务类型、业务种类和客户定位等方面具有相似性，由于客户资源的有限性，它们之间也存在竞争关系。因此，哪些因素影响双方的竞合意愿以及如何实现双方的合作共赢是一个亟待解决的问题。为此采用演化博弈模型对双方的竞合发展路径进行分析。

6.3.1 模型假设

新型和传统农村金融机构各有两种策略：竞争与合作。合作是博弈参与方愿意与对方共同协作，双方合理分工业务，明确经营范围，共同投入成本进行产品与服务创新，共担风险，共享利益；竞争则是博弈参与方出于产出与投入的不确定性，或者无法达成收益分配比例，抑或不愿承担合作可能产生的投资开发风险，而保持既定经营状况（张海霞等，2016）[①]。若博弈双方均为合作策略，则双方将获得额外收益；若一方采取合作策略，另一方采取竞争策略，则合作方由于投入了额外成本而产生损失，竞争方由于未选择合作而产生社会声誉损失；若博弈双方均选择竞争，则保持各自原有收益。

假设1：博弈系统中存在新型农村金融机构（N）和传统农村金融机构（T），双方之间的相互作用具有随机性且在有限理性条件下进行利益最大化决策。

假设2：N选择合作的概率为p，选择竞争策略的概率为$1-p$；T选择合作策略的概率为q，选择竞争策略的概率为$1-q$。

假设3：博弈双方均为竞争策略时，收益分别为R_1、R_2；若双方均采取合作策略，将产生合作收益增量M，收益增量分配比例设定为N获取λ，T获取$1-\lambda$，双方采取合作策略将追加投入成本C_1、C_2；若一方采取合作策略，另一方为竞争策略，则合作方损失追加投入成本$C_i(i=1,2)$，竞争方损失社会声誉L。

假设4：适应度$f_i(\alpha_i,\gamma)$用以描述博弈双方选择某一策略时的期望收益，表示一方以概率α选择γ策略所期望获取的收益。$\alpha_1=(1,0)$表示N或T以概率1选择合作策略，$\alpha_2=(0,1)$表示N或T以概率

[①] 张海霞、陈浩、张琳：《基于普惠金融视角的新型农村金融机构与传统农村金融机构演化博弈分析》，《江苏农业科学》2016年第3期。

1 选择竞争策略。

6.3.2 演化博弈模型的构建

根据上述假设条件,建立新型农村金融机构和传统农村金融机构之间的 2×2 博弈双方收益矩阵,如表 6-8 所示。

表 6-8　　　　　　　　2×2 博弈双方收益矩阵

新型农村金融机构（N）	传统农村金融机构（T）	
	合作（q）	竞争（$1-q$）
合作（p）	$R_1 - C_1 + M\lambda$, $R_2 - C_2 + M\lambda(1-\lambda)$	$R_1 - C_1$, $R_2 - L$
竞争（$1-p$）	$R_1 - L$, $R_2 - C_2$	R_1, R_2

对于新型农村金融机构（N）而言,采取合作策略的适应度为:

$$f_1(\alpha_1, \gamma) = q(R_1 - C_1 + \lambda M) + (1-q)(R_1 - C_1) = qM\lambda + R_1 - C_1$$

其采用竞争策略的适应度为:

$$f_1(\alpha_2, \gamma) = q(R_1 - L) + (1-q)R_1 = R_1 - qL$$

则新型农村金融机构的平均适应度为:

$$f_1(p, \gamma) = pf_1(\alpha_1, \gamma) + (1-p)f_1(\alpha_2, \gamma)$$

对于传统农村金融机构（T）而言,采取合作策略的适应度为:

$$f_2(\alpha_1, \gamma) = p[R_2 - C_2 + M(1-\lambda)] + (1-p)(R_2 - C_2) = pM(1-\lambda) + (R_2 - C_2)$$

其采用竞争策略的适应度为:

$$f_2(\alpha_2, \gamma) = p(R_2 - L) + (1-q)R_2 = R_2 - pL$$

则传统农村金融机构的平均适应度为:

$$f_2(q, \gamma) = qf_2(\alpha_1, \gamma) + (1-q)f_2(\alpha_2, \gamma)$$

假设博弈任一方使用某一策略的个体在整个群体中占比的增长率与该策略的适应度相等,只要某策略的相对适应度高于群体的平均适应度,这一策略就会得以发展。因此,对于 N 群体,采取合作策略的 N 的比例增长率为:

$$\overline{p}/p = f_1(\alpha_1, \gamma) - f_1(\alpha_2, \gamma)$$

$$\bar{p} = p[f_1(\alpha_1, \gamma) - f_1(p, \gamma)]$$
$$= p(1-p)[f_1(\alpha_1, \gamma) - f_1(\alpha_2, \gamma)]$$
$$= p(1-p)(qM\lambda - C_1 + qL) \quad \text{(式 6.43)}$$

对于 T 群体而言,采取合作策略的比例增长率为:

$$\bar{q}/q = f_2(\alpha_1, \gamma) - f_2(\alpha_2, \gamma)$$
$$\bar{q} = q[f_2(\alpha_1, \gamma) - f_2(q, \gamma)]$$
$$= q(1-q)[f_2(\alpha_1, \gamma) - f_2(\alpha_2, \gamma)]$$
$$= q(1-q)[pM(1-\lambda) - C_2 + pL] \quad \text{(式 6.44)}$$

对于式 6.43,令 $\bar{p}=0$,可得 $p=0$,1 或 $q=\dfrac{C_1}{\lambda M+L}$,此时 N 选择合作还是竞争策略不存在差异,N 没有动力改变原有策略,因此初始状态稳定。

对于式 6.44,令 $\bar{q}=0$,可得 $q=0$,1 或 $p=\dfrac{C_2}{M(1-\lambda)+L}$,此时 T 选择合作或是竞争策略不存在差异,T 没有动力改变原有策略,此时的初始状态稳定。

从 N 的复制动态方程中可以推导得出:若 $q=\dfrac{C_1}{\lambda M+L}$,则 $\dfrac{dp}{dt}=0$,认为对所有的 $p\in[0,1]$ 均为稳定状态;$q\neq\dfrac{C_1}{\lambda M+L}$ 时,$p=0$,1 是两个稳定状态;$q>\dfrac{C_1}{\lambda M+L}$ 时,$p=1$ 是唯一的演化稳定策略;$q<\dfrac{C_1}{\lambda M+L}$ 时,则 $p=0$ 是唯一的演化稳定策略。

从 T 的复制动态方程推导可得:若 $p=\dfrac{C_2}{M(1-\lambda)+L}$,则 $\dfrac{dq}{dt}=0$,认为对所有的 $q\in[0,1]$ 都是稳定状态;$p\neq\dfrac{C_2}{M(1-\lambda)+L}$,意味着 $q=0$,1 是两个稳定状态;$p>\dfrac{C_2}{M(1-\lambda)+L}$ 时,$q=1$ 为唯一的演化稳定策略;当 $p<\dfrac{C_2}{M(1-\lambda)+L}$ 时,$q=0$ 为唯一的 ESS。

通过对式 6.43 和式 6.44 分析可知,该演化博弈系统存在五个局部均衡点,分别为 (0,0), (0,1), (1,0), (1,1) 和 $\left(\dfrac{C_2}{M(1-\lambda)+L},\right.$

$\frac{C_1}{\lambda M+L}$)。

为了更直观地反映博弈双方的动态发展路径,将(0,0),(0,1),(1,0),(1,1)和$\left(\frac{C_2}{M(1-\lambda)+L},\frac{C_1}{\lambda M+L}\right)$设为五个坐标点,作图反映新型农村金融机构和传统农村金融机构的复制动态关系及其最终稳定点,如图6-3所示。

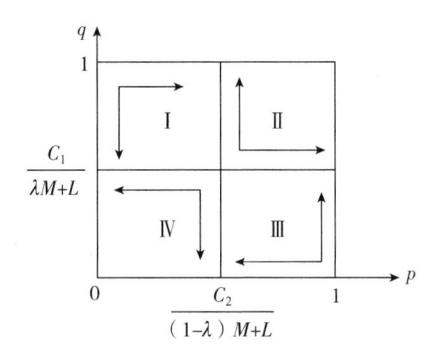

图6-3 演化博弈复制动态方程

6.3.3 新型和传统农村金融机构策略的动态演化

对于演化均衡稳定性的验证采用Friedman提出的雅克比矩阵法(J)。通过对式6.43和式6.44分别求p和q的偏导,得出系统的雅克比矩阵为:

$$J = \begin{Bmatrix} (1-2p)(qM\lambda - C_1 + qL) & p(1-p)(M\lambda + L) \\ q(1-q)[(1-\lambda)M + L] & (1-2q)[pM(1-\lambda) - C_2 + pL] \end{Bmatrix}$$

(式6.45)

雅克比矩阵的行列式为:

$$\det(J) = (1-2p)(qM\lambda - C_1 + qL) \times (1-2q)[pM(1-\lambda) - C_2 + pL] - p(1-p)(M\lambda + L) \times q(1-q)[M(1-\lambda) + L]$$

(式6.46)

雅克比矩阵的迹为:

$$tr(J) = (1-2p)(qM\lambda - C_1 + qL) + (1-2q)[pM(1-\lambda) - C_2 + pL]$$

(式6.47)

表6-9　　　　　　　　均衡点的局部稳定分析

均衡点	$\det(J)$	$tr(J)$	结果
(0, 0)	+	-	ESS
(0, 1)	+	+	不稳定点
(1, 0)	+	+	不稳定点
(1, 1)	+	-	ESS
$\left(\dfrac{C_2}{M(1-\lambda)+L}, \dfrac{C_1}{\lambda M+L}\right)$	-	0	鞍点

将五个局部均衡点代入式6.45，并假设$\lambda M+L>C_1$且$(1-\lambda)M+L>C_2$，利用雅克比矩阵局部分析法得到：

从图6-4中可以发现，由于存在两个不稳定点B(0, 1)和D(1, 0)，则最终演化状态由博弈状态的初始位置决定，BOD为演化博弈状态的分割线。当演化博弈初始状态落在ABOD区域内时，双方的博弈状态将最终收敛于A点，即此时的演化均衡状态为（竞争，竞争）；当演化博弈初始状态落在BCDO区域内时，双方的博弈状态最终收敛于C点，即此时的演化均衡点为（合作，合作）。因此推导可得，演化博弈的最终收敛位置由参数的初始值和鞍点O$\left(\dfrac{C_2}{M(1-\lambda)+L}, \dfrac{C_1}{\lambda M+L}\right)$的位置变化决定（如表6-10所示）。

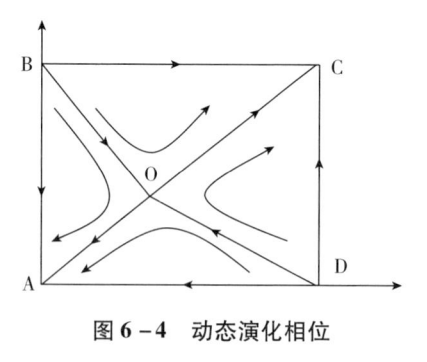

图6-4　动态演化相位

由表6-10和设定条件$\lambda M+L>C_1$且$(1-\lambda)M+L>C_2$可得。

(1) 参数 C_1：C_1 的减少表示传统农村金融机构采取合作策略时追加投入成本减少，在收益不变的前提下，成本越低，成本收益比越高，从理性人视角考虑，传统农村金融机构的合作意愿增强，反映在图形中就是 BCDO（合作）面积增大，演化博弈系统收敛于 C（合作，合作）点的概率增大。反之，则合作面积减小，系统收敛于 A（竞争，竞争）概率增大。

表 6-10　　　　　　　　参数分析

参数	增减变化	鞍点移动方向	ABOD（竞争）面积	BCDO（合作）面积
C_1	减少	下移	减小	增大
C_2	减少	左移	减小	增大
M	增加	左下移	减小	增大
L	增加	左下移	减小	增大
λ	增加	右下移	不确定	不确定

(2) 参数 C_2：C_2 代表着新型农村金融机构采取合作策略时所需投入的成本。在收益既定前提下，C_2 越小，新型农村金融机构的成本收益比越高，其合作意愿也就越强，反映在图形上，就是 BCDO（合作）面积增大，系统收敛于合作稳定点概率增大。反之，则收敛于竞争稳定点的可能性增加。

(3) 参数 M：M 的增加意味着博弈双方采取合作策略所获得的额外收益增加，双方合作意愿将随之增强，反映在图形上为鞍点向左下方移动，BCDO（合作）面积增大，演化博弈系统收敛于 C（合作，合作）的可能性增加。

(4) 参数 L：L 的出现，意味着博弈一方在对方选择合作时并没有配合，而是选择了竞争策略，由此造成了社会声誉损失，随着 L 的不断增大，竞争方的期望利益下降，当 L 值升到临界点 $L = C_1 - \lambda M$ 或 $L = C_2 - (1-\lambda)M$ 并继续上升时，竞争方的理性选择是采取合作策略。因此，随着 L 值的增加，鞍点向左下方移动，BCDO 面积增大，演化博弈系统收敛于 $C(1,1)$ 点的可能性增加。

(5) 参数 λ：λ 代表博弈双方对于合作获得的额外利润的分配比

例，若双方利益分配较为公平，则双方合作的可能性增大。反之，合作可能性减小。

6.3.4 演化博弈结论

通过演化博弈模型的构建和相关参数的推导分析，得到以下结论：

结论 1：新型农村金融机构和传统农村金融机构都应立足自身组织特色，积极发挥自身比较优势，力图降低博弈双方协同发展成本 C_1 和 C_2。新型农村金融机构应充分利用自身区域性金融的地域优势、接近农户的渠道优势以及了解农户的信息优势，为农户提供小额信贷和其他农村金融服务，同时与传统农村金融机构共享信息，降低合作方的信息成本。传统农村金融机构则应发挥自身资金优势和社会信誉优势，为农业产业链提供金融服务，为农村特色产业提供联合贷款服务，为新型农村金融机构提供打包贷款等资金支持。

结论 2：以优势互补和金融创新为基础，增加协同发展收益。针对农村金融市场特点，新型与传统农村金融机构通过开展协作，从农业生产链条、产业链条、物流链条和农村服务业等领域着手，深入发掘当地农户的真实需求，设计出适合当地农村市场的、具有发展潜力的新型金融产品和金融服务，并共同推广。

结论 3：建立健全法律体系，增强社会协同发展意识，从而提高违背合作信誉的社会声誉损失力度，这要求在法律规范上和意识形态中约束两种农村金融机构的行为。首先，法律规范方面，应以法律法规的方式规范农村金融，特别是规范小额信贷行为。其次，提高社会各界的协同发展意识，从公序良俗的角度提升农村金融机构的合作意愿。

结论 4：合理配置收益分配比例，提高各方合作意愿。收益分配比例的划分不仅应与合作的投入成本付出相关，也应和双方在协作过程中承担的风险挂钩。新型与传统农村金融机构共同投入了合作开发资金，也共同面对农户的道德风险以及农业产业弱质性风险等问题，需要双方在合作过程中强化对资金运营风险、农户信用风险和农业产业自然风险等风险管理，并依据双方在合作过程中的资金投入和风险承担确定收益分配比例。

6.4 民间金融服务农村普惠金融的运行机制分析

山东省民间金融的存在历史悠久。新中国成立以来，民间金融对山东省社会经济发展起到了不可忽视的作用。正规金融在农村地区的服务缺位使广大农户对金融产品和服务的需求无法从正规金融渠道得到满足，这在一定程度上促进了民间金融的发展壮大。虽然山东省曾对民间金融采取过压制政策，但由于农村地区的刚性金融需求，行政压制效果并不显著。1986年起，农村地区的民间金融贷款规模开始超越正规金融，民间金融的蓬勃发展在一定程度上填补了正规金融在农村地区的金融服务空白，其对农村经济的促进作用也颇为显著。然而不应忽视的是，民间金融在发展过程中仍存在一定的弊端，如利率畸高、风险较大等，因此在何种监管下，能够使民间金融发挥优势，克服弊端，从而最大化地发挥民间金融对农村经济发展的正向效用是一个值得深入研究的问题。本节为解决这一问题，采用演化博弈理论对民间金融服务农村普惠金融的发展路径进行机制分析。

6.4.1 民间金融制度变迁博弈

当前的民间金融处于管理混乱和制度缺位的状态，这种状态可以用博弈论阐释。制度变迁的过程实质为各个组织与利益集团博弈的过程。制度变迁可分为强制性的制度变迁和诱导性的制度变迁。在强制性变迁过程中，制度的变化方向和变动形式主要有制度供给主导方的意愿与能力决定；而诱导性的制度变迁则是不同利益集团的动态博弈过程，制度变动的方向与形式受到各个利益集团行为和偏好的影响，各方利益不断权衡并持续进行。民间金融发展变迁的动态博弈过程中的利益主体包括民间金融机构、正规金融机构、农户和小微企业、大中型企业、中央政府和地方政府等，他们根据各自不同的行为偏好和约束条件，做出不同的行为抉择，通过持续的谈判进行利益均衡，力图实现动态均衡并实现自身收益最优化。

首先，中央政府在整个博弈框架中为最高决策者，在意识形态和政治基调的制约下，它的目标函数为经济发展、社会稳定和权力垄断资金最优化，依托其至高权力，通过国家金融制度为其体制内经济发展提供资金支持和金融服务。受到信息不完全和认知能力有限的影响，中央政府也是有限理性人，其行为选择也是自身效用最大化。民间金融受其自身发展规模制约，对其的监管成本、风控成本和支持成本都远高于正规金融，而其社会作用一般认为也低于正规金融，因此，民间金融一直在中央政府的顾及范围边缘游走。

其次，就地方政府的博弈选择而言，市场经济体制下，作为有限理性人的地方政府势必以自身收益最大化为目标函数。这一目标有些情况下会与中央政府的政策出现分歧。特别是当中央政府的某些政策与地方政府的经济发展目标不符且中央政府没有提供财政补偿时，地方政府就缺乏实施中央政策的动力。地方政府必须在中央政策与地方经济发展间进行权衡。在民间金融发展问题上，由于民间金融的发展会给地方经济发展带来一定的利好，处于当地经济发展和官员自身升迁的考虑，地方政府多放任民间金融发展。然而，民间金融在带来利好的同时也伴随着高风险（如高利贷、地下钱庄等），风险未凸显时，地方政府往往不会贯彻执行中央政府命令，怠于整治；只有在危机爆发时，地方政府为了维护当地社会稳定和经济发展才会产生对民间金融的管制动力，但常常为时已晚。

再次，民间金融机构由于法律和制度上的缺位，其发展并未得到规范。部分民间金融机构掩盖风险凸显利益，诱导部分金融风险意识淡薄的民众为了高息追随，一旦风险爆发，这部分追随者可能面临血本无归的困境。对于那些合法诚信经营的民间金融机构而言，它们的诚信经营并没有受到来自政策层面的奖励，无法形成竞争优势，合法经营在政治层面上没有获得任何红利。于是，为了彰显自身的与众不同和经营之道，它们可能寻求其他途径提高自身的社会声誉，这在一定程度上增加了其经营风险。此外，为了共同的利益，地方政府和民间金融机构间可能会发生权钱交易，进一步加大金融风险。

复次，正规金融机构的博弈问题。正规金融机构根正苗红，长期获得政府的支持。考虑到信贷成本、信息对称性和政治支持问题，正规金融机构的理性选择为重点支持国有大中型企业，虽然近年来发生多起大中型企业逃废债务问题，但国家出台的相关政策能够帮助其转嫁风险。

至于其对农户或小微企业的支持是近年来出于政策上的压力而为,由于农户和小微企业的贷款成本高、收益低、风险大,正规金融机构缺乏对农村金融(特别是对农户金融)需求的创新热情,支农力度远远无法满足需求。

最后,农户、小微企业和大中型企业的博弈选择。大中型企业基本不存在借贷博弈问题,由于政策倾斜支持,它们能够顺利得到正规金融机构的足额贷款。而农户和小微企业由于具有成本高、信息不对称和风险大的特征,往往得不到正规金融机构的青睐,即使获得少量贷款也远不能满足其金融需求。为了进一步生存和发展,它们往往选择借贷手续简捷方便的民间金融机构贷款,但却不得不承受着高风险可能带来的生存危机。

根据上述分析构建六方参与的博弈框架,见图6-5,可得结论:民间金融在制度变迁过程中必须建立健全政策和法律框架体系,以法治制约民间金融的行为,以法治引导民间金融的发展路径,以法治约束地方政府的行为选择,以法治支持民间金融机构的合法经营,以法治规避和防范民间金融风险,从而发挥民间金融对农户和小微企业的正向支持作用,弥补正规金融在农村地区小额信贷的缺位,促进农村经济发展与社会稳定。

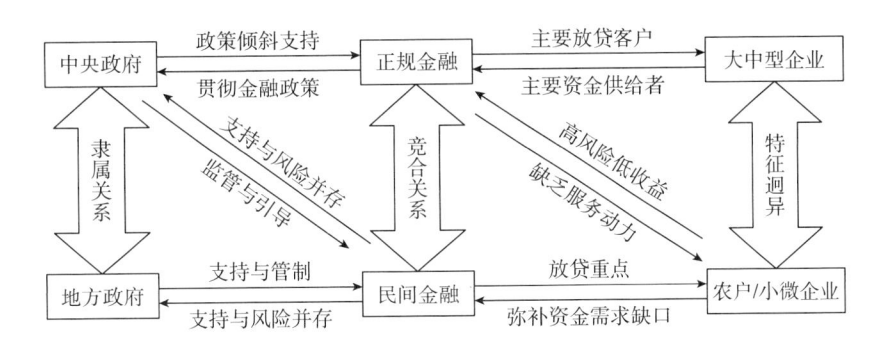

图6-5 博弈框架①

---

① 王曙光等:《普惠金融:中国农村金融重建中的制度创新与法律框架》,北京大学出版社2013年版。

6.4.2　民间金融机构内部博弈分析

根据上节分析可知，民间金融的制度变迁离不开政府机构的介入干预，那么，作为被监督者或被引导者的民间金融机构是否有意愿在政府的监督和引导下服务"三农"？作为有限理性人，民间金融机构接受政府监管是否有利于其实现利益最大化目标？为解决这一问题，本节构建演化博弈模型进行解释。

1. 模型假设

假设1：博弈系统中存在两大群体民间金融机构，设为机构 A 和机构 B，两大群体内的机构个数均为无限大的 N 个，两群体之间的相互作用具有随机性，且在有限理性条件下进行利益最大化决策。两大群体决策不分先后，同时决策。

假设2：A、B 两大群体策略集相同，选择接受监管的概率均为 p，选择不接受监管策略的概率为 $1-p$。两群体间信息不对称。

假设3：两大民间金融机构群体的现有收益均为 R，若双方都接受政府监管，则均增加收益 K[①]；若双方均不接受政府监管，则可能会由于违规或违法经营等问题受到政府惩罚，造成的收益损失为 C；若一方接受政府监管，而另一方不接受政府监管，则接受监管方将成两倍的收获社会信誉，此时收益增加 $2K$，但由于政府监管将提高客户准入门槛，会有部分低信用度和高风险的客户流失到没有接受监管的民间金融机构中去，接受监管群体的收益损失为 L，此时接受政府监管群体的收益为 $R+2K-L$；而不接受政府监管的群体将获得接受监管方流失的收益 L，但其不接受监管将会受到政府惩罚，损失 C 个单位的收益，同时其社会声誉也会大幅下降，损失额为 S，此时不接受政府监管群体的收益为 $R+L-C-S$。

根据模型假设，构建 A 和 B 两大民间金融机构群体间的 2×2 对称博弈收益矩阵，如表 6-11 所示。

2. 演化博弈模型分析

根据以上假设和表 6-11 推导可得接受监管机构的期望收益为：

[①] 接受政府监管的民间金融机构的社会声誉和信誉升高，由此将带来收益的相应增加。

表 6-11　　　　　　　　　2×2 博弈方收益矩阵

A 民间金融机构	B 民间金融机构	
	接受监管(p)	不接受监管($1-p$)
接受监管(p)	$R+K, R+K$	$R+2K-L, R+L-C-S$
不接受监管($1-p$)	$R+L-C-S, R+2K-L$	$R-C, R-C$

$$u_1 = p(R+K) + (1-p)(R+2K-L) = R+2K-L+p(K-L)$$

不接受政府监管机构的期望收益为：

$$u_2 = p(R+L-C-S) + (1-p)(R-C) = R-C+p(L-S)$$

推导可得机构的平均收益为：

$$u = pu_1 + (1-p)u_2$$

对式 $u = pu_1 + (1-p)u_2$ 求一阶导，可得系统的复制动态方程：

$$F(p) = \frac{dp}{dt} = p(u_1 - u)$$
$$= p(1-p)(u_1 - u_2)$$
$$= p(1-p)[2K+C-L-p(K-S)]$$

令 $F(p) = 0$，得到当 $p_1^* = 0$，$p_2^* = 1$，$p_3^* = \frac{2K+C-L}{K-S}$ 时，民间金融机构中愿意接受政府监管的比例稳定，但是否为演化博弈策略并不确定，需对 $F(p)$ 进一步求一阶导，当且仅当 $F'(p) < 0$ 的演化均衡点才是 ESS。

$$F'(p) = (2K+C-L) - 2p(3K+C-L-S) + 3p^2(K-S) \quad (式6.48)$$

将 $p_1^* = 0$，$p_2^* = 1$，$p_3^* = \frac{2K+C-L}{K-S}$ 代入式 6.48，可得：

$$F'(0) = 2K+C-L$$
$$F'(1) = (S+C+K-L)$$
$$F'\left(\frac{2K+C-L}{K-S}\right) = \frac{(2K+C-L)(S+C+K-L)}{K-S}$$

若 $K-S>0$，$2K+C-L>0$ 时，$S+C+K-L<0$，则 $F'(0)>0$，$F'(1)>0$，$F'\left(\frac{2K+C-L}{K-S}\right)<0$。此时只有 $p_3^* = \frac{2K+C-L}{K-S}$ 是唯一的 ESS，形成"鹰鸽博弈"，也就意味着在长期博弈中，民间金融机构愿意接受

监管的概率将最终稳定在 $p_3^* = \dfrac{2K+C-L}{K-S}$ 点上，此时达到机构平均期望收益的最大值。

若 $K-S<0$，$2K+C-L<0$ 时，$S+C+K-L>0$，则 $F'(0)<0$，$F'(1)<0$，$F'\left(\dfrac{2K+C-L}{K-S}\right)>0$。此时 $p_1^*=0$ 和 $p_2^*=1$ 均为该演化博弈模型的 ESS，这意味着民间金融机构间的博弈存在两个稳定均衡点，一个为两大群体都愿意接受监管，另一个则是都不接受监管。当机构接受监管的概率 p 落在 $\left[0,\dfrac{2K+C-L}{K-S}\right]$ 区间时，系统将收敛于 $p_1^*=0$ 的稳定状态，即所有的民间金融机构均不接受政府监管；当概率 p 落在 $\left[\dfrac{2K+C-L}{K-S},1\right]$ 区间时，系统将收敛于 $p_2^*=1$ 稳定状态；若初始概率落在 $p_3^*=\dfrac{2K+C-L}{K-S}$ 点上，则民间金融机构选择接受监管和不接受监管的期望收益相同且平均收益为最小值。表 6-12 为该演化博弈模型的均衡结果。

表 6-12　　演化博弈的均衡结果

条件	p^* 值	$F'(p^*)$ 值	均衡结果
$K-S>0$	$p_1^*=0$	$2K+C-L>0$	不稳定
$2K+C-L>0$	$p_2^*=1$	$-(S+C+K-L)>0$	不稳定
$S+C+K-L>0$	$p_3^*=\dfrac{2K+C-L}{K-S}$	$\dfrac{(2K+C-L)(S+C+K-L)}{K-S}<0$	ESS
$K-S<0$	$p_1^*=0$	$2K+C-L<0$	ESS
$2K+C-L<0$	$p_2^*=1$	$-(S+C+K-L)<0$	ESS
$S+C+K-L>0$	$p_3^*=\dfrac{2K+C-L}{K-S}$	$\dfrac{(2K+C-L)(S+C+K-L)}{K-S}>0$	不稳定

3. 模型结论

由上述演化博弈模型的动态分析可得以下结论

结论 1：若博弈双方处于"鹰鸽博弈"状态，政府部门应通过各种激励手段增加接受监管的民间金融机构的额外收益 K，加大对于不接受监管方违规经营的惩罚力度 C，使点 $p_3^* = \dfrac{2K+C-L}{K-S}$ 趋近 $p_2^* = 1$，即民间金融机构接受监管的概率接近 1，实现其在接受监管状态下的平均期望收益最大化。

结论 2：若处于"协调博弈"状态，民间金融机构接受政府监管意愿的初始值决定了动态演化方向。因此，政府应致力于提高接受监管的民间金融机构的额外收益 K，同时加大对违规经营的民间金融机构的打击力度，促使民间金融整体愿意接受政府监管的初始概率大于 $p_3^* = \dfrac{2K+C-L}{K-S}$，从而促使演化博弈向 $p_2^* = 1$ 点趋近，即所有的民间金融机构都愿意接受监管，且此时平均期望收益达到最大。

6.4.3 民间金融机构与政府的监管博弈

目前理论界普遍认为需要对民间金融机构进行有效监管。我国目前对民间金融的监管研究仍处于初期探索阶段，谁来监管、被监管意愿、如何监管、监管力度和监管内容是问题所在。因此，研究民间金融规范化进程中博弈各方的利益冲突和策略选择，对于深入探讨决策影响因素，建立和完善政策体系，促进民间金融合法规范发展，均具有重要意义。

1. 模型假设

假设 1：博弈系统中存在民间金融机构和政府监管部门两大群体，两大群体内的数量均为无限大的 N 个，两群体之间的相互作用具有随机性，且在有限理性条件下进行策略选择。

假设 2：两大群体具有自身的策略集。政府监管部门选择适度监管策略①的概率为 p，选择放任策略的概率为 $1-p$。民间金融机构选择合法经营策略的概率为 q，选择违规策略的概率为 $1-q$。两群体间信息不对称。

---

① 政府监管部门的职责既包括对某些民间金融机构的监管，也包括对某些民间金融机构的方向引导，即监管和引导职责。简便起见，这里统称为监管职责。所谓适度监管，指政府对民间金融机构既不会放任不管，也不会过分干预，仅在市场失衡范围内进行监管和方向引导。

假设3：政府监管部门监管不力时收益为 R_1，民间金融机构接受监管守规经营时的收益为 R_2。政府监管部门采取的监管策略不恰当①可能会引发某些危机（区域性或系统性金融危机），危机爆发所造成的社会损失 L_1 远远大于其采取适度监管策略时额外投入的成本 C，即 $L_1 > C$；危机一旦爆发，违规经营的民间金融机构将产生 L_2 单位的损失，远大于其违规经营获得的额外收益 M，即 $L_2 > M$；若民间金融机构接受政府监管合法经营，则危机的爆发不会给它带来损失；民间金融机构违规经营会集聚内部风险 I（如高利贷的坏账风险、P2P 平台的资金风险等），$I < M$，民间金融机构存在违规经营的动力，但 $I < L_2$，民间金融机构考虑到未来可能存在的风险会对自身行为加以约束。

根据上述假设，构建政府监管部门和民间金融机构的博弈收益矩阵，如表 6-13 所示。

表 6-13　构建政府监管部门和民间金融机构的博弈收益矩阵

政府监管部门	民间金融机构	
	守规经营（q）	违规经营（$1-q$）
适度监管（p）	$R_1 - C$, R_2	$R_1 - C$, $R_2 + M - I$
不适度监管（$1-p$）	R_1, R_2	$R_1 - L_1$, $R_2 + M - L_2$

2. 演化博弈模型分析

根据以上假设和表 6-13 推导可得，政府监管部门选择"适度监管"策略时的期望收益值 U_{11} 为：

$$U_{11} = (R_1 - C)q + (R_1 - C)(1 - q) = R_1 - C$$

政府监管部门采用"不适度监管"策略时的期望收益值 U_{12} 为：

$$U_{12} = R_1 q + (R_1 - L_1)(1 - q) = R_1 - L_1 + L_1 q$$

政府监管部门的平均期望收益值 $\overline{U}_1$ 为：

$$\overline{U}_1 = p U_{11} + (1 - p) U_{12}$$

对于民间金融机构而言，采用"守规经营"策略的期望收益值

---

① 不仅放任不管会带来金融风险，过分行政干预也可能会导致民间金融灾难，如农村合作基金会的失败就源于政府部门对金融的监管未按照市场运行规则进行，行政干预过重（王曙光，2014）。

U_{21} 为：

$$U_{21} = pR_2 + (1-p)R_2 = R_2$$

采用"违规经营"策略的期望收益值 U_{22} 为：

$$U_{22} = p(R_2 + M - I) + (1-p)(R_2 + M - L_2) = (R_2 + M - L_2) - pI + pL_2$$

民间金融机构的平均期望收益值 $\overline{U}_2$ 为：

$$\overline{U}_2 = qU_{21} + (1-q)U_{22}$$

因此，政府监管部门的复制动态方程为：

$$F(p) = \frac{dp}{dt} = p(1-p)(U_{11} - U_{12}) = p(1-p)(L_1 - C - L_1 q) \quad (式6.49)$$

民间金融机构的复制动态方程为：

$$F(q) = \frac{dq}{dt} = q(1-q)(U_{21} - U_{22}) = q(1-q)(L_2 - M - pL_2 + pI)$$

$$(式6.50)$$

对于式 6.49，令 $F(p) = 0$，得到当 $p = 0$，1 或 $q = \frac{L_1 - C}{L_1}$ 时，政府监管部门选择任一策略无差异性，监管部门没有改变初始策略的动力，此时的初始状态稳定。因此，若 $q \neq \frac{L_1 - C}{L_1}$，则 $p = 0$，1 是两个稳定状态。若 $q > \frac{L_1 - C}{L_1}$，则 $p = 1$ 为演化均衡策略，即 ESS；若 $q < \frac{L_1 - C}{L_1}$，则 $p = 0$ 为 ESS。

对于式 6.50，令 $F(q) = 0$，得到当 $q = 0$，1 或 $p = \frac{L_2 - M}{L_2 - I}$ 时，民间金融机构是否合法经营不具有差异性，其没有动力改变初始策略，此时的初始状态稳定。因此，若 $p \neq \frac{L_2 - M}{L_2 - I}$，则是 $q = 0$，1 两个稳定状态；若 $p > \frac{L_2 - M}{L_2 - I}$，则 $q = 1$ 为 ESS；若 $p < \frac{L_2 - M}{L_2 - I}$，则 $q = 0$ 为 ESS。

由式 6.49 和式 6.50 分析可得，该演化博弈系统存在五个局部均衡点，分别为 (0, 0)，(0, 1)，(1, 0)，(1, 1) 和 $\left(\frac{L_2 - M}{L_2 - I}, \frac{L_1 - C}{L_1}\right)$。

3. 博弈双方行为的渐进稳定性分析

采用雅克比矩阵法（J）验证演化均衡稳定性。通过对式 6.49 和式 6.50 分别求 p 和 q 的偏导，得到：

$$J = \left\{ \begin{array}{ll} (1-2p)(L_1 - C - L_1 q) & -L_1 p(1-p) \\ q(1-q)(I - L_2) & (1-2q)[L_2 - M + p(I - L_2)] \end{array} \right\}$$

（式6.51）

雅克比矩阵的行列式为：

$$\det(J) = (1-2p)(L_1 - C - L_1 q) \times (1-2q)[L_2 - M + p(I - L_2)] + L_1 p(1-p) \times q(1-q)(I - L_2)$$

（式6.52）

雅克比矩阵的迹为：

$$tr(J) = (1-2p)(L_1 - C - L_1 q) + (1-2q)[L_2 - M + p(I - L_2)]$$

（式6.53）

将 $(0, 0)$, $(0, 1)$, $(1, 0)$, $(1, 1)$ 和 $\left(\dfrac{L_2 - M}{L_2 - I}, \dfrac{L_1 - C}{L_1}\right)$ 五个局部均衡点代入雅克比矩阵，所得结果如表 6-14 所示。

由表 6-14 分析可知，$(0, 0)$ 和 $(1, 1)$ 点为不稳定点，$(0, 1)$ 和 $(1, 0)$ 点是该系统的演化稳定策略，$\left(\dfrac{L_2 - M}{L_2 - I}, \dfrac{L_1 - C}{L_1}\right)$ 为系统的鞍点。以平面图更直观地表示五个局部均衡点。如图 6-6 所示。

表 6-14　　　　　　　均衡点的局部稳定分析

均衡点	$\det(J)$	$tr(J)$	结果
$(0, 0)$	+	+	不稳定点
$(0, 1)$	+	−	ESS
$(1, 0)$	+	−	ESS
$(1, 1)$	+	+	不稳定点
$\left(\dfrac{L_2 - M}{L_2 - I}, \dfrac{L_1 - C}{L_1}\right)$	+	0	鞍点

从图 6-6 中可知，存在两个不稳定点 $A(0, 0)$ 和 $C(1, 1)$，最终演化状态由博弈的初始位置决定，BOD 为演化博弈状态的分割线。

如果演化博弈初始状态落在 $ABOC$ 区域，双方的博弈状态将最终收敛于 B 点，此时演化均衡状态为（不适当监管，守规经营）；当演化博弈初始状态落在 $AOCD$ 区域内时，双方的博弈状态最终收敛于 D 点，即此时的演化均衡点为（适当监管，违规经营）。因此，演化博弈的最终收敛位置由参数的初始值和鞍点 $O\left(\dfrac{L_2-M}{L_2-I}, \dfrac{L_1-C}{L_1}\right)$ 的位置变化决定。

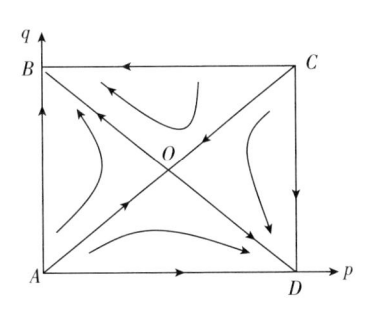

图 6-6　动态演化相位

4. 参数分析

由于鞍点为 $p=\dfrac{L_2-M}{L_2-I}$，$q=\dfrac{L_1-C}{L_1}$，则 M、I、C、L_1 和 L_2 五个参数影响博弈双方的策略选择。根据假设条件 $L_1>C$，$L_2>M$，$I<M$ 和 $I<L_2$，可推导出参数变化对鞍点坐标的影响，如表 6-15 所示。

表 6-15　　　　　　　　　　参数分析

参数	增减变化	鞍点移动方向	AOB 面积	AOD 面积
M	变小	右移	增大	减小
I	变大	右移	增大	减小
L_2	变大	右移	增大	减小
C	变小	上移	减小	增大
L_1	变大	上移	减小	增大

（1）参数 M，M 代表民间金融机构不接受监管违规经营时所获额外收益。当 M 变小时，鞍点坐标 p 值变大，q 值不变，鞍点右移，从而

AOB 区域面积增大，AOD 区域面积减小。这说明当民间金融机构违规经营所得的额外收益较小，它会采取接受监管来降低自身的经营风险。反之，为了追求超额利润，它将选择不接受监管策略。

（2）参数 I：I 表示民间金融机构不接受监管违规经营时的内部风险成本。当 I 变大时，鞍点的 p 值变大，q 值不变，AOB 区域面积增大，AOD 区域面积减小。反之则 AOD 区域面积增大，AOB 区域面积减小。这反映出当民间金融机构不接受监管违规经营将积累较大的内部风险，考虑到未来危机爆发的损失远大于违规经营收益，理性的民间金融机构会选择守规合法经营策略。

（3）参数 L_2：L_2 代表违规经营的民间金融机构在危机爆发时的损失。由于 $I<M$，L_2 变大时，鞍点的 p 值变大，q 值不变，AOB 区域面积增大，AOD 区域面积减小。反之则 AOD 区域面积增大，AOB 区域面积减小。这说明考虑到危机爆发带来的巨大损失，民间金融机构的理性选择将是守规经营。

（4）参数 C：C 表示政府监管部门对民间金融机构适度监管需要追加的成本。C 变小，鞍点的 q 值变大，p 值不变，AOB 区域面积减小，AOD 区域面积增大。反之则 AOD 区域面积减小，AOB 区域面积增大。这意味着政府部门需要合理规划监管成本，监管成本越低，政府部门适度监管的意识越强。

（5）参数 L_1：L_1 表示政府监管策略不适度时造成的声誉、经济和社会福利损失。$L_1>C$，L_1 增大，鞍点的 q 值变大，p 值不变，AOB 区域面积减小，AOD 区域面积增大。反之则 AOD 区域面积减小，AOB 区域面积增大。这说明不适度监管造成的损失越大，政府适度监管的动力越足，政府部门会选择适度监管。

5. 博弈结论

通过以上演化博弈模型的构建与复制动态方程分析，可得以下结论：

结论1：在金融生态环境发展良好的前提下，政府可以放松监管，让市场机制自发调节民间金融机构的行为。此时的民间金融机构的理性选择也是遵守市场规则，合法合规经营；在金融生态环境恶劣的情况下，即使政府严格监管，民间金融机构出于逐利和侥幸心理，也不会守规经营；在金融生态环境发展健全过程中，由于市场机制不能充分发挥作用，因此还需要政府部门采取适度有效的政策约束民间金融机构的行为。

结论2：政府部门的适度监管包括通过加强立法、信用体系以及社会保障体系的建立健全，保障守规经营的民间金融机构的竞争优势、社会声誉和经营收益，促使其自愿接受政府监管。

结论3：政府监管部门应加大对违规经营的民间金融机构的惩罚力度，使其付出的成本远高于违规经营所得的额外收益，降低其违规经营意愿。民间金融机构要优化自身组织结构，增强公司内部治理，提升风险控制能力，降低经营成本。

结论4：政府监管部门要合理运用各种监管方式，降低监管成本。如采用联动监管方式、通过大数据与云计算提高监管的信息化手段、综合优化多种监管手段、强化民间金融机构的信息披露、加强自身组织结构和行政效率建设等。

6.5 本章小结

农村普惠金融发展对农村社会经济增长具有重要作用。农村资金供求的各个主体之间存在着利益博弈关系，而博弈的结果将对农村金融发展产生深远影响。

本章采用博弈论方法对农户、传统农村金融机构、新型农村金融机构、民间金融机构和政府监管部门等多方利益进行博弈分析，深入剖析农村普惠金融的运行机制。首先，分析传统农村金融机构（以农信社为例）与借款农户之间的选择博弈，指出农业保险和"小组联保"可以提高传统农村金融机构的资金供给意愿；其次，运用演化博弈方法，探寻新型农村金融机构服务普惠金融的发展路径；再次，通过新型与传统农村金融机构的对接博弈，探究了两者对接服务农村普惠金融的运行机制；最后，分析民间金融机构与中央政府和地方政府间的博弈问题，探讨民间金融机构在政府监管下服务农村普惠金融的发展路径。

第七章 结论、政策建议与研究展望

7.1 主要研究结论

本书首先梳理了农村普惠金融的相关概念,对国内外农村普惠金融运行机制理论进行了回顾与述评;阐述了现行农村普惠金融的机制设计及其在山东省的运行状况,指出了山东省农村普惠金融在需求和供给层面存在的问题;通过构建理论模型,剖析了影响山东省农村普惠金融发展的因素及其作用机制,并对理论模型结论进行了实证验证;然后,运用博弈理论深入研究了农村普惠金融发展路径的运行机制。研究得出了主要结论如图 7-1 所示。

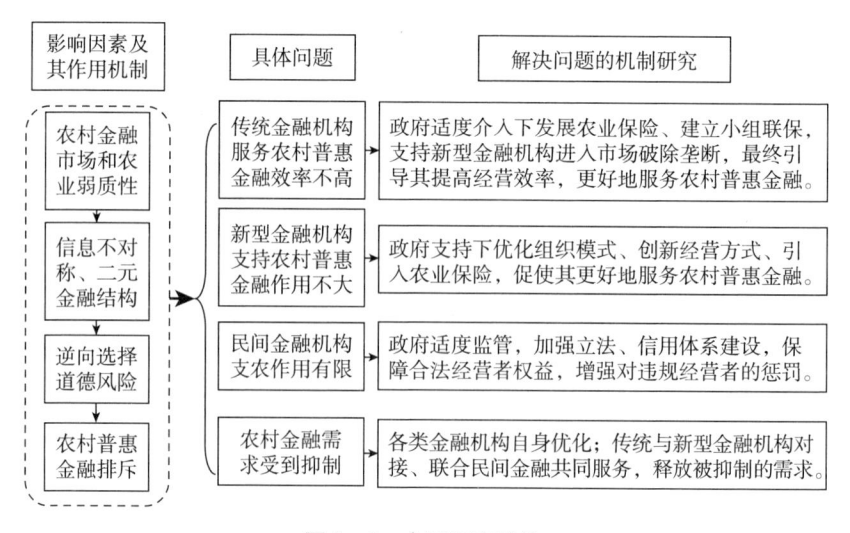

影响因素及其作用机制	具体问题	解决问题的机制研究
农村金融市场和农业弱质性	传统金融机构服务农村普惠金融效率不高	政府适度介入下发展农业保险、建立小组联保,支持新型金融机构进入市场破除垄断,最终引导其提高经营效率,更好地服务农村普惠金融。
信息不对称、二元金融结构	新型金融机构支持农村普惠金融作用不大	政府支持下优化组织模式、创新经营方式、引入农业保险,促使其更好地服务农村普惠金融。
逆向选择道德风险	民间金融机构支农作用有限	政府适度监管,加强立法、信用体系建设,保障合法经营者权益,增强对违规经营者的惩罚。
农村普惠金融排斥	农村金融需求受到抑制	各类金融机构自身优化;传统与新型金融机构对接、联合民间金融共同服务,释放被抑制的需求。

图 7-1 主要研究结论

1. 山东省农村普惠金融的供需特征基本与中国农村普惠金融供需特征相符。就需求层面而言，随着山东省农村普惠金融工作的推进，农村地区的贷款需求得到一定程度的释放，农户小额贷款意愿有所上升，农户贷款结构趋于合理，民间金融的需求水平提升。然而，山东省农村金融需求层面仍存在正规农村金融信贷供给与农村融资者借贷需求错位、农村信贷资金存在需求缺口、农业保险发展滞后以及农户金融投资意识较低等问题，这些问题对农村普惠金融需求产生抑制作用。从供给层面来看，山东省农村普惠金融积极进行供给侧改革，取得了一定的成效：传统农村金融机构回归农村市场，新型金融机构发展迅猛，民间金融的支农支小作用不断增加。但供给层面还存在以下问题：第一，传统金融机构管理机制陈旧，服务农村普惠金融的效率不佳；第二，新型农村金融机构发展尚未成熟，支持农村普惠金融的作用不大；第三，民间金融缺乏有效监督，支农支小作用有限。综合供需层面存在的问题可知，当前山东省农村普惠金融市场存在供需失衡问题，主要体现在农村普惠金融供需总额存在缺口以及农村信贷资金存在结构性失衡。

2. 山东省农村普惠金融可得性有所提高，但其对农村发展的促进作用有限。究其原因，主要源于逆向选择和道德风险依然存在，其所导致的系统性负投资加剧了农村地区的资金缺口，不利于农村经济的发展和农民收入的增加。此外，农村正规和非正规金融体系的二元金融结构会进一步刺激非正规金融的发展，造成金融风险的累积。因此需要从政策层面上强化对农村普惠金融的支持力度，最终帮助农村普惠金融在运行过程中突破路径依赖，实现"社会目标和财务目标兼顾"的可持续发展路径的根本性转变。为了实现这一目标，需要改进农村普惠金融的结构和功能，优化普惠金融制度安排，健全农村普惠金融机构的组织体系，推动农村普惠金融市场的健康发展。同时，通过政策引导，解决农村普惠金融资源的低效配置和大量流失问题，促进农村普惠金融与农村经济和社会的协调发展，提高农村普惠金融对农村社会发展的贡献度。

3. 政府干预措施须适度。政府干预对于发育不健全的早期农村金融市场而言是必要的。早期的农村金融发展水平滞后，农村金融生态环境不佳，二元金融结构显著，农村金融机构出丁利益最大化的追求，不会投资到农村地区，农户的资金需求无法得到满足，二元金融结构进一步加剧。因此在早期阶段，为引导资金流向，政府对农村金融市场进行有效干预是必要的，其作用主要是优化农村金融生态环境，引导金融机构的投资方向。当农村金融市场逐渐发育健全、农村金融生态环境优化以及二元金融结构弱化时，政府干预对引导投资方向的作用不大，政府应减少对金融发展的干预。在农村金融环境完善时，政府的干预措施反而容易诱导农户产生道德风险，形成金融机构大量不良贷款，不利于农村金融和农村经济的发展，此时政府应适时退出金融市场，不再进行政策干预。因此，所需探讨的核心问题是政府在何时介入农村金融市场进行干预，干预强度的大小，以及如何确保政府干预的效率。

4. 山东省新型农村金融机构的发展路径。首先，为打破传统农村金融机构（主要是农信社）在农村金融市场的垄断地位，促使农村普惠金融市场理性发展，需要新型农村金融机构的进入。新型农村金融机构能否进入农村金融市场的决定性因素在于其进入市场所需支付的固定成本。当且仅当固定成本小于临界值时，新型农村金融机构才会选择进入农村金融市场；为了维护自身既得利益，传统农村金融机构（居垄断地位者）会设置进入壁垒，阻碍新型农村金融机构的进入；地方政府的干预将降低该进入壁垒。地方政府支持新型农村金融机构进入的必要条件为其进入农村市场后，能够提高当地的社会福利水平，并提供更大的社会效用。其次，新型农村金融机构发展过程中应该兼顾"财务可持续"和"社会扶贫"双重目标。然而单纯依靠新型农村金融机构的自主选择，无法同时实现双重目标，因此需要政府介入指导，通过制定各项引导和激励措施来促进新型农村金融机构向着双目标兼顾的路径演化。具体而言，可以通过多元化融资途径、优化组织模式、创新经营方式以及引入农业保险等方式，降低新型农村金融机构的社会扶贫成本，增加其社会扶贫意愿；同时，以创新服务方式和灵活的利率政策等手段，增加新型农村金融机构发放农村小额贷款的收益，缩小支农贷款和商业贷款间的收益差距，助力新型农村金融机构在达到社会目标的同时，实现自身的可持续发展。

5. 推动新型和传统农村金融机构优势互补，切实做好两类农村金融机构的对接工作，共同助力山东省农村经济发展。新型和传统农村金融机构都应立足自身组织特色，积极发挥自身比较优势，降低双方的协同发展成本。通过建立健全法律体系，增强社会协同发展意识，从法律规范和意识形态上对两种农村金融机构的行为进行约束。合理配置收益分配比例，提高双方合作意愿，推动双方优势互补，在农村普惠金融创新领域开展协作，从农业生产链条、产业链条、物流链条和农村服务业等领域着手，深入发掘当地农户的真实需求，共同设计和推广适合当地农村市场的新型金融产品和金融服务，增加协同发展收益。

6. 民间金融机构的健康发展需要政府的适度干预。民间金融的发展能够在一定程度上弥补农村地区的资金缺口，有助于农村经济增长。但缺乏监督的民间金融的非理性发展也会滋生大量金融风险，为农村地区的社会和经济稳定埋下隐患。因此需要政府约束民间金融机构的非理性行为，加强对其监管。政府部门需合理运用各种监管方式，在有效控制监管成本的基础上，加强立法监管、建立健全信用体系以及社会保障体系，为守规经营的民间金融机构提供竞争优势和经营收益的保障，加大对违规经营的民间金融机构的惩罚力度，使其付出的违规成本远高于违规经营收益，从而降低其违规经营意愿。

7.2 对策建议

前文阐述了山东省农村普惠金融的发展状况，肯定了其改革成果，指明了其存在的问题。论文分析了山东省农村普惠金融运行过程中的需求和供给状况，探究了农村普惠金融的影响因素及其作用机制，研究了农村普惠金融发展路径的运行机制，并对理论分析结论进行了实证论证。在理论分析、实证论证和机制剖析的基础上，将政策建议归纳为合理规划政府干预的强度与路径、优化农村金融生态环境以及构建"多位一体"的农村普惠金融体系三个方面，如图7-2所示。

7.2.1 合理规划政府干预的强度与路径

政府介入农村金融市场需要审时度势，政府干预措施需适度。早期的农村金融发展水平滞后，二元金融结构显著，农村金融生态环境不佳，农村金融机构出于利益考虑不会投资到农村地区，因此为满足农村金融需求，引导资金流向，政府有必要对农村金融市场进行有效干预，

```
┌─────────────────────────┐    ┌─────────────────────────┐
│  山东省农村普惠          │───▶│  山东省农村普惠金融发展的 │
│  金融运行状况分析        │    │  影响因素及其作用机制分析 │
└─────────────────────────┘    └─────────────────────────┘
                    │
                    ▼
        ┌──────────────────────────────────────────────┐
        │ 山东省农村普惠金融发展路径的机制分析——基于博弈论 │
        └──────────────────────────────────────────────┘
                    │
    ┌────┬────┬────┬┴───┬────┬────┬────┐
    ▼    ▼    ▼    ▼    ▼    ▼    ▼    ▼
  政府  政府  政府  农村  加强  金融  金融
  适度  合理  激励  金融  立法、机构  机构
  介入  监管  和路  扶持  信用  自身  联合
  干预        径引导 政策  体系和 优化  服务
                          基础
                          设施建设
```

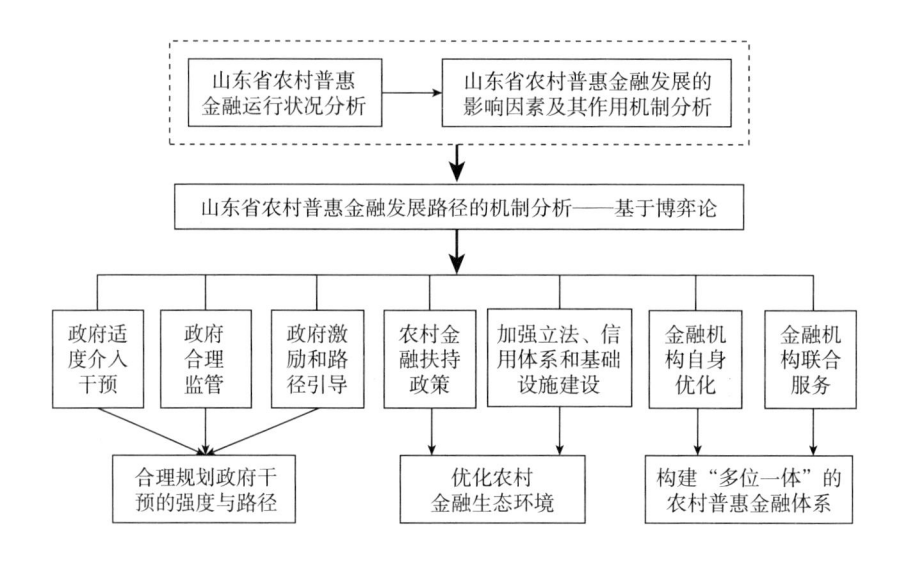

图 7-2　农村普惠金融发展思路

优化农村金融生态环境，鼓励金融机构增加对农村地区的投资。当农村金融市场逐渐发育健全、农村金融生态环境优化以及二元金融结构弱化时，政府应减少对金融市场的干预程度。在农村金融环境完善时，政府的干预措施反而容易诱导农户产生道德风险，形成金融机构大量不良贷款，不利于农村金融和农村经济的发展，故政府只需对金融市场进行适度监管即可，无须对金融机构的经营行为进行行政干预。因此，所需探讨的核心问题是政府在何时介入农村普惠金融市场，以何种方式、何种强度介入，以及如何确保政府干预的效率。结合中国和山东省农村普惠金融的发展特征，认为政府的理性介入路径如下。

1. 加强对贫困阶层的扶持力度。无论从全国范围还是山东省域范围来看，农户需求都存在区域差异，这说明农村地区社会经济发展不平衡，有的地区社会经济发展较快，如山东省的东部半岛地区，其大多已实现规模化生产，形成规模经济，生产力水平也得到大幅提升，金融机构对其的投资风险较小，而收益率较高，因此这些地区能够吸引较多的金融资源和金融服务；有的区域则发展较为滞后，如山东省的鲁西南地区，多为小农经济，生产规模化程度不高，生产力水平较为低下，金融机构对这些地区的投资风险较大，投资收益率较低，出于"风险—收

益"和自身财务可持续发展的考虑,商业性金融机构常常不愿对其进行投资。因此,经济发展较为落后的农村地区如果仅依靠商业性金融机构投资,其资金缺口问题将进一步恶化,此时,需要政府的支持。此外,农村地区还存在收入层次性,富裕阶层由于自身具有一定的资本积累,抵(质)押品较多,常常可以得到商业金融机构的贷款支持;而贫困阶层由于自身经营能力差、抵(质)押品缺乏,在政府不干预的情况下往往无法成功申请到金融机构的贷款。因此,生产力落后地区以及贫困阶层无法通过市场机制完成金融资源的自发配置,其对金融资本和金融服务的需求需要政府的适度干预才能得到满足。政府可通过政策性扶贫贷款、开发贷款等直接扶持方式,也可以通过对商业性金融机构的扶贫贷款进行财政补贴等间接方式来满足贫困阶层的金融需求。

2. 降低新型农村金融机构的行业进入壁垒。新型农村金融机构能否成功进入农村金融市场的决定性因素在于其进入市场所需支付的固定成本。新型农村金融机构只有在进入成本小于临界值时,才会选择为农村市场提供金融服务。而为了维护自身在农村地区的垄断地位和既得利益,传统农村金融机构倾向于设置进入壁垒,阻碍新型农村金融机构的进入。这种壁垒问题在地方政府的有效干预下会得到大幅改善。地方政府通过出台相关扶持政策,支持新型农村金融机构进入农村市场发展,打破农村市场原有的金融垄断局面。各类金融机构的理性竞争将提升农村金融效率,助力农村社会经济发展。

3. 引导新型农村金融机构的发展路径。新型农村金融机构发展过程中应该兼顾"财务可持续"和"社会扶贫"双重目标。然而单纯依靠新型农村金融机构的自主选择,无法同时实现双重目标,因此需要政府介入指导。政府部门通过制定各项引导和激励措施来促进新型农村金融机构向着双目标兼顾的路径演化。具体而言,可以通过增加融资途径、优化组织模式、创新经营方式以及引入农业保险等方式,降低新型农村金融机构的社会扶贫成本,增加其社会扶贫意愿。同时,以创新服务方式和灵活的利率政策等手段,增加新型农村金融机构发放农村小额贷款的收益,缩小支农贷款和商业贷款间的收益差距,助力新型农村金融机构在达到社会目标的同时,实现自身的可持续发展。

4. 引导农村金融需求。中国农村金融市场存在需求与供给错位现象，山东省同样存在正规金融在农村市场的缺位问题，反映出山东省存在农村金融抑制问题。此外，农村地区投资项目匮乏，农户对投资也多持保守态度，农村信贷需求并未得到充分释放，因此当前农村普惠金融发展过程中不仅存在金融抑制等供给层面的问题，还存在投资需求不足等需求层面的问题。因此，除了供给层面的投资引导之外，政府还需介入需求层面，推动农户提升发展意识、提高发展能力。"三农"的发展离不开农业技术的创新与推广，农户的保守态度将阻碍农业创新，此时需要政府建立"示范—推广"体系，引导农户关注科技创新，推动农户采用创新技术实现生产转型，提升其自我发展能力，最终实现收入增加的目标。

5. 加强监管，控制金融风险。当前，中国农村金融已呈现出现有金融产品和金融服务无法满足"三农"发展需求的状况，必须借助创新增加农村地区的金融供给，金融创新既包括产品创新、服务创新，也包括金融模式创新和制度创新等。然而现有的金融法律制度和金融监管体系阻碍了金融机构的创新和发展。就山东省而言，民间金融在农村市场占据重要地位，要求政府加强市场规范，为农村金融市场发展提供良好的生态环境。同时，新型农村金融机构的监管法规的缺位易导致其信贷投放失控和滋生寻租现象，造成金融风险的累积。因此，政府需要加强农村金融监管，规范金融机构的经营运作，约束民间金融组织的借贷行为，考虑部分民间金融组织的正规化转型，从而推动农村普惠金融健康、规范和可持续发展。

7.2.2 优化农村金融生态环境

7.2.2.1 积极推进法制和农村信用体系建设

1. 加强法制建设，健全法律环境。推动农村金融的健康、可持续发展，首先要强化中国农村金融的法制化水平，依托法律手段约束和规范农村金融机构的发展。完善的法律体系是农村金融生态环境优化的前提条件。目前我国已经开始实施中央与地方的双层农村金融监管机制，双层监管机制的完善也必须得到法律的保障，因此必须加强法制建设，制定农村合作金融发展规范、农村发展银行运行条例等传统农村金融机构的法律法规，同时加快小额贷款公司管理条例、放贷人管理条例、资金互助社管理条例等新型农村金融机构相关监管法规的制定。制定法律约束民间金融组织的经营行为，严厉打击金融犯罪，引导民间金融合法、健康发展，促使其更好地助力农村经济增长。

2. 加快农村信用体系建设。农村金融的发展离不开完善的信用体系。因此，应积极推进农村地区信用户、信用村、信用镇建设，通过各种宣传教育手法培育微观主体的信用意识，促进专业化征信机构发展。同时，随着互联网金融的发展，互联网大数据、云平台技术运用得到推广，合理有效地运用大数据支撑农村信用体系建设，加快建成覆盖所有农户和农村小微企业的农村征信体系，严惩各类失信行为。

3. 推进农村普惠金融基础设施建设。从山东省的调研中可以看出，近两年山东省农村基础建设力度加大，2015年实现了金融基础设施的行政村100%全覆盖，大大推动了山东省农村普惠金融的发展。普惠金融基础设施的建设对增加农村金融资金供给、提升农村金融服务水平具有重要作用。因此，应继续推进农村普惠金融基础设施建设，提高ATM机、POS机的农村地区覆盖率，提升农村支付结算水平。推动农村地区网络建设，提高手机支付和网络支付的县域以下地区覆盖率，帮助农村居民通过手机或网络终端享受快捷的金融服务。

7.2.2.2 加大财政、金融政策扶持力度

1. 加大财政政策的支持力度。首先，研究给予农村金融机构更多的税收优惠。对农村金融机构执行较低的所得税；免征农村金融机构股东的入股分红个人所得税；个人和企业向农村金融机构的捐款允许抵扣个人所得税和企业所得税。对于起步阶段的新型农村金融机构，应免征开业初期阶段的所得税；各级财政部门可以给予新型农村金融机构一定的开办费用支持；中央财政可以提供新型农村金融机构相当数量的周转性铺底资金；鼓励金融机构对新型农村金融机构提供资金支持，免征其拆借资金利息收入的企业所得税和增值税。多项财政支持举措并用，能够有效预防新型农村金融机构出现"使命漂移"，帮助其稳定、健康和可持续发展。其次，鼓励农村金融机构增加涉农贷款，对投放涉农贷款比重高的农村金融机构提供财政补贴与税收优惠等激励政策。加快制定农村金融机构涉农贷款财政贴息政策，逐步扩大涉农贷款的定向费用补贴范围，加大涉农贷款增量奖励力度；对农村金融机构在县域及县域以

下的涉农贷款给予一定的税收减免优惠。

2. 加大金融政策的支持力度。降低农村金融机构的存款准备金率。可根据农村金融机构的涉农贷款投放比重，设定差别准备金率，推进支农再贷款使用面的扩大。人民银行应逐步增加对农村金融机构支农再贷款的发放金额，鼓励大中型金融机构（如农业银行、农业发展银行等）向新型农村金融机构批发贷款，激励农村金融机构利用再贷款或批发贷款在农村地区进一步增加涉农贷款。

7.2.2.3 加快推进相关配套改革

1. 加快建立农村信贷风险分散机制。农村信贷分散机制包括推进农村保险发展和健全农村担保制度两大方面。

第一，积极推进农村保险发展。首先，农村保险事业的发展可以有效抵御农业自然风险，因此应在加强政策性农业保险的同时，推动私营保险公司的建立。从山东农村金融市场调研中可以看出，农户的农业保险意识不强，对此，政府、保险公司以及农村金融机构应加强合作，加大农业保险的宣传力度，提高农户的农业保险意识，激发其有效规避农业风险的意识，产生农业保险需求，最终实现农业保险在农村地区的全面覆盖。其次，各农业保险经营机构需全面开展农业保险产品创新工作，针对不同地区、不同收入层次开发保费低廉、保障适度等农业保险产品，灵活保费支付方式，延伸保险服务范围，提高保险理赔金额，提升保险服务效率，增加农户对保险的满意度和信任度，从而激发农户对农业保险的购买热情，推动农村保险事业的发展。最后，建立农业保险风险分散机制。自然风险方面，农业再保险业务可以分散农业保险的巨灾风险。通过和国外保险公司合作再保险业务，转嫁国内农业保险的巨灾风险，实现风险分散的目的，也可由中央财政、农业保险机构和农村金融机构等多方筹集农业保险风险保障基金，用以补偿农业保险巨灾损失，发行农业保险风险债券，利用债券的风险转嫁功能，将农业保险巨灾风险转移到资本市场。市场风险方面，应大力发展农产品期货和期权市场的建设，通过期货、期权的价格发现功能，化解农产品价格波动可能造成的市场风险。

第二，健全农村担保制度，大力推动农村信贷担保创新。首先，针对农村地区存在的信息不对称和担保品缺乏问题，借鉴国外农业担保体系经验，尝试引入第三方担保机构，构建农村信用担保体系。比如，在农村担保体系建立之初，考虑到农村金融市场环境不佳，可以由政府出资建立政策性担保机构，形成融资平台，鼓励社会资源参与，通过市场化运作模式为农村地区提供融资担保和再担保服务。同时应鼓励民间农村信贷担保公司的发展，如农村龙头企业主导的农业新型担保公司、农户合作经济组织主导的金融联结中介等，以此作为政策性担保机构的有益补充。最终建立起政府主导、多方协作、市场运作的农村信贷担保体系。其次，积极创新农村信贷抵押担保，有效扩大抵押品范围。加快推进林权抵押和土地经营权抵押，增加应收账款、存货、农用设施等权利质押和动产抵押，并积极探索与本地发展状况相适应的地方性抵（质）押品。加快推进农村抵押品流转机制建设，培育和扶持抵押品流转中介机构，为农村金融机构提供抵（质）押品的确权、评估和流转服务，从而扩大农村金融市场抵押品范围。

2. 稳步实施利率市场化。农村金融需求市场特征为贷款额度小、成本高、风险大，利率市场化有利于发放涉农贷款的农村金融机构根据具体业务情况合理定价，实现风险覆盖，促进机构的可持续发展。商业性农村金融机构的趋利性质决定了其只有在实现财务可持续性的基础上，才会将更多的资金投放到农村地区，农村地区的信贷需求才能够得到更好的满足。行政手段的制约，反而会减少农村资金的供给，最终使低利率信贷变成难以获得的稀缺资源。国际经验也证明了贴息方式的不可持续性，如孟加拉国的格莱珉银行曾经采取过贴息方式发放涉农贷款，虽然这种方式使贷款范围的穷人覆盖面扩大，但存在严重的外部资金依赖性，不利于机构的财务可持续发展。因此，格莱珉银行转变利率制定方式，实施利率市场化定价，贷款利率在20%以上，但这并没有影响贫困阶层的借贷意愿，格莱珉银行同时实现了扩大覆盖面的社会目标和可持续发展的财务目标。又如，印尼人民银行的平均利率水平为32%—43%，玻利维亚阳光银行的平均利率水平为48.5%–50.5%（张正平，何广文，2012）[①]，然而这些机构指定的利率都在贷款者的负

[①] 张正平、何广文：《国际小额信贷可持续发展的绩效、经验及其启示》，《金融理论与实践》2012年第11期。

担能力范围内，既帮助了穷人摆脱贫困，又实现了机构自身的可持续发展。因此，较高的利率不仅可行，而且具有实施的必要性（汤敏，2003）[①]。利率市场化提高了农村金融机构的涉农贷款意愿，增加了涉农资金供给，能够更好地满足农村市场的金融需求。此外，存款利率市场化，有助于农村金融机构提高吸储能力，灵活资金流动，提高自身资金供给能力。因此，应稳步实施利率市场化波动，从而促进农村金融机构更好地为农村市场提供金融服务。

7.2.3 构建"多位一体"的农村普惠金融体系

山东省的调研发现，即使在经济较发达地区，农村普惠金融体系仍不健全，外部性效应依然存在。山东省农村普惠金融体系尚未发育完善，农村普惠金融供给总量不足，众多农业经营主体依旧面临信贷资金匮乏情况。中国社会科学院农村发展研究所发布的《农村绿皮书中国农村经济形势分析与预测（2015—2016）》显示，即使作为支撑农村经济发展的龙头企业，其贷款满足度也非常有限，以省级龙头企业为例，其信贷满足度仅为50%左右。针对农户和小微企业的小额信贷更是存在业务和品种单一、贷款审批条件苛刻等问题，农村普惠金融体系的发展完善任重而道远。发展农村普惠金融需要政府的适度介入，明确政策性农村金融机构的支农功能；规划银行化转型后的农村合作金融机构的支农发展路径；引导新型农村金融机构与传统农村金融机构实现优势互补、协同发展，共同为农村市场提供金融资本和金融服务；规范民间金融的经营行为，推动并引导互联网金融在农村地区的健康发展，使其成为农村金融的重要组成部分，更好地服务于农村经济和社会发展。因此，需要构建政府引导、各方协作、市场化运转的"多位一体"农村普惠金融体系。

7.2.3.1 加快传统农村金融机构转型，提升普惠金融支农力度

1. 明确政策性金融的业务领域，提高其支农功能

中国农业发展银行作为农村地区主要的政策性银行，应贯彻国家的

---

① 汤敏：《从国外经验看中国当前农村信用社小额信贷的发展问题》，《中国审计》2003年第8期。

各项金融方针和产业政策，进一步明晰自身的业务范围，提高其支农功能。首先，农业发展银行是以国家信用为基础，提供国家规定的涉农政策性金融服务，负责农业政策性信贷资金的筹集，为"三农"发展提供金融服务。农业发展银行作为政策性金融机构的主要职责是解决外部性等市场失灵领域的金融资金供给不足和金融服务欠缺问题。对于商业性金融愿意介入提供金融服务的农村市场领域，政策性金融应适当退出，否则可能会破坏市场公平竞争，损害市场效率。其次，加强自身内部治理。农业发展银行应借鉴国外政策性银行内部治理经验，结合自身发展实际，建立起现代化的法人治理结构，提高运行效率；同时根据环境适时调整组织机构，在确保政策性信贷业务发展的前提下，推动组织内部的机构合并与重组，降低组织运行成本，提高风险控制水平。完善审贷分离、部门制衡的贷款治理制度，建立高效的风险识别、监控、预警和控制机制，推进信贷风险信息平台建设，实行信贷风险分级、分类管理；强化员工信贷风险管理意识，落实风险岗位职责，全面提高信贷风险控制水平。再次，加强对商业性金融的支持力度，形成政策性金融与商业性金融协同发展、相互支持的发展路径。农业发展银行作为重要的政策性金融机构，主要是为商业性金融提供支持，鼓励商业性金融参与融资，激励商业性金融从事一部分具有营利性的政策性金融业务。对于市场化程度较高的项目，由商业性金融主导，政策性金融辅助即可；对于一些具有外部性的项目，商业性金融机构往往不愿介入，此时应以政策性金融为主，并鼓励商业性金融适当参与。最后，加快政策性保险机构和担保机构的建立。当前我国的农村金融生态环境尚未完善，考虑到信息不对称和道德风险等问题，需要金融保险和金融担保的支持。因此，应积极推动政策性保险机构和政策性担保机构的发展，最终建立起政策性银行（农业发展银行）、政策性涉农保险机构和政策性涉农担保机构"三位一体"的政策性农村普惠金融运行模式。

2. 积极推进商业性金融机构改革

首先，大型商业性金融机构应该充分发挥自身营业网络优势、金融资产优势、市场信誉优势，将各种比较优势转化为农村金融服务优势，优化存取款、汇款等农村地区基础金融服务；增加农村基础设施建设投入，进一步改善农村网点的服务环境，推进农村地区 ATM 和 POS 机等现代化金融终端服务设施的建设与普及,提高农村基础金融服务质量;加大与新型农村金融机构的对接合作,大型商业性金融机构可通过资金批发等方式为新型农村金融提供资金支持,更好地参与农村普惠金融发展。

其次,深化农业银行和邮政储蓄银行改革。第一,作为农村地区重要的大型商业性金融机构,中国农业银行应继续深化"三农"事业部发展,赋予其县域及以下的分支机构更多的资金自主运行权,满足农村普惠金融需求。同时在贷款额度、贷款抵押、贷款利率和贷款审批等方面,加强金融产品和服务创新;加快资金有序回流机制建设,厘清资金返还渠道,促进资金运转尽快实现良性循环。第二,邮政储蓄银行应深入推进"三农"金融事业部的改革,稳步扩大省级三农金融事业部的试点范围,更好地为"三农"提供金融服务;加强与农村各类经营主体的项目合作,增加其对农村地区经济建设的参与度;充分利用基层网点的数量优势,赋予基层经营网点更大的经营灵活性,激发基层网点的自主性和创造性,提升基层网点的经营活力,将数量优势转化为农村普惠金融布局优势和服务优势;充分发挥自身优势,精耕农村市场,结合农村市场需求和发展现状,全方位进行金融产品与金融服务创新,提升邮政储蓄银行在农村地区的市场地位,在自身获得更大发展空间的同时更好地为"三农"提供服务。

3. 进一步强化农村合作金融的支农发展路径

当前的中国农村合作金融正在积极进行银行化转型。截至2016年底,已有安徽、湖北、江苏和山东四省份完成农村信用社的银行化改革。银行化转型的初衷是开拓农村合作金融机构的资金来源,然而却容易发生商业性导向下的业务偏移,降低支农力度。因此在银行化转型的背景下,需进一步强化农村合作金融的支农发展路径。首先,农村合作金融机构需要分析所处市场以及周边市场发展情况,并通过组织内部数据分析和业内历史数据比较,有效识别自身运营的优劣势。其次,结合机构自身运行实际情况,制定下一步的农村金融市场发展战略。再次,根据发展战略实现营业网点转型,并提高风险控制能力。转型后的农商行应尽快将历史形成的网点数量优势转化为网点布局优势,并将农商行功能转型提升为运营效率,克服当前历史包袱沉重、运行效率低下的弊端；通过开拓本地农村市场信息搜集渠道、加强与互联网大数据、云平台的合作，建立起大数据的风险控制模型；同时引入农业保险，扩展农村信贷抵押担保品范围，有效解决农村市场信息不对称和道德风险的问题。最后，创新农村金融产品，扩展农村金融渠道。大力推进与当地农村发展情况相契合的农村金融产品创新，利用小商业网点提供金融服务；在有条件的地区推行手机银行和网络银行等更为便捷的网络终端金融服务。

农村合作金融一直是我国农村地区的基础性金融机构，在农村金融市场居主导地位，因此深化农村信用社改革和引导其支农发展路径，对于拓宽其融资渠道，改善其法人治理结构，以及促进农村社会经济发展具有重要意义。

7.2.3.2　推动新型农村金融机构发展，增强普惠金融支农效果

新型农村金融机构普遍规模较小，且深入农村地区。推动新型农村金融机构广泛发展，能够在一定程度上改变农村合作金融在农村金融市场的垄断地位，提高农村地区金融竞争度，促进农村金融机构发展，增加农村金融供给，满足农村多元化金融需求。从而优化农村普惠金融发展环境，健全农村金融市场，完善农村普惠金融体系。

首先，从整体层面而言，需要从以下六个方面促进新型农村金融机构发展。第一，新型农村金融机构应充分利用自身在农村地区的地缘优势和人缘关系，加强自身宣传力度，帮助农户了解其在农村市场的比较优势，提高其在农村地区的知名度，从而增加新型农村金融机构的内生需求。第二，加大财政支持力度。既包括资金方面的支持，也包括对新型农村金融机构内部人员培训和组织优化的支持，提高其自身的业务操作能力、经营管理能力、机构优化能力以及风险防范能力。第三，税收支持。利用税收杠杆对新型农村金融机构的涉农资金提供税收优惠，引导新型农村机构的支农发展路径。第四，稳步调整农村地区金融机构的准入政策，适度降低准入门槛，尝试将一些合法经营的民间金融组织纳入其中，在条件允许地区适当引入国外金融机构，形成多元化的农村金融供给主体，完善农村普惠金融体系。第五，加强和大型商业性农村金融机构的对接。新型农村金融机构要增加和大型商业性金融机构的对接合作，大型商业性金融机构具有资金优势和业务优势，可以对新型农村

金融机构提供资金批发和业务指导等支持，新型农村金融机构则具有地域优势和信息优势，双方优势互补，健全农村普惠金融体系。第六，积极引导新型农村金融机构进行金融产品和业务创新。根据当地实际情况，设计开发新产品，更好地满足当地农户和农业经营主体的资金需求；灵活设计还款机制，拓宽抵押品范围，降低农村地区客户违约率；创新担保方式，根据当地实情设计小组联保方式，形成小组内部约束，减少道德风险；建立客户信用档案，对客户信用分级管理，信用级别高，则贷款额度大，贷款期限长，贷款利率低，反之亦然。

其次，各类型新型农村金融机构应积极探索自身的普惠金融发展路径。第一，村镇银行的支农发展路径。（1）村镇银行应选择优质的主发起人，借助主发起人的各项硬件、软件优势，降低运营成本，与主发起人联合开展各项支农业务，实现优势互补，提高双方支农效果。（2）与大型商业银行开展业务对接合作，提供联合贷款等服务，发展中间业务，增加中间业务收入，发挥地缘、人缘优势，分散风险，提升自身的盈利能力。（3）建立健全信贷风险控制机制，采用多元化手段全面防范农村信贷风险，降低不良贷款率。（4）结合当地实际，积极进行涉农产品创新，将自身在农村地区的比较优势转化为竞争优势，实现可持续发展。第二，农村资金互助社的支农发展路径。鼓励农村资金互助社通过建立联合组织以增强整体调剂资金的实力，确保流动性资金的合理安排，实现农村地区产业资本和金融资本的对接融合。加强对农村资金互助社支农发展路径的引导和监管，稳步推进农村资金互助社发展。第三，激励小额贷款公司在农村地区开展普惠金融服务。（1）完善对小额贷款公司的监管机制，引导其健康、可持续发展。（2）转变对其股权分散的要求，吸引国内外优质投资主体加入农村普惠金融体系，促进农村普惠金融发展。（3）建立大中型金融机构与小额贷款公司的对接机制，大中型金融机构发挥资金优势、管理优势和财务优势对小额贷款公司提供支持，小额贷款公司则利用自身的地缘、人缘优势向大中型金融机构提供信息和客户资源支持，双方优势互补，协调发展农村普惠金融业务。（4）小额贷款公司应充分发挥自身在农村地区的比较优势，完善风险控制机制，降低不良贷款率，确保自身的财务可持续性。

7.2.3.3 促进农村民间金融健康发展，完善普惠金融支农体系

1. 引导民间金融健康发展，更好地为农村市场服务

第一，调研结果和相关数据都显示，民间金融已成为我国农村地区重要的融资方式，在一定程度上满足了农村地区的金融需求，对农村普惠金融发展具有一定的促进作用。因此应加强对民间金融的监管，严厉打击民间金融中的非法经营行为，厘清农村民间金融发展环境，促进民间金融组织合法经营、正当竞争、健康发展，更好地参与到农村普惠金融的发展中来。

第二，促进民间金融规范化发展。借鉴国外民间金融发展经验，认为其组织形式和风控机制具有较大局限性，因此有必要促进民间金融正规化发展。从机构自身发展角度来说，应制定相关法律，允许资产质量高、管理科学、合法经营和具有市场竞争力的民间金融机构升级或转型为民营银行，纳入正规金融机构范畴。民间金融机构转型过程中，应充分考虑区域经济发展水平和市场竞争状况，创造理性的农村金融市场竞争环境。民营银行的审批权应高度集中，审批程序严格遵守法律规范，坚决杜绝金融市场寻租活动，避免不合格民间金融机构混入金融市场现象发生。逐步放宽转型后民营银行的业务领域，多举措促进民营银行服务农村市场，完善农村普惠金融体系。

2. 鼓励互联网金融进入农村市场，参与农村普惠金融建设

第一，加强监管。针对目前互联网金融市场发展较为混乱的现象，各级政府应出台相关法律法规，建立互联网金融监管体系，明晰各互联网金融机构业务范围，确定互联网金融监管部门。制定互联网金融的行业门槛标准，并实施分级、分类管理。制定互联网金融企业的定期报告制度，要求其定期向监管部门进行业务汇报。建立基于大数据的互联网金融监管模式，构建风险分析模型，做到对互联网金融的实时监管，预防并控制互联网金融风险。

第二，促进正规农村金融机构和互联网金融的对接融合。互联网金融企业可利用正规金融机构物理网点多、品牌美誉度高、资金实力强和风险管理规范的优势，克服自身营业网点缺乏、品牌效应不强和资金实力较弱的劣势。正规金融机构可以利用互联网金融企业提供大数据信息和先进的互联网金融技术克服自身的信息劣势。双方展开对接合作，优

势互补，构建全面高效的线上线下金融机构互相促进、共同发展的农村普惠金融体系。

第三，深耕"互联网+农村供应链金融"，助力农村经济发展。2016年6月，国务院下发《大力发展电子商务加快培育经济新动力的意见》，意见指出要"加强互联网与农业农村融合发展，引入产业链、价值链、供应链等现代管理理念和方式"，为互联网金融机构向农村供应链金融方向发展提供利好政策。2017年中央1号文件再次强调了"加快农村金融创新""供给侧结构性改革"等词汇。因此，"互联网+农村供应链金融"是互联网金融企业深耕农村市场的发展路径。互联网金融企业应紧抓政策红利，布局农村市场，从供应链金融角度更好地服务农村市场。

7.3 研究展望

本书对农村普惠金融运行机制问题进行了较为深入的研究，然而农村普惠金融发展问题是一个复杂的前沿课题，当前我国的金融体制尚处于不断完善阶段，农村社会经济也在快速发展过程中，因此，该课题有进一步深入研究的必要性。

1. 实证分析需要不断完善。一方面，各类型金融机构和金融组织具有复杂性，需要对所有涉农金融机构和金融组织展开持续、全面的调研，力保数据的完整性。另一方面，需要不断完善调研样本，尽可能考虑到样本的充分性、分散性和有效性，充分凸显样本的代表性，保证实证研究结论的科学性和有效性。

2. 理论研究需进一步深入。例如，对部分农村普惠金融机构（如小额信贷机构、农村信用合作社等）商业化的理论根源将进一步深入研究，对农村普惠金融机构发展路径的机制分析也将继续全面和深化。

3. "多位一体"的农村普惠金融模式仍需要进一步研究。本书提出各类型农村金融机构应在发挥自身优势的同时对接发展，优势互补，探索"多位一体"的联合发展模式。这一建议仍需根据各类型农村金融机构的发展特点在一定时期内追踪研究，探索一条切实可行的改革路径，建立与山东省社会经济发展状况相适应的农村普惠金融体系。

附录Ⅰ 山东省农户借贷行为调查问卷

为了对当前山东省农村居民借贷行为进行摸底分析,了解农户在借贷过程中存在的实际问题,特展开此次问卷调查。请您根据实际情况协助我们填写调查问卷。我们承诺将对您的信息完全保密,感谢您的合作。

一、家庭基本情况

1. 您的家庭住址为_____市_____县_____乡(镇)_____村联系方式_____(可不填)
2. 家庭基本情况:人口_____家庭成员最高文化水平_____
3. 户主文化程度(　　)
   a. 基本不识字　　　　b. 小学　　　　c. 初中
   d. 高中或中专　　　　e. 大专及以上
4. 户主性别(　　)
   a. 男性　　　　b. 女性
5. 家庭成员中有无接受过职业技能培训的,或者有无某种技能(　　)
   a. 有　　　　b. 无
6. 农户类型(　　)
   a. 一般农户　　　　b. 种养大户　　　　c. 低保贫困户
   d. 工商户
7. 家庭所从事的行业(　　)
   a. 种植业(种植水稻、小麦、蔬菜、瓜果等粮食作物、经济作物、

饲料作物和绿肥）

　　b. 林业（通过培育和采伐林木来生产林木产品、林副产品、林区农产品、苗木花卉、木制品、木工艺品、竹藤制品、森林食品、林化工产品等与森林资源相关的产品）

　　c. 务工（本地务工和外地务工）

　　d. 养殖业

　　e. 其他

　8. 2015 年家庭总收入为（　　）

　　a. 0.5 万元以下　　　b. 0.5 万—1 万元　　c. 1 万—3 万元

　　d. 3 万—5 万元　　　e. 5 万元及以上

　9. 2015 年家庭经济收入主要来源_____

　10. 您家收入在本行政村处于（　　）

　　a. 上等　　　　　　　b. 中上　　　　　　　c. 中等

　　d. 中下　　　　　　　e. 下等

　11. 2015 年家庭总支出为（　　）

　　a. 0.5 万元以下　　　b. 0.5 万—1 万元　　c. 1 万—3 万元

　　d. 3 万—5 万元　　　e. 5 万元及以上

　12. 您家 2015 年支出主要用于（　　）

　　a. 消费项目　　　　　b. 投资项目

　13. 您家 2015 年消费性支出排序（从高到低）_____

　　a. 住房　　　　　　　b. 日常支出　　　　　c. 医疗

　　d. 婚丧　　　　　　　e. 意外事件

　14. 您家 2015 年投资性支出排序（从高到低）_____

　　a. 股票证券投资　　　b. 生产资料投资　　　c. 教育类投资

　　d. 银行储蓄

二、家庭民间私人借贷状况

　1. 是否有过民间借贷行为（　　）

　　a. 有　　　　　　　　b. 无（跳至第三部分）

　2. 借款来源（　　）

　　a. 亲戚朋友（无息或低息）　　　　　　　　b. 高利贷

c. 小额贷款公司　　　　　　　　　d. 其他

3. 私人借贷是否有合约（　　）

a. 有　　　　　　　　b. 无

4. 私人借贷有无担保人（　　）

a. 有　　　　　　　　b. 无

5. 私人借贷有无抵押（　　）

a. 有　　　　　　　　b. 无（跳至第7题）

6. 抵押物为

7. 私人借贷有无利息（　　）

a. 有（继续第8题）　　b. 无（跳至第9题）

8. 利率一般是多少

9. 私人借款期限（　　）

a. 1个月　　　　　　b. 1—3个月　　　　c. 3—6个月

d. 6—12个月　　　　 e. 1年及以上

10. 私人借款用途（　　）

a. 看病　　　　　　　b. 子女教育　　　　c. 婚丧

d. 购买生产资料　　　e. 建房　　　　　　f. 经商

g. 办厂　　　　　　　h. 其他

11. 民间私人借贷原因（　　）（可多选）

a. 手续简单速度快　　b. 成本低　　　　　c. 无抵（质）押

d. 亲友互助　　　　　e. 其他

12. 不向银行或信用社借款的原因（　　）

a. 手续多速度慢　　　b. 成本高　　　　　c. 无抵押物

d. 无担保人　　　　　e. 可能贷不到　　　f. 其他

13. 若到期无法偿还贷款，您采取的措施为（　　）

a. 借款还账　　　　　b. 抵押品顶账　　　c. 延长期限

d. 保证人偿还　　　　e. 逃债

f. 其他_____

14. 若到期无法偿还贷款，放贷人采取的措施为（　　）

a. 威胁　　　　　　　b. 获取抵押品　　　c. 延长期限

d. 要求保证人偿还　　e. 亲友规劝　　　　f. 其他_____

15. 对民间私人借贷的建议

三、农村信用社或银行借贷情况

1. 您家是否有存折（　　）

   a. 是　　　　　　　　b. 否

2. 您家是否有储蓄卡（　　）

   a. 是　　　　　　　　b. 否

3. 您家是否有信用卡（　　）

   a. 是　　　　　　　　b. 否

4. 是否使用过现代的数字化支付手段（　　）

   a. 是　　　　　　　　b. 否（跳至第6题）

5. 使用过哪种现代的数字化支付手段（　　）（可多选）

   a. 网银　　　　　　　b. 手机银行　　　　c. 微信支付

   d. 支付宝　　　　　　e. 其他第三方支付手段

6. 若申请贷款，是否拥有足额、有效的担保（　　）

   a. 是　　　　　　　　b. 否

7. 是否获得农村信用社或银行的足额贷款（　　）

   a. 是　　　　　　　　b. 否（跳至第四部分）

8. 农信社或银行是否对您家进行过信用评级并授予相应的信用额度（　　）

   a. 是（授信额度为＿＿＿＿＿＿）　　　b. 否

9. 最近一次的借款金额为（　　）

   a. 1万元以下　　　　　b. 1万—3万元　　　c. 3万—5万元

   d. 5万—10万元　　　　e. 10万—30万元　　 f. 30万—50万元

   g. 50万元及以上

10. 借款期限为（　　）

    a. 1个月　　　　　　 b. 1—3个月　　　　 c. 3—6个月

    d. 6—12个月　　　　　e. 1—3年　　　　　 f. 3年及以上

11. 利息支付方式为（　　）

    a. 按月付息　　　　　 b. 按季付息　　　　 c. 按年付息

    d. 一次性还本付息　　 e. 无息

12. 贷款方式为（　　）

　a. 信用贷款　　　　　　b. 抵（质）押贷款

　c. 保证人担保贷款　　　d. 小组联保贷款

　e. 其他_____　（a、c、d、e 跳至第 14 题）

13. 抵（质）押贷款的抵（质）押物为（　　）

　a. 房屋　　　　　　　　b. 家庭大件财产（汽车、电器等）

　c. 土地　　　　　　　　d. 林权　　　　　　　e. 牲畜

　f. 存折　　　　　　　　g. 其他

14. 借款时希望的抵（质）押品为（　　）

　a. 房屋　　　　　　　　b. 家庭大件财产（汽车、电器等）

　c. 土地　　　　　　　　d. 林权　　　　　　　e. 牲畜

　f. 存折　　　　　　　　g. 其他

15. 借款用途（　　）

　a. 看病　　　　　　　　b. 子女教育　　　　　c. 婚丧

　d. 购买农业生产资料　　e. 建房　　　　　　　f. 经商

　g. 办厂　　　　　　　　h. 其他

16. 从提出申请到拿到贷款用了多长时间_____天

17. 您认为信用社或银行贷款面临的主要问题是（　　）（可多选）

　a. 审批期限太长　　　　b. 贷款期限太短　　　c. 贷款额度太小

　d. 手续太复杂　　　　　e. 利息太高　　　　　f. 贷款难度太高

　g. 服务态度差　　　　　h. 其他_____

18. 您对信用社或银行的服务是否满意（　　）

　a. 非常满意　　　　　　b. 满意　　　　　　　c. 一般

　d. 不满意　　　　　　　e. 非常不满意

19. 信用社或银行的贷款难易程度是否较以前出现变化（　　）

　a. 是　　　　　　　　　b. 否（跳至第 21 题）

20. 信用社或银行的贷款难易程度出现了什么变化（　　）

　a. 简易了　　　　　　　b. 更难了

21. 您认为信用社或银行应改善哪些服务（　　）（可多选）

　a. 精简审批程序　　　　b. 延长贷款期限　　　c. 灵活贷款额度

d. 增加抵（质）押品范围　　　　　　　e. 改善服务态度

f. 其他_____

22. 有无过向农信社或银行申请但未借到款的情况（　　）

a. 有　　　　　　　　b. 无（跳至第24题）

23. 未借到款的原因是（　　）

a. 没有担保人　　　　b. 没有抵（质）押物

c. 未参加小组联保　　d. 没有社会关系

e. 信用记录不好　　　f. 前一次的贷款未还清

g. 其他

24. 对申请农信社或银行贷款有何建议

四、农业保险需求状况

1. 下列农业生产风险中，您最担心的是（在相应处打"√"）

	干旱	洪涝	冰雹	霜冻	台风	虫害	病害	市场价格	其他
粮食作物									
经济作物									
家畜家禽	—	—	—	—	—				

2. 当您遭受农业生产风险时，您考虑通过哪种方式对抗（　　）

a. 原有储蓄　　　　　b. 亲友救助　　　　c. 国家或集体救助

d. 农业保险赔付　　　e. 借/贷款

3. 您是否知道政府对购买规定的农业保险能够给予一定比例的保费补贴（　　）

a. 不知道

b. 知道部分（补贴险种不详）

c. 知道部分（补贴比例不详）

d. 完全清楚

4. 如果您未购买农业保险，请回答（1）-（3）：

（1）您未购买农业保险的原因为（　　）（可多选）

a. 不了解　　　　　　b. 无合适险种　　　c. 赔付比率太低

d. 没必要买　　　　　e. 手续复杂　　　　f. 保费太高

g. 周围无人购买　　　　　h. 其他

（2）如果购买农业保险，您愿意承担的最大保费比例是（　　）

a. 30%以下　　　　　b. 30%—50%　　　　c. 50%—70%

d. 70%及以上

（3）当农业保险的保障水平达到（　　）时，您可能会考虑购买

a. 50%　　　　　　　b. 70%　　　　　　　c. 90%

d. 100%

5. 如果您购买了农业保险，请回答（1）-（5）题

（1）您购买农业保险的主要原因是（　　）

a. 政府强制购买　　　　b. 可以获得政府补贴　c. 防范风险

（2）您家购买的农业保险的保费为（　　）

a. 0.5万元以下　　　　b. 0.5万—1万元　　　c. 1万—3万元

d. 3万—5万元　　　　　e. 5万元及以上

（3）若无政府补贴，您是否愿意购买农业保险（　　）

a. 是　　　　　　　　　b. 否

（4）若购买了农业保险，但未发生任何风险，您是否认为吃亏（　　）

a. 是　　　　　　　　　b. 否

（5）您（不）续保的原因是（　　）

a. 赔付金额（不）满意　b. 赔付手续（复杂）简单

c. 赔付态度（差）好　　d. 其他

6. 您认为农业保险存在哪些问题（　　）（可多选）

a. 不了解农业保险　　　b. 保费太高　　　　　c. 险种太少

d. 手续复杂

e. 赔付条件太苛刻　　　f. 其他_____

7. 您对农业保险有何建议

附录Ⅱ 改革开放以来中国农村金融发展历程概述

自改革开放以来,农村金融立足于服务农业发展、满足农户信贷需求和适应农村经济发展等目标,积极进行了全方位、多层次的改革。总体而言,农村金融改革历程和我国金融体制改革历程相契合,但进展速度缓慢滞后。至于农村金融的改革阶段,不同学者从不同的视角给出了不同的划分,这也从一个侧面反映出了农村金融改革的复杂与艰辛。

章奇等(2004)对农村金融改革的阶段划分为:第一阶段为1979—1993年的农村金融机构和农村金融市场的恢复成立阶段;第二阶段为1994—1996年的农村金融体系框架形成阶段。1996年8月,《国务院关于农村金融体制改革的决定》正式颁布实施,农村金融改革的指导思想得以确定,明确了"以合作金融为基础,商业性金融、政策性金融分工协作"的农村金融体系发展思路。第三阶段为1997—2002年,受亚洲金融危机影响,为了控制金融系统性风险,这一阶段确立了农村正规金融机构的主导地位,而非正规金融活动由于风险大而被抑制。第四阶段始于2003年,是农村金融改制深化阶段[1]。章奇等对于农村金融发展历程的阶段划分观点得到了何广文和李树生(2008)的赞同[2]。此外,徐忠等(2009)对农村金融发展进程的划分也遵从了

---

[1] 章奇、黄季焜:《中国农村金融现状与政策分析(之二):加快立法工作,改进农村金融服务》,https://wenku.baidu.com/view/bf41c8eff8c75fbfc77db25a.html。

[2] 何广文、李树生:《农村金融学》,中国金融出版社2008年版。

章奇等的观点①。

周立（2006）则将农村金融改革划分为三个阶段，划分的节点分别为 1993 年和 2003 年。他认为第一阶段改革建立起了单独的农村金融安排，始于 1993 年的第二阶段改革则试图构建"三位一体"的农村金融发展框架，而 2003 年开始的第三阶段改革提出了下放农信社走向市场的思路②。

中国农村金融学会（2008）以农村金融体系和相关政策规定的建立与完善为主要依据，对农村金融改革进程进行划分：第一阶段（1978—1983 年）为农村金融体系重构阶段，第二阶段（1984—1995 年）为农村金融拓展阶段，第三阶段（1996—2002 年）为农村金融调整阶段，第四节段（2003—2008 年）为农村金融深化阶段。

农村金融改革进程的阶段划分应充分考虑宏观经济形势与国家政策导向，1993 年、1996 年和 2003 年这三个年份中均有重大农村金融政策颁布或先进理念引入，因此以这三年为节点对农村金融发展进程进行划分。

Ⅱ.1　农村金融机构恢复与成立阶段

自 1978 年改革开放以来，原有的农村金融体系已不适应当前农村状况，为加快农村经济发展，我国开始恢复和成立新的农村金融机构，创建多元化的农村金融体系。这一阶段（1978—1993 年）的农村金融体系确立了中国农业银行的核心地位，恢复了农村信用社的合作金融地位，组建了邮政储蓄机构，试点了非正规农村金融组织形式，以及恢复办理农村保险业务。

1. 恢复设立中国农业银行

以 1978 年 12 月召开的党的十一届三中全会为标志，金融体制改革正式启动，中国农业银行进入恢复期。金融体制改革提出对中国人民银行进行拆分，并根据服务经济领域的差异，组建了四大国有专业银行分

---

① 徐忠、张雪春、沈明高、程恩江：《中国贫困地区农村金融发展研究：构造政府与市场之间的平衡》，中国金融出版社 2009 年版。
② 周立：《三次农村金融改革评述》，《银行家》2006 年第 3 期。

别承担中国人民银行拆分出的相应职能，中国农业银行为其中之一。1979年2月，国务院颁布了《关于恢复中国农业银行的通知》，通知中明确指出了中国农业银行的职能为"统一管理支农资金，集中办理农村信贷，领导农村信用社"。恢复后的农业银行作为国务院直属机构，接受中国人民银行的监督和管理。因此，此时的农业银行获得国家大量的财政补贴，主要负责储蓄和资金管理，同时还兼顾对合作金融组织（农村合作信用社）的管理，具有官方性质，处于农村金融体系的核心和垄断地位。

2. 恢复农村信用社的合作金融地位

1978年党的十一届三中全会以后，人民公社体制解散，农村信用合作社被确认为重要的基层机构和金融部门。1979年，中国人民银行对农村信用合作社的管理权下放给农业银行，并由农业银行县级支行对当地农村信用社的职责进行监管，然而农业银行和农村合作信用社的关系在不同地域、不同时期又存在差异性。1983年，为提高自身独立性，农村信用合作社开始自发组织县级联社，但其实质仍受制于农业银行县级支行。很多地区的农村信用合作社和农业银行是两个招牌、一个班子，这促使农村金融出现商业化趋势。1984年，国务院颁布相关规定，界定了农村信用合作社为群众性合作金融的性质，但由于其业务发展仍受到农业银行管理，浓烈的"官办"色彩使其并未真正向群众合作金融方向发展。

3. 组建邮政储蓄机构

1986年4月，经国务院批准，邮政部门恢复办理储蓄业务，允许邮政储蓄在全国范围内开办存款业务。在此政策引导下，全国各地设立了大量邮政储蓄机构。此外，邮电系统内部设置邮政储汇局，负责对邮政储蓄、汇兑等相关金融业务的管理。邮政储蓄机构设立初期是代理中国人民银行经办储蓄业务，所吸收的存款全部转存于中国人民银行，人民银行按月支付代办费用（0.22%）。1990年后，邮政储蓄正式改为自办，但其所吸收的存款仍要求全部转存中国人民银行，中国人民银行对其支付转存利率。随着邮政储蓄机构的不断发展，其逐渐成为在农村地区开展储蓄业务的重要力量。在20世纪80年代末期和90年代初期的高通胀时期，邮政储蓄在吸收农村存款、回笼资金、缓解通胀方面起到了积极的作用。但不应忽视的是，由于邮政储蓄在农村地区只存不贷，对农村资金起到"抽水泵"作用，导致农村金融资源加快流出。

4. 民间金融发展迅速

这一时期，为快速恢复和发展农村经济，发挥民间金融的正向作用，国家支持民间金融发展。利好政策下民间金融在全国范围内得以快速发展，不论是贫困还是富裕地区、粮区还是渔区、城郊还是山区都存在民间金融的身影。民间金融的借贷来源主要为农户的农业劳动收入、劳务收入以及从农村正规金融机构低利贷款再放债。而借贷的形式多为乡镇企业以入股分红、以资代劳为目的的集资和个人为生产、生活所进行的相互间借贷。随后，标会、打会、合会和私人钱庄等农村民间金融组织逐渐发展，农村高利贷问题也随之滋生。高利贷助长了投机倒把等不良社会风气，影响了农村地区的经济发展和社会稳定，对农村信用社正常的吸储业务具有挤出作用。为了遏制高利贷问题的进一步恶化，国务院颁布了《关于制止社队高利筹资的通知》等文件，从制度高度明确指出，必须打击和遏制高利贷现象在农村地区的发展蔓延。然而，农村信用社的低息吸储正常以及农村正规金融机构在农村地区资金供给不足的存在，使国家对于遏制高利贷蔓延问题上态度暧昧。为促使农村社会经济发展，保持农村生产者积极性，发挥民间金融的正向作用，国家强调需慎重看待高利贷现象，对于高利贷性质的界定不应仅从利率高低判定，而应从资金用途和资金效益层面界定。

1984年，第一家农村合作基金会①在四川成立，同时部分农业企业的财务公司也获准成立。农村合作基金会建立的初衷是抑制人民公社解散后出现的集体资产流失问题，其资金来源于集体资金和农户的个人股金，以集体资金为主，其贷款对象主要是本乡和本村农户，不以盈利为唯一目标，追求经济与社会效益的和谐统一；其资金投放领域主要为种

---

① 农业部在1993年的第8号文件中对农村合作基金会做出了界定："农村合作基金会是在坚持资金所有权及其相应的收益权不变的前提下，由乡村集体经济组织和农户按照自愿互利、有偿使用的原则而建立的社区性资金互助合作组织。它的宗旨是：为农民服务，为农业生产服务，为发展农村集体经济服务。"胡必亮等（2006）认为，大多数农村合作基金会并未经过人民银行审批，也没有在工商部门注册登记，未取得营业执照，就这个角度而言，农村合作基金会可以被归入民间金融范畴。

养殖、乡镇村企业以及农业社会服务系统。鉴于农村合作基金会对于清理农村基层财务问题的积极作用，1984—1992 年，国家出台了大量政策支持其发展。在国家政策导向下，至 1992 年底，全国 15% 的村和 37% 的乡镇均建立了农村合作基金会。这一时期的农村合作基金会对农户增产增收起到了积极的促进作用，据统计 1990—1992 年，各地农户在农村合作基金会支持下共获益约 13 亿元（黄延信，1995）①。

5. 恢复农业保险

1982 年底，国务院颁布《当前农村经济政策的若干问题》，我国开始恢复办理农业及畜牧业保险业务，用以补偿生产经营过程中的风险给农业和畜牧业带来的损失。同年，中国人民保险公司着手办理保险业务，并协助其他金融机构开展工作。1983 年，中国人民保险公司开始在部门城市设立分支机构，为农户提供涉及农民生产各个方面的保险服务。农业保险恢复初期，由中国人民保险公司全权负责农业保险业务的办理以及保险金的储备与管理事项，农业保险的亏损也由其内部的盈利险种弥补。《中国统计年鉴》资料显示，农业保险在 1982—1992 年迅速发展，至 1992 年保险额突破 8 亿元关口。

表Ⅱ-1 更为直观地反映出了这一时期（1978—1993 年）农村金融改革路线

表Ⅱ-1 农村金融机构恢复成立阶段的改革路线（1978—1993 年）

年份	改革进程	政策背景
1977	明确农村信用社的集体金融组织性质，接受中国人民银行的领导，是国家银行在农村的基层机构	
1979	（1）将中国农业银行的基层营业所与农村信用合作社进行合并，农村信用社改由中国农业银行来领导，隶属于农业银行，是中国农业银行的基层机构 （2）恢复中国农业银行，将其作为国务院的一个直属机构，由中国人民银行负责管理监督	国务院颁布《关于恢复中国农业银行的通知》指出农业银行"统一管理支农资金，集中办理农村信贷，领导农村信用合作社，发展农村金融事业"

---

① 黄延信：《积极扶持农村合作基金会健康发展》，《中国软科学》1995 年第 11 期。

续表

年份	改革进程	政策背景
1980	(1) 划分银行与财政在资金管理上的职责，划分中央银行与专业银行的职责，扩大农业银行的自主权，并开始发放农户贷款 (2) 农业银行着手改革农村合作信用社体制。	1980年，农业银行下发《关于改革农村信用合作社体制，搞活信用合作社工作的意见》
1982	(1) 启动对农村信用社"组织上的群众性、管理上的民主性和经营上的灵活性"的"三性"改革试点	1982年底党中央和国务院召开全国农村工作会议，并颁发了《当前农村经济政策的若干问题》
1982	(2) 恢复农业及畜牧业保险。	1982年2月国务院批准中国人民银行《关于国内保险业务恢复情况和今后发展意见的报告》
1983	政社分设，确定农村信用社的性质为合作金融组织，为独立的经济实体。	1983年，农业银行下发《关于改革信用社管理体制试点的通知》
1984	(1) 农业银行进行管理体制改革，涉及旧农贷、行长基金、资金管理责任制、经营责任制奖金、奖励基金、大额贷款、信托部或信托投资公司等方面 (2) 中国第一家农村合作基金会正式诞生	1984年6月，农业银行向国务院提交《关于改革信用合作社管理体制的报告》，同年8月获批
1985	(1) 农村信用社作为独立主体经营，自负盈亏 (2) 农村信用社的"三性"改革出现反弹 (3) 农村信用社确定由农业银行领导和管理	为适应农村经济发展需要，激发农村金融发展活力，农村金融组织获得了更多的权限
1986	(1) 降低农村信用社提存准备金比例，不得下达指令性转存款指标，确保其多存多贷 (2) 邮局恢复办理储蓄业务 (3) 农业银行负责发放扶贫贴息贷款	(1) 1985年中央1号文件明确指出农信社发展方向与管理归属 (2) 1986年中央1号文件 (3) 1986年中国人民银行与邮电部共同签订《关于开办邮政储蓄的协议》
1987	农村信用社独立经营实行、民主管理、自负盈亏，拥有资金营运自主权，各级政府与国家银行均不得对其进行干预	

续表

年份	改革进程	政策背景
1988	取消农村信用社的宽松政策,实行信贷收紧方针,农村信用社改革出现停滞	国内通货膨胀严重,为控制通胀,国家对农村金融管制增强,部分下放的权限被收回
1990	农村信用社收归农业银行领导和管理	
1993	农村信用合作社进行股份合作制改革试点,在产权清晰、政企分开、自主经营、自负盈亏等"独立性"方面进行探索	1993年12月国务院做出《关于金融体制改革的决定》

资料来源:根据刘鸿儒(2009)[①]、徐忠等(2009)[②]、申睿波(2012)[③]、武霞(2013)[④]、钱力(2014)[⑤]、金运(2015)[⑥]以及中国人民银行(2012)等相关资料整理所得。

Ⅱ.2 农村金融拓展阶段

在农村金融改革历程中,拓展阶段(1994—1996年)是一个虽短暂但却重要的转折阶段。这一时期的社会经济环境变化、改革过程中出现的新事物、新问题以及对前期农村金融改革的反思与总结,都对今后农村金融改革的发展思路产生了深远影响。

从社会经济环境变化看,1993—1994年我国经历了一次严重的通货膨胀。1994年我国通货膨胀率高达14%,零售物价指数和消费者价格指数更是一度超过20%,而长期累积的银行不良资产被认为是导致这次通货膨胀的重要原因之一。1993年11月,党的十四届三中全会提

[①] 刘鸿儒:《回顾我国金融体制改革的历程》,《百年潮》2009年第5期。
[②] 徐忠、张雪春、沈明高、程恩江:《中国贫困地区农村金融发展研究:构造政府与市场之间的平衡》,中国金融出版社2009年版。
[③] 申睿波:《中国农村金融体系的结构优化研究》,博士学位论文,中央财经大学,2012年。
[④] 武霞:《中国农村金融体系:三元架构模式研究》,博士学位论文,辽宁大学,2013年。
[⑤] 钱力:《我国农村金融改革与发展研究》,博士学位论文,复旦大学,2014年。
[⑥] 金运:《中国农村金融改革发展历程及改革思路》,博士学位论文,吉林大学,2015年。

出了金融体制改革的总目标。同年12月,国务院颁发《国务院关于农村金融体制改革的决定》,改革重点是去除政策性银行对商业银行的干扰,实现政策性金融与商业性金融的相互分离。

1. 农业银行商业性转型

确切到农村金融领域,为改变农业银行长期以来的"三性合一"状态(同时提供政策性、合作性和商业性金融服务),提高农村金融在农村地区的作用,确保国家的产业政策和产业区域发展政策的有效落实,促进农村社会经济发展,1994年4月国务院决定组建中国农业发展银行,并明确规定其负责农业开发、国家粮棉油储备和农副产品合同收购等农业政策性金融业务,同时代理拨付财政性支农资金。据此,农业银行将1860.84亿元政策性贷款划转给农业发展银行,农业银行转型成为商业性银行,初步实现了政策性金融与商业性金融的分离。

2. 恢复农村信用社的独立性和合作性

这一时期,农村信用社在农村金融市场中的主导地位得以确定和巩固。根据统计数据,截至1995年末,全国共建立5万余家独立核算的农村信用社,贷款额也达到了全部农业生产贷款总额的60%以上。1996年,全国农村金融体制改革工作会议召开,会议提出农村信用社不再归农业银行管理和监督,划归农村信用社县联社管理,同时中国人民银行负责监管。同年,农村信用社完成与农业银行的脱离工作。同年8月,国务院下发《关于农村金融体制改革的通知》,通知指出农村信用社要按照鼓励自愿入股、社员民主管理和为入股社员服务的思路推进改革,并重新强调了其合作性质。在一系列改革举措下,农村合作社的独立性和合作性得以恢复。然而不应忽视的是,实际经营过程中,农村信用社正在与其提供合作化农村金融服务的设计初衷背道而驰,非合作化趋势日益加剧,甚至比农业银行更商业化。

3. 整顿农村合作基金会

民间金融方面,早期得到国家政策扶持的农村合作基金会在这一阶段快速扩张。自1992年起,农村合作基金会将集股重点转向个人,个人股金迅速增长,其股金分红额度甚至高于集体股金分红。

1994年,农村合作基金会的存贷业务包括办理短期存款业务和对乡镇企业的高额贷款。系列政策红利刺激下,截至1996年,全国共有乡级农村合作基金会 2.1 万个，村级 2.4 万个，融资规模高达 1500 亿元（李静，2004）[①]。但随后，其发展方向违背了互助初衷，弊端与风险日益凸显，不仅内部管理混乱，而且采取高息吸储等恶性竞争手段，极大地提升了农村金融风险，严重威胁到金融市场秩序的正常运行。为扭转这一局面，1994 年，国家着手对农村合作基金会进行整顿，并在 1996 年 8 月通过了《国务院关于农村金融体制改革决定》，决定中明确指出要整顿社区性合作基金会，并把其纳入农村信用社管理体制。但由于前期累积了大量不良资产，加之中央调控举措与乡镇级政府利益间存在矛盾，整顿难度较大。

表 Ⅱ-2　　　　农村金融拓展阶段的改革路线（1994—1996 年）

年份	改革进程	政策背景
1994 年	（1）合理规划农业银行与信用社的关系，分别设立农业银行营业所和农村信用社，建立和发展农村信用社县联社 （2）成立政策性金融机构——国家开发银行，业务范围包括涉农信贷 （3）建立农业发展银行，负责农业政策性金融服务。初步实现政策性金融与商业性金融相分离	
1995 年	颁布系列金融法规，促使农村金融发展法治化和规范化。	
1996 年	（1）提出"以合作金融为基础，商业性金融、政策性金融分工协作的农村金融体系"，提出恢复农村信用社的合作性农村信用社不再归农业银行监管，划归农村信用社县联社管理、中国人民银行监督，对商业化倾向的农村信用社进行整顿，并组建成农村合作银行 （2）农业银行剥离政策性金融业务，转型为商业银行	1996 年 8 月《国务院关于农村金融体制改革的通知》

资料来源：同表 Ⅱ-1。

Ⅱ.3　农村金融改革探索阶段

1997 年受亚洲金融危机影响，我国经济发展速度放缓，通货膨胀

[①] 李静：《中国农村金融组织的行为与制度环境》，山西经济出版社 2004 年版。

现象消失，通货紧缩问题显现。这一阶段（1997—2002 年）金融领域的重点改革任务是，消除金融体系中被金融危机刺激放大的前期累积风险，保证金融资产安全，维护金融体系稳定，如表Ⅱ-3 所示。

表Ⅱ-3　农村金融改革探索阶段的改革路线（1997—2002 年）

年份	改革进程	政策背景
1997	（1）大幅收缩撤并国有商业银行农村基层机构 （2）加大对农村合作基金会的整顿力度 （3）中国人民保险公司进行商业性转型，农业保险业务发展受阻	1997 年，国务院颁布《关于深化金融改革，整顿金融秩序，防范金融风险的通知》 1997 年国务院颁发《关于深化金融改革，整顿金融秩序，防范金融风险的通知》
1998	（1）国有商业银行商业化改革，逐步撤出县以下农村市场 （2）明确信用社扩股方式，鼓励个人入股，同时吸收个人和集体股金，恢复合作制性质；进行县级社一级法人制规范试点 （3）全国范围的农村合作基金会出现挤兑现象 （4）农业发展银行专责于供应和管理农副产品收购资金，政策性贷款业务划归农业银行	1998 年，国家出台《非法金融机构和非法金融业务活动取缔办法》 1998 年 3 月，国务院对农业发展银行和商业银行的职责范围重新划分
1999	（1）开展农村信用社小额信用贷款 （2）在全国范围内清理和整顿农村合作基金会社支农再贷款业务，发行央行专项票据用于置换农村信用社的不良资产 （3）农业银行大量撤并县以下网点，业务重点由农村转向城市，贷款审批权上移到总行和一、二级分行	中国人民银行实施支农再贷款政策 出台《清理整顿农村合作基金会工作方案的通知》
2000	（1）以江苏为试点，开展以县为单位的法人，尝试建立农村商业银行，着手组建省级联社，试点开展农户联保贷款业务 （2）农业银行撤出农贷领域，农村信用社在农村金融市场居垄断地位 （3）农村合作基金会正式退出历史舞台	

续表

年份	改革进程	政策背景
2001	（1）常熟、江阴开始着手组建农村商业银行 （2）全国范围内推广农村信用社的小额信用贷款业务	出台《农村信用社农户小额信用贷款管理指导意见》
2002	（1）按合作制改革农村信用社 （2）整顿民间金融，打击高利贷，取缔地下钱庄	提出农村信用社的合作制改革方案 出台《中国人民银行关于取缔地下钱庄及打击高利贷行为的通知》

资料来源：同表Ⅱ-1。

20世纪90年代末，农村金融环境也发生了一系列变化：首先，县级以下（含县级）国有企业和乡镇企业改制，中小型私营企业发展迅猛，国有企业产出占比不断下降，至2000年末，降至30%；其次，除土地和资金要素外，劳动力要素市场和相关要素市场基本实现自由化；再次，以现代信息技术为支撑的金融监管更加高效；复次，相关法律法规的相继出台，改善了金融法治环境，增强了履约约束力；最后，外资银行的进入和非正规金融组织的发展，使农村金融领域竞争加剧（徐忠，2009）[①]。

受上述宏观经济环境和农村金融机构经营环境变化的影响，农村金融领域的改革任务为，继续优化农村金融市场环境，支持正规金融机构发展，制约非正规金融机构蔓延。

1. 调整中国农业发展银行职责与业务

为促进农村经济发展，保障粮食流通体制改革顺利实施，1998年3月，国务院对农业发展银行和商业银行的职责范围重新划分，将原本由农业发展银行负责的农业综合开发贷款、扶贫贷款、粮食企业加工和附营业务贷款等专项贷款业务划转给商业银行负责，农业发展银行专责于粮棉油收购资金的管理。2002年，为深化贯彻实施粮棉油流通体制改革，达到农业经济结构调整目标，国务院允许农业发展银行对其业务种

---

① 徐忠、张雪春、沈明高、程恩江：《中国贫困地区农村金融发展研究：构造政府与市场之间的平衡》，中国金融出版社2009年版。

类进行调整，调整领域包括：（1）深化粮食加工企业与购销企业合作联营试点工作，合理增加试点数量；（2）可以发放粮食合同收购贷款；（3）可以发放种子收购贷款；（4）可以发放新疆出口棉花收购贷款；（5）自2002年8月起，可以发放国家储备肉活体储备贷款。

2. 大幅收缩撤并国有商业银行农村基层机构

1997年国务院颁布《关于深化金融改革，整顿金融秩序，防范金融风险的通知》（中发〔1997〕19号），通知中指出：国有商业银行应缩减县级以下（含县级）基层机构的规模。根据通知精神，从1998年开始，国有商业银行进行商业化改革，逐步撤出县以下农村市场，中国农村发展银行的业务范围也缩减为粮棉油收购贷款。根据统计，至2001年底，国有商业银行共撤并基层机构4.4万个（钱力，2014）[①]。虽然通知中考虑到农业银行在农村金融市场中的地位和作用，没有让其撤并基层机构，但事实上，农业银行的商业化改革目标促使其注重成本效益比，追求利润的同时收缩基层机构在所难免。国有商业银行的大幅收缩撤并，使农村信用社承担起为农村地区提供金融服务的主渠道职能，其在农村金融中的垄断地位进一步被强化。

3. 积极推进农村信用社改革

这一阶段农村信用社的改革重点是明晰产权关系和提高内部管理能力。此时，已恢复独立性和合作性的农村信用社仍存在资产质量低下、历史包袱过重、服务方式落后、服务手段单一以及经营风险较大等问题。1999年，中国人民银行实施支农再贷款政策，以此鼓励农村信用社向农户发放小额信贷。同时遵循前一时期的合作制发展思路继续推进改革，然而改革并未实现预期目标。2000年，中国人民银行将江苏省作为试点，拉开"法人与组织体系试点"的农村信用社改革大幕。这次改革在明晰产权、完善内部经营机制、组建省联社和建立农村商业银行等方面做出了积极的探索。改革试点工作开展顺利，并取得了一定的成效。随后，农村信用社的小额信用贷款业务在全国进行推广，截至2002年末，农村信用社发放的农户小额信贷达到745.7亿元。

总体而言，这一阶段的农村信用社改革取得了一定的成效，但受到

---

① 钱力：《我国农村金融改革与发展研究》，博士学位论文，复旦大学，2014年。

商业化经营环境影响，不可避免地出现了商业化倾向，使其对"三农"的支持作用未得到充分发挥。此外，其内部管理机制也有待进一步完善。

4. 整顿清理民间金融组织

考虑到农村合作基金会长期积累的矛盾对农村经济发展和社会稳定的负面作用，1997 年，国务院颁发《关于深化金融改革，整顿金融秩序，防范金融风险的通知》，通知决定加大对农村合作基金会的整顿力度。1998 年，全国各地的农村合作基金会均出现挤兑现象，其中，四川、河北等省份的挤兑问题尤为严重。对此，1998 年，国家出台《非法金融机构和非法金融业务活动取缔办法》，进一步深入整顿农村合作基金会。1999 年 1 月，《清理整顿农村合作基金会工作方案的通知》的出台，标志着农村合作基金会的清理工作全面展开，全国范围内的农村合作基金会被统一撤销。2000 年底，农村合作基金会在存续了十六载后正式退出历史舞台。

2002 年，随着《中国人民银行关于取缔地下钱庄及打击高利贷行为的通知》（银发〔2002〕30 号）的出台，农村民间金融借贷成本增加，规模缩减，被迫转到"地下"发展。在国家政策打击下，民间金融发展陷入低潮。

5. 恢复发展农业保险

1996 年后，中国人民保险公司进行商业性转型，商业的趋利性使农业保险业务发展受阻。在这一趋势影响下，我国农业保险保费收入直线下降，从 1996 年的近 6 亿元跌至 2001 年的 3 亿元，虽然 2002 年的农业保险保费收入上升到 5 亿元，但仍未达到 1996 年的保费水平。由于农业保险具有受自然因素影响大、风险高、收益小等特点，多数商业保险公司出于经济性考虑不愿办理农业保险业务。这一阶段，只有中国人民保险公司和中华联合财产保险公司办理少量的农业保险，业务范围仅限于种植业和养殖业。

Ⅱ.4 农村金融改革深化阶段

2003 年以来，政府连续多年的中央 1 号文件都指出要深化农村金融改革；2005 年"普惠金融体系"概念正式引入中国（白澄宇，2016）[①]；2007 年的全国金融工作会议提出建立多样、多层次、可持续发展的农村金融体系；2013 年和 2014 年的"中央 1 号"文件则指出要加大商业性金融的支农力度，充分发挥政策性金融和合作性金融的作用，确立了中国农村金融体系；2016 年中央 1 号文件再次指出要加快构建完善的农村金融服务体系，并提出大力发展农村普惠金融的要求，并于当年颁布了《推进普惠金融发展规划（2016—2020 年）》。因此，这一阶段农村金融的改革重点为积极推进农村普惠金融发展，构建多元化、多层次、广覆盖、可持续的农村金融体系。

Ⅱ.4.1　调整中国农业发展银行职责与业务

2004 年，中国农业发展银行开始逐步扩大业务范围。2007 年 3 月，农业发展银行的业务范围进一步扩大，包括办理农村基础设施建设贷款、农业发展贷款、农业生产贷款以及其他中长期农业贷款业务。当前的中国农业发展银行在承担政策性职责、办理政策性业务的同时，也办理部分商业性业务，形成了"一体两翼"的业务格局。

近年来，农村发展银行业务范围不断拓宽，持续加大对贫困地区的金融支持力度，对其形成"全方位、多层次、综合性"的金融支持体系。从 2011 年至 2015 年，农业发展银行在贫困地区累计投放粮棉油收购资金贷款超 3000 亿元，为支持贫困地区农村基础设施建设、支持当地优势农业产业发展，累计发放贷款 4000 多亿元[②]。

2015 年，国务院印发《关于同意中国农业发展银行改革实施总体方案的批复》，文件明确指出农业发展银行应坚持以政策性业务为主的改革方向。在此政策引导下，农业发展银行全力推进农村土地流转和规模经营贷款业务，积极支持粮棉油和林业等非粮棉油产业化龙头企业发展，并为农业科技创新领域提供资金支持。2015 年，中国农业发展银行发放农村土地流转和规模经营贷款 21.37 亿元，为林业、水果、中药

[①] 白澄宇：《普惠金融及这个词汇的由来》，新浪博客，http://weibo.com/baichengyu?is_hot=1。

[②] 数据来源：中国农业发展银行官方网站：http://www.adbc.com.cn/n7/n25/c16305/content.html。

材、园艺、茶叶等产业化龙头企业发放贷款328.28亿元,支持非粮棉油产业化龙头企业678家,重点支持种业、节水灌溉、农机等农业科技成果推广应用,发放农业科技贷款68.18亿元,支持相关企业196家①。

2015年9月,农业发展银行与国务院扶贫办共同签署了《政策性金融扶贫合作协议》,协议规定农业发展银行将进一步加大对农村贫困地区的金融服务力度,助力贫困地区社会经济发展。2016年4月,经银监会同意,农业发展银行设立扶贫金融事业部,全面推进扶贫贷款业务,计划在832个国家级贫困县的农业发展银行县级支行设立扶贫金融事业部,努力发挥政策性银行的扶贫主导作用。

Ⅱ.4.2 明确农业银行服务"三农"的市场定位

自2005年起,中国农业银行加大对县域小微企业的支持力度。2007年1月,第三次全国金融工作会议明确提出中国农业银行"面向'三农'、整体改制、商业运作、择机上市"的改革总原则,2008年股份制改革进入实质性阶段,两年后在上海和香港成功上市。2008年3月,农业银行在6个省份启动设立"三农"金融事业部的改革试点工作。同年8月,在总行设立"三农"金融事业部,这标志着农业银行"三农"金融事业部制改革全面启动。农业银行按照服务"三农"、助力城乡发展的战略目标,进行制度、产品和服务模式创新,积极发展农村小额信贷业务。第一,研发并推出了专门为农户提供综合性金融服务的产品——惠农卡;第二,自2009年1月起,推出主要面向县域地区居民的惠农信用卡;第三,积极进行小额信贷业务模式研究,探索出了"农行+龙头企业+农户""农行+农民专业合作社+农户""农行+党政机关+信用村+农户""农行+村镇银行(小额信贷组织)+农户"以及"农行+担保公司+农户"等多种新型有效的业务推广模式,利用各方社会力量共同推动农村地区发卡和渠道建设;第四,加大对832个重点扶贫县的扶持力度。截至2015年底②,农业银行向贫困地区共

---

① 数据来源:中国农业发展银行:《2015年度报告》,http://www.adbc.com.cn/pdfTo-Jpg/92f3aef6-3e76-4c4c-a433-c5e611b08fa3/show.html,第21-22页。

② 数据来源:中国农业银行:《企业责任报告2015》,2015年版。

投放贷款 5907 亿元，贷款增幅高于全行整体水平 2.18%，由总行直接督导贷存比不达标的县支行，推动涉农贷款投放。此外，农业银行提出"十三五"期间，将加大贫困地区网点的渠道建设，并继续实行减费让利的惠农政策。

表Ⅱ-4　中国农业银行推动农业发展重点举措（截至 2015 年）

发展举措	实施效果
紧抓新型农业经营主体	对龙头企业的授信余额和用信余额分别达 3433.8 亿元和 2170.1 亿元，同比分别增长 5.5% 和 4.3%，农业产业化龙头企业贷款余额达 1683 亿元
联结农业产业链条	共计带动超过 5300 多万户农民从事农业产业化经营。创新推出"农业产业链+互联网金融"服务模式，依托龙头企业"ERP"系统的历史交易数据，对龙头企业产业链下游小微客户集群提供批量、自动、便捷的网贷服务，惠及上百户小微企业
覆盖农业产业集群	出台《中国农业银行 2015 年"三农"信贷政策指引》，研发 49 个区域性涉农信贷产品，新制定油茶、谷物磨制、水产养殖及加工等五个涉农行业信贷政策，涉农行业信贷政策已达 13 个，覆盖贷款余额超过 2000 亿元

资料来源：中国农业银行《企业责任报告 2015》，2015 年版。

然而，不应忽视的是，农业银行仍未找到对于农业投入周期长、风险高以及农村征信体系不健全等问题的破解之道。从 2014 年和 2015 年上半年的数据看，农户贷款占全部个人贷款业务的比重还不足 7%，然而农户贷款的不良率却最高，超过 3.5%[①]。因此，未来的改革方向应为建立健全农村征信体系，加强产品创新，引入农业保险，从而更好地为"三农"提供金融服务。

Ⅱ.4.3　全面深化农村信用社改革

在中国银监会的领导下，结合江苏省农村信用社试点改革经验，按照国家宏观调控、严格监管，省级政府承担责任、依法管理，信用社风险自担的原则，2003 年 6 月 27 日，国务院出台扩大试点范围的通知，

---

① 深圳特区报：《"互联网金融+三农"蕴藏机遇》，http://news.ifeng.com/a/20161221/50450394_0.shtml。

提出将浙江等八省（市）作为改革试点。主要改革举措包括：第一，由省政府负责管理农村信用社；第二，中国人民银行支持农村信用社改革的举措包括中央银行专项票据和专项再贷款；第三，1994—1997年，财政部对农村信用社提供保值补贴，同时减免税收。2004年8月，中央决定继续扩大农村信用社试点范围，在北京、天津等21省（区、市）进行改革试点。2006年底，随着海南省正式加入农村信用社改革试点范围，农村信用社改革全面推开（除西藏外，西藏没有农村信用社）。

这一阶段，随着农村信用社改革的加速推行，农村商业银行也得到了迅猛发展，截至2015年底①，全国共成立农村商业银行法人机构859家，包含4.5万个营业网点，总资产规模超过15万亿元，总资产规模与商业银行总体资产规模比重从2010年的3.7%上升为2015年的9.8%，利润规模也比2010年提高了4.4个百分点，达到9.3%。就区域分布而言，农村商业银行在多数省份的网点份额大于20%，主要集中于城乡接合部、郊区和县域地区。然而，农商行在发展过程中也存在一定的问题：第一，由于历史原因，农村商业银行存在盈利模式单一、风控能力较弱、经营管理低效等问题，呈现出"高ROA、低ROE"问题，盈利能力有限；第二，农商行群体内部出现分化，第一阵营发展较快，ROE持平于银行业平均水平，第二阵营则发展落后，ROE远低于行业平均水平。为解决自身市场规模小、经营风险大和经营效益低等问题，农商行下一步将向着业务创新和经营转型的方向进行改革。

Ⅱ.4.4 组建邮政储蓄银行

2005年8月，国务院印发《邮政体制改革方案》，提出应加快成立中国邮政储蓄银行，并由中国邮政集团公司控股。2007年12月，经银监会批准，中国邮政储蓄银行成立。与其他银行先从公司信贷做起的发展路径不同，邮政储蓄银行是从银团信贷和小额信贷这两个端点做起的。在中国尚未形成小额信贷成功经验的背景下，邮储银行探索了一条

---

① 数据来源：西维咨询（CVA）：《2015农商行发展报告：突围之路》，http://www.360doc.com/content/16/1210/11/38772518_613494091.shtml。

全新的发展道路。邮储银行根据农村地区客户缺乏有效抵押物、质押物的现实特点，设计了农户保证贷款和农户联保贷款等全国性的服务"三农"的小额贷款产品，这些产品具有产品灵活、放款高速、服务优良的优势，能够更好地为农村市场提供小额信贷服务。

自成立以来，邮储银行依托中国邮政集团的广泛代理网点，建立了行业内唯一的"自营＋代理"的营运模式，在代理网点和自营网点的共同发展下，邮储银行的营业网点数超过4万个，为超过5亿个人客户提供了便捷的基础金融服务。在快速发展的同时，邮储银行加强风险控制，奉行"适度风险、适度汇报、稳健经营"的风控理念，截至2016年6月末，不良贷款率为0.78%，拨备覆盖率293.41%，逾期贷款占比和关注类贷款迁徙率均低于全国银行业平均水平[①]。2016年9月，邮储银行在香港成功上市，顺利完成"股改—引战—上市"的改革路线。

成立伊始，邮储银行秉承普惠金融理念，立足于服务"三农"。目前，邮储银行的三农个人产品包括传统农户小额贷款、农机购置补贴贷款、农民专业合作社贷款、农业产业链贷款、土地经营承包权贷款、家庭农场（专业大户）贷款等九项。2016年9月，邮政储蓄银行正式成立"三农"金融事业部，这标志着中国邮政储蓄银行将更加专业化和系统化地发展普惠金融、支持"三农"事业。邮储银行"三农"金融事业部总部下设农业产业化部、信贷管理部农村项目部、小额贷款部（扶贫业务部）和政策与创新部等五部门。同时设立"三农"人力资源管理中心、"三农"风险管理中心、"三农"财务管理中心和"三农"资产负债管理中心四个中心，并将吉林、内蒙古、河南、安徽、广东等省份作为首批试点，启动省分行"三农"事业部改革。2016年11月，邮储银行"三农"事业部吉林分部成立，标志着"三农"事业部省分部的改革大幕正式拉开。

近年来，邮储银行致力于服务"三农"，并取得了显著的成效。第一，金融服务基层网点广。截至2016年3月末，邮储银行的超4万个网点中，有71%以上的位于其中县及县以下地区，县域地区覆盖率达

---

① 数据来源：中国邮政储蓄银行官方网站：http://www.psbc.com/cn/PsbcDemeanour/AboutPSBC/1939.html。

99%,设立助农取款服务点约 15 万个,设置自助设备超过 10 万台。第二,县域客户覆盖面大。邮储银行为超过 5 亿客户提供金融服务,其中分布在县域地区的个人账户约占 70%。2015 年,邮储银行为超过 2.5 亿人次提供代付业务服务,为约 1700 万人次提供新农保代收业务服务。第三,涉农贷款规模大。资料显示,截至 2016 年 3 月末,邮储银行共有涉农贷款余额 7832 亿元,2013—2015 年,邮储银行涉农贷款的年均复合增长率达到 38%。邮储银行累计发放超过 1.1 万亿元个人小额贷款,平均每笔金额 7 万元,为近 920 万农户解决了经营资金短缺问题①。

但是,邮储银行在服务"三农"的发展过程中还存在一定的劣势:第一,长期"只存不贷"的历史,使其贷款经验不足,资产运作能力欠缺,挖掘农村金融市场的深度和广度还有待进一步提升;第二,虽然邮储银行在产品创新方面做出了较大的努力,也取得了一定的成效,但业务创新和产品创新程度仍不能满足农村金融市场的需求。因此,在未来的改革道路中,邮储银行还需进一步利用自身网点优势,深耕农村市场,提高客户黏性。同时还需加强基层网点的灵活性,赋予基层网点更大的创新空间。

Ⅱ.4.5 发展新型农村金融机构

2005 年,为扩大对农户、个体经营者和小微企业的贷款支持,我国在山西、陕西、内蒙古、四川和贵州五省份启动小额贷款公司试点工作。小额贷款公司"只贷不存",不得跨区经营,借贷双方协商确定贷款利率。2006 年 12 月,为鼓励和引导各类资本到农村地区投资,促进农村地区形成多元投资、多种类型、全面覆盖和高效服务的农村金融体系,更好地为农村地区提供金融服务,银监会颁布文件(银监发〔2006〕90 号),提出以"低门槛、严监管"为原则,在农村地区设立三类新型金融机构——村镇银行、贷款公司和农村资金互助社,同时鼓励商业银行在农村地区投资开设分支机构。

---

① 数据来源:中国财经报:http://www.cfen.com.cn/dzb/dzb/page_3/201609/t20160913_2416244.html。

2007年5月，银监会发布关于村镇银行、贷款公司和农村资金互助社管理、组建审批和监管的相关文件，对四类新型金融机构的设立、退出及组织结构、公司治理等经营行为进行规范，同时规范了其组建审批行为，设定了监督机制。银监会同时决定将四川、青海、吉林、湖北、内蒙古、甘肃六省份作为首批试点，开展新型农村金融机构的建设工作。2007年3月1日，全国首家村镇银行"惠民村镇银行有限责任公司"和首家贷款公司"惠民贷款公司"在四川省仪陇县正式挂牌成立。3月9日，"百信农村资金互助社"作为首家农村合作金融机构在吉林梨树县闫家村挂牌营业。

新型农村金融机构的首批试点工作开展顺利，激活了当地农村金融市场，对于改善农村金融服务、完善农村金融体系具有重要意义。2007年10月，银监会进一步扩大试点范围，将试点省份扩大到31个省（市、自治区）。2008年4月，中央银行和银监会联合发布通知[1]，对四类金融机构[2]的存款准备金、存贷款利率、支付清算、会计、征信、现金和风险等管理工作作出规定，对四类金融机构实行贷款利率下限管理。2008年5月，中央银行和银监会发布小额贷款公司试点指导意见，在政策引导下，小额贷款公司试点得到迅速推广。同年6月，银监会出台小额贷款公司改制规定，允许小额贷款公司改制设立村镇银行。2009年为进一步加强对贷款公司经营行为的监管，保障其稳健运行，银监会出台了《贷款公司管理规定》。2011年，银监会根据经济发展状况和农村金融需求，对村镇银行组建核准的相关事项做出了调整。2014年，银监会颁布文件，要求加大推动村镇银行本地化、民营化和专业化发展，加强村镇银行的"三农"金融服务工作。

在政策引导下，新型农村金融机构网点数逐年增加，截至2015年末，全国共发起设立1373家新型农村金融机构，包括1311家村镇银行，14家贷款公司，48家农村资金互助社[3]。此外，从2012年银监会颁布对小额贷款公司试点的指导意见后，小额贷款公司迅猛发展，截至

---

[1] 《关于村镇银行、贷款公司、农村资金互助社、小额贷款公司有关政策的通知》（银发〔2008〕137号）。

[2] 四类金融机构为村镇银行、贷款公司、农村资金互助社和小额贷款公司。

[3] 数据来源：银监会网站：http://www.cbrc.gov.cn/index.html。

2016年末,全国共设立小额贷款公司8673家,实收资本8233.9亿元,贷款余额9272.8亿元。

表Ⅱ-5　　　　　　　　新型农村金融机构制度设计

年份	相关文件	目的
2007	银监会颁布《村镇银行管理暂行规定》和《村镇银行组建审批工作指引》 银监会颁布《贷款公司管理暂行规定》、《贷款公司组建审批工作指引》 银监会颁布《农村资金互助社管理暂行规定》、《农村资金互助社组建审批工作指引》 银监会颁布《农村资金互助社示范章程》 银监会颁布《关于加强村镇银行监管的意见》	(1) 明确3类新型农村金融机构的性质和法律地位 (2) 规范其设立、退出及组织结构、公司治理等行为 (3) 规范其组建、审批及监督程序
2008	银监会和中央银行发布《关于小额贷款公司试点的指导意见》中央银行和银监会发布《关于村镇银行、贷款公司、农村资金互助社、小额贷款公司有关政策的通知》	开展小额贷款公司试点;规定四类机构的各项经营管理行为
2009	(1) 银监会颁布《小额贷款公司改制设立村镇银行暂行规定》 (2) 银监会颁布《新型农村金融机构2009—2011年工作安排》 (3) 银监会印发《贷款公司管理规定》	(1) 指导小额贷款公司改制设立村镇银行 (2) 进一步扩大培育和发展新型农村金融机构 (3) 规范贷款公司的行为,保障其稳健运行
2011	银监会发布《中国银监会关于调整村镇银行组建核准有关事项的通知》	调整村镇银行组建核准方式
2014	银监会发布《关于进一步促进村镇银行健康发展的指导意见》	推动村镇银行本地化、民营化和专业化发展,加强"三农"金融服务工作

Ⅱ.4.6　大力推进"互联网+普惠金融"发展

随着互联网日益向金融领域的渗透,"互联网+"金融已蓬勃兴起,中国互联网金融共包含六种模式——传统金融业务的网络化、P2P网络借贷、第三方支付、众筹、大数据金融和第三方金融服务平台。互联网金融服务"三农"的作用逐渐增加,"互联网+普惠金融"得以推进发展。

以阿里巴巴集团为例,从 2010 年的"阿里小贷"到 2014 年的"蚂蚁金服"再到 2016 年的"网商银行",网商银行用大数据挖掘农村信用,采取在线放款模式发放小额贷款,在 2010—2016 年,累计服务了 400 多万个小微企业,发放贷款近 7000 亿元,平均每户贷款金额不足 3 万元。2016 年 6 月底,网商银行正式开业,截至此时,蚂蚁金服已累计拥有 4.5 亿个实名用户,其中在支付方面的"三农"用户 1.5 亿个,保险方面的"三农"用户 1.2 亿,信贷方面的"三农"用户 2200 万个(陈果静,常艳军,2016)①。7 月 1 日,蚂蚁小贷开始发放纯信用贷款。7 月 22 日,网商银行的旺农贷正式上线,这是一款面向农户的互联网小额贷款产品。旺农贷具有无须抵押担保、手续便捷、期限灵活、还款方式多样以及贷款额度高的特点。网商银行和蚂蚁小贷利用大数据技术创新信贷模式,实现了 3 分钟在线申请,1 秒钟放贷的新模式,放贷全程零人工干预。此外,阿里巴巴集团还联手苏宁、邮政储蓄银行,共同打造农村金融服务网络。淘宝的 10 万个村级服务点、苏宁的 1000 家服务站、邮政储蓄的 10 万个乡级以下网点都将演变成为网上银行的农村下沉渠道,互联网化的农村金融渠道能够更好地为"三农"提供金融服务。截至 2016 年 7 月底,支付宝拥有超 6000 万个农村活跃用户。蚂蚁小贷累计为 18 万个农村小微企业提供信贷服务,信贷资金量达 1300 多亿②元。

其他互联网金融企业也纷纷试水"三农"领域。截至 2016 年 11 月底,万盈金融通过点筹网和地方政府联合开展的农业项目超 1020 万元。以翼龙贷、宜农贷等为代表的约 10 家的 P2P 企业开始涉足农村市场。部分互联网金融企业以农业众筹的方式开展农村金融业务,但业务量并不大③。

2016 年 8 月,G20 财长和央行行长在杭州峰会上讨论通过了《G20

---

① 陈果静、常艳军:《中国首份数字普惠金融报告》,http://finance.sina.com.cn/roll/2016-08-26/doc-ifxvitex9021323.shtml。
② 搜狐网:http://mt.sohu.com/20160724/n460789988.shtml。
③ 深圳特区报:《"互联网金融+三农"蕴藏机遇》,http://news.ifeng.com/a/20161221/50450394_0.shtml。

数字普惠金融高级原则》，该原则与国务院的《推进普惠金融发展规划（2016—2020年）》高度契合，提出了数字普惠金融的发展要求。

"互联网＋普惠金融"具有可获得性、可复制性、可负担性和全面性的优势。未来"互联网＋普惠金融"在农村市场的发展方向为：第一，持续加大农村市场的渠道建设，保证产品顺利下沉到农村；第二，更好地利用数据分析技术，创新金融产品，加强风险控制；第三，引入农业保险，降低农业信贷风险，以担保服务辅助农村金融市场发展；第四，创新农户理财产品，帮助农户多渠道增加收益。

Ⅱ.4.7 进一步强化农业保险

农村经济的发展要求农业保险的加入。近年来，中国农业保险得到了进一步的发展。2007年4月，中央财政向湖南、新疆、内蒙古等政策性农业保险试点省份注入资金10亿元，主要用于五个种植品种保险的购买。同年5月，中国在保险集团公司和相关保险公司就农业保险问题共同签署协议，构建了政策性农业再保险框架体系，该协议的签署增强了农业保险市场的活力。2008年4月，保监会颁布了开展农业保险业务的指导文件，文件中明确要求，按照"政府引导、市场运作、自主自愿、协同推进"的原则，实施农业保险保费补贴政策，扩大农业保险范围，引导和支持农户参加农业保险。从2007年开展试点工作到2016年底的10年来，中国农业保险得到了长足的发展。农业保险补贴品种已由最初的五个种植品种，扩大涉及种植、养殖、林业的三大类共十五个品种，主要大宗农产品基本得到覆盖；农业保险的补贴区域也由最初试点的六省区逐步扩大至全国范围，农业保险补贴比例逐步提高，并根据区域、险种的不同进行差异化补贴。

2016年，中央财政再次提高全国产粮大县粮食作物的保费补贴比例，提出将中西部的补贴比例由40%逐步提高到47.5%，东部的补贴比例由35%逐步提高到42.5%，这一举措对于缓解地方政府财政支出压力、提高农业保险覆盖面、稳定当地农业生产、增加当地农户收入均有重大意义。2016年，中央财政拨付158.30亿元农业保险保费补贴资金，同比增长7.47%，较之2007年增长了6倍多，全国共为2.04亿户次农户提供风险保障2.16万亿元，实现农业保险保费收入合计417亿元①。

2012年《农业保险条例》颁布实施，为农业保险提供了法律依据。2014年11月由中国财产再保险有限责任公司和人保财险等23家保险公司组成的中国农业保险再保险共同体正式成立，这一机制创新填补了对于风险农业保险灾害的行业空白。2015年1月新《预算法》正式实施。为了适应外部环境的变化，同时为更好地应对农业保险补贴实施过程中出现的问题。2016年财政部印发了《中央财政农业保险保险费补贴管理办法》（财金〔2016〕123号），该办法进一步明确了农业保险保费补贴的政策方向。2017年中央1号文件提出继续深化农业保险改革：第一，扩大农业贷款抵押品范围，推进承包土地经营权和住房财产权抵押贷款试点，允许大型农机具和农业设施抵押贷款；第二，扩大农业保险范围，根据农村市场需求，积极进行农业保险产品创新；第三，探索建立农产品保险制度，在完善风险阻断机制前提下，完善财政与金融支农协作模式；第四，加大银行和保险公司的合作，探索保证保险贷款产品；第五，建立并逐步扩大"保险+期货"试点。

总体而言，我国农业保险在这一阶段快速发展，但仍存在入保率低、赔付条件较为苛刻、赔付金额较低等问题，需进一步开拓创新，持续加大中央财政对农业保险支持力度，促进其更好发挥强农惠农作用。

---

① 中国政府网：《中央财政进一步完善农业保险保险费补贴制度》，http：//www. ahcz. gov. cn/portal/czdt/gncj/1486068130200899. htm。

参考文献

[1] 白澄宇:《普惠金融及这个词汇的由来》,新浪博客,http：//weibo. com/baichengyu？is_hot＝1。

[2] 蔡荣鑫:《"包容性增长"理念的形成及其政策内涵》,《经济学家》2009年第1期。

[3] 蔡洋萍、谢冰:《我国农村普惠金融内生化发展机制、障碍及对称研究》,《金融与经济》2016年第2期。

[4] 曹力群:《农村金融体制改革与农户借贷行为研究》,课题报告2000年。

[5] 陈冲:《农村金融发展与农民收入增长：理论假说与实证检验》,《经济与管理》2013年第6期。

[6] 陈果静、常艳军:《中国首份数字普惠金融报告》,http：//finance. sina. com. cn/roll/2016－08－26/doc－ifxvitex9021323. shtml。

[7] 陈建新、姚任、张玲南:《深圳农村城市化进程中镇级政府的改革与创新》,《华南理工大学学报（社会科学版）》2003年第12期。

[8] 陈浪南、谢清河:《我国小额信贷研究》,《农业经济问题》2002年第3期。

[9] 程漱兰:《经济转轨绩效、要点及议程的全球检视——〈1996年世界发展报告〉评介》,《管理世界》1997年第4期。

[10] 党国英:《深化农村改革 促进农村发展》,《农业发展与金融》2004年第2期。

[11] 杜朝运:《制度变迁背景下的农村非正规金融研究》,《农业经济问题》2001年第3期。

[12] 杜朝运、许文彬：《制度变迁背景下非正规金融成因及出路初探》，《福建论坛（经济社会版）》1999年第3期。

[13] 杜婕、万宣辰：《构建我国多层次农村金融体系的路径选择》，《东北师大学报（哲学社会科学版）》2016年第3期。

[14] 杜鹃、王利军：《新型农村金融机构法律问题研究》，《中共石家庄市委党校学报》2008年第8期。

[15] 杜晓山：《贯彻十八届三中全会精神发展农村普惠金融》，《金融时报》2014年2月14日。

[16] 杜晓山：《小额信贷与普惠金融体系》，《中国金融》2010年第10期。

[17] 杜晓山：《中国农村小额信贷的实践尝试》，《中国农村经济》2004年第8期。

[18] 杜晓山、孙若梅：《中国小额信贷的实践和政策思考》，《财贸经济》2000年第7期。

[19] 范香梅、朱彩慧：《农村正规金融与非正规金融垂直合作的绩效及激励机制设计》，《统计与决策》2013年第22期。

[20] 房德东、王坚等：《试论我国农村领域的金融抑制问题》，《中国农村信用合作》2004年第8期。

[21] 高帆：《我国农村中的需求型金融抑制及其解除》，《中国农村经济》2002年第12期。

[22] 高宏霞、史林东：《中国农村金融制度变迁的路径突破——基于制度设计理论的比较分析》，《农村经济》2011年第4期。

[23] 高晓光：《新型农村金融机构可持续发展研究》，《当代经济研究》2015年第2期。

[24] 郭沛：《中国农村非正规金融规模估算》，《中国农村观察》2004年第3期。

[25] 郭兴平：《农村金融市场均衡理论及对中国的启示》，《农村金融研究》2010年第12期。

[26] 韩柏、韩蕾：《农村融资体系的制度功能与重构》，《吉林金融研究》2010年第7期。

[27] 何登录：《农村普惠金融内生机制研究》，《农村金融研究》2014

年第 4 期。
- [28] 何广文：《农村社区发展基金的运作机制及其绩效诠释》，《经济与管理研究》2007 年第 1 期。
- [29] 何广文：《农户融资中的信用担保行为研究》，农业部软科学委员会委托课题，2002 年。
- [30] 何广文、冯兴元：《农村金融体制缺陷及其路径选择》，《中国农村信用合作》2004 年第 8 期。
- [31] 何广文、李树生：《农村金融学》，中国金融出版社 2008 年版。
- [32] 何志雄：《解决农村供给型金融抑制有效途径》，三农数据网 2003 年 11 月 2 日。
- [33] 何志雄、曲如晓：《农业政策性金融供给与农村金融抑制——来自 147 个县的经验证据》，《金融研究》2015 年第 2 期。
- [34] 黄延信：《积极扶持农村合作基金会健康发展》，《中国软科学》1995 年第 11 期。
- [35] 焦瑾璞、陈瑾：《建设中国普惠金融体系》，中国金融出版社 2009 年版。
- [36] 金峰、林乐芬：《农村民间金融与正规金融共生关系现状及深化研究》，《西北农林科技大学学报（社会科学版）》2014 年第 1 期。
- [37] 金运：《中国农村金融改革发展历程及改革思路》，博士学位论文，吉林大学，2015 年。
- [38] 课题组：《博弈论视角下的小额贷款公司制度分析》，《西部金融》2012 年第 7 期。
- [39] 雷蒙德·W. 戈德史密斯：《金融结构与金融发展》，周朔等译，上海三联书店 1999 年版。
- [40] 雷启振：《中国农村金融体系构建研究——基于"三农"实证视角》，博士学位论文，华中科技大学，2009 年。
- [41] 李成友：《山东农村正规金融机构与非正规金融组织：运行、绩效和关系研究》，博士学位论文，山东大学，2015 年。
- [42] 李静：《中国农村金融组织的行为与制度环境》，山西经济出版社 2004 年版。

[43] 李润平、刘兰勇：《微型金融发展的内外生联动机制研究——基于农村普惠金融分析视角》，《农村金融研究》2012年第12期。

[44] 林毅夫：《"三农"问题与我国农村的未来发展》，《求知》2003年第3期。

[45] 刘大耕：《小额信贷必须走可持续发展之路》，《中国农村信用合作》1999年第12期。

[46] 刘鸿儒：《回顾我国金融体制改革的历程》，《百年潮》2009年第5期。

[47] 刘杰、刘子兰：《论农村正规金融与非正规金融的替代与互补》，《汕头大学学报（人文社会科学版）》2008年第2期。

[48] 刘杰、刘子兰：《论农村正规金融与非正规金融的替代与互补》，《汕头大学学报（人文社会科学版）》2008年第2期。

[49] 刘杰、燕兴胜：《论农村正规金融与非正规金融的"垂直一体化"》，《长沙大学学报》2007年第3期。

[50] 刘仁和、柳松、米运升、傅波：《农村金融改革与发展高层论坛综述》，《农业经济问题》2013年第9期。

[51] 刘西川、杨奇明、陈立辉：《农村信贷市场的正规部门与非正规部门：替代还是互补?》，《经济研究》2014年第11期。

[52] 刘锡良、董青马：《中国新农村建设中的金融体系问题研究：基于金融功能的视角》，西南财经大学出版社2008年版。

[53] 陆磊：《进一步深化农信社改革》，《农村工作通讯》2003年第9期。

[54] 罗茜、蒲勇健：《不对称信息博弈下的农户小额信贷分析——以全国首批城乡统筹示范区重庆市为例》，《农村经济》2010年第3期。

[55] 马九杰、沈杰：《中国农村金融排斥态势与金融普惠策略分析》，《农村金融研究》2010年第5期。

[56] 马九杰、沈杰：《中国农村金融排斥态势与金融普惠策略分析》，《农村金融研究》2010年第5期。

[57] 马九杰、吴本健：《利率浮动政策、差别定价策略与金融机构对农户的信贷配给》，《金融研究》2012年第4期。

[58] 马晓河、蓝海涛：《当前我国农村金融面临的困境与改革思路》，《中国金融》2003年第6期。

[59] 倪迪芸：《农村正规金融与非正规金融的博弈问题探究》，《时代金融》2012年第9期。

[60] 彭向升、祝健：《农村民间金融对正规金融的替代效应分析——基于农户借贷成本的视角》，《福建论坛（人文社会科学版）》2014年第3期。

[61] 蒲勇健、赵耀华：《博弈论与经济模型》，重庆大学出版社2008年版。

[62] 钱力：《我国农村金融改革与发展研究》，博士学位论文，复旦大学，2014年。

[63] 钱小安：《金融民营化与金融基础设施建设——兼论发展民营金融的定位与对策》，《金融研究》2003年第2期。

[64] 乔海曙：《农村经济发展中的金融约束及解除》，《农业经济问题》2001年第3期。

[65] 曲小刚：《农村正规金融机构双重目标兼顾研究》，博士学位论文，西北农林科技大学，2013年。

[66] 任伟：《西部农村金融业的现状、问题和对策》，《生产力研究》2006年第10期。

[67] 瑞典威布尔：《演化博弈论》，王永钦译，上海人民出版社2006年版。

[68] 邵阳、张崭：《中国农村正规金融与非正规金融的垂直合作模式》，《重庆社会科学》2007年第6期。

[69] 申健：《我国农村金融体系发展的现状及展望》，《湖北民族学院学报（哲学社会科学版）》，2016年第2期。

[70] 申睿波：《中国农村金融体系的结构优化研究》，博士学位论文，中央财经大学，2012年。

[71] 盛勇炜：《城市性还是农村性：农村信用社的运行特征和改革的理性选择》，《金融研究》2001年第5期。

[72] 粟芳、方蕾：《中国农村金融排斥的区域差异：供给不足还是需求不足——银行、保险和互联网金融的比较分析》，《管理世界》

2016年第9期。

[73] 孙国茂、马建春、丁淑娟:《山东省普惠金融现状研究》,山东人民出版社2014年版。

[74] 汤敏:《从国外经验看中国当前农村信用社小额信贷的发展问题》,《中国审计》2003年第8期。

[75] 唐柳洁:《对正规金融和非正规金融垂直链接制度安排的历史研究》,《湖南社会科学》2009年第6期。

[76] 田国强:《高级微观经济学》,中国人民大学出版社2014年版。

[77] 王芳:《我国农村金融需求与农村金融制度:一个理论框架》,《金融研究》2005年第4期。

[78] 王峰、傅坤:《民间与农村正规金融的竞争与合作》,《江西金融职业大学学报》2007年第4期。

[79] 王慧梅:《农村普惠金融现状分析报告:可得性不足和缺乏金融知识仍是阻碍农村普惠金融发展的主因》,农金微官网,2016年8月25日。

[80] 王慧梅:《农村普惠金融现状分析报告:可得性不足和缺乏金融知识仍是阻碍农村普惠金融发展的主因》,农金微官网2016年8月25日。

[81] 王景富:《农村信用社推广农户小额信用贷款的实证研究》,《金融研究》2002年第9期。

[82] 王曙光、邓一婷:《农村金融领域系统性负投资与民间金融规范化模式》,《改革》2006年第6期。

[83] 王曙光、王丹莉、王东宾、李冰冰、曾江:《普惠金融——中国农村金融重建中的制度创新与法律框架》,北京大学出版社2013年版。

[84] 温铁军:《"三农问题"世纪反思》,《科学决策》2001年第1期。

[85] 温铁军:《三农问题与世纪反思》,生活·读书·新知三联书店2005年版。

[86] 文贯中:《入世是加速中国城市化的良机》,《中国建设信息》2004年第1期。

[87] 吴成颂:《农村非正规金融与正规金融链接的模式与制度安排》,

《农业经济问题》2009 年第 5 期。

[88] 吴成颂：《农村非正规金融与正规金融链接的模式与制度安排》，《农业经济问题》2009 年第 5 期。

[89] 吴国宝：《中国小额信贷政策》，《联合国开发计划署驻华代表处政策和宣传文集》2003 年第 1 期。

[90] 吴晓灵：《建立现代农村金融制度的若干问题》，《中国金融》2010 年第 10 期。

[91] 吴晓灵：《重构农村金融体系　支持县域经济发展》，《中国金融》2003 年第 20 期。

[92] 吴艳辉：《关于广东韶关地区农村金融服务改进研究》，硕士学位论文，湖南大学，2009 年。

[93] 武丽娟、徐璋勇、靳共元：《政府干预与机构支农行为——理论分析与中国农村金融市场的经验证据》，《预测》2015 年第 5 期。

[94] 武霞：《中国农村金融体系：三元架构模式研究》，博士学位论文，辽宁大学，2013 年。

[95] 谢平：《中国农村信用合作社体制改革的争论》，《金融研究》2001 年第 1 期。

[96] 谢平：《中国农村信用合作社体制改革的争论》，《金融研究》2001 年第 1 期。

[97] 徐忠、张雪春、沈明高、程恩江：《中国贫困地区农村金融发展研究：构造政府与市场之间的平衡》，中国金融出版社 2009 年版。

[98] 许丹丹：《中国农村金融可持续发展问题研究》，博士学位论文，吉林大学，2013 年。

[99] 杨天宇：《斯蒂格利茨的政府干预理论评析》，《学术论坛》2000 年第 2 期。

[100] 姚耀军、陈德付：《中国农村非正规金融的兴起：理论及其实证研究》，《中国农村经济》2005 年第 8 期。

[101] 叶兴庆：《农业生产结构：变化过程与政策启示》，《中国农村经济》1998 年第 6 期。

[102]《中国社会科学院农村发展研究所》课题组：《中国农村发展的

"十五"回顾与"十一五"的改革思路》,《首届中国经济论坛论文集》2005年。

[103] 张爱华:《正规金融与民间金融的合作:演化博弈论的视角》,《济南金融》2007年第5期。

[104] 张兵、张宁:《农村非正规金融是否提高了农户的信贷可获性?——基于江苏1202户农户的调查》,《中国农村经济》2012年第10期。

[105] 张兵、张宁、李丹:《农村非正规金融市场需求主体分析:兼论新型农村金融机构的市场定位》,《南京农业大学学报(社会科学版)》2013年第2期。

[106] 张海霞、陈浩、张琳:《基于普惠金融视角的新型农村金融机构与传统农村金融机构演化博弈分析》,《江苏农业科学》2016年第3期。

[107] 张红宇、杨春悦、贺潇、寇广增:《金融支持农村一二三产业融合发展问题研究》,中国金融四十人论坛2015年12月25日。

[108] 张杰:《农村金融制度:结构、变迁与政策》,中国人民大学出版社2003年版。

[109] 张杰、尚长风:《我国农村正式与非正式金融的分离与融合》,《经济体制改革》2006年第4期。

[110] 张杰、尚长风:《我国农村正式与非正式金融的分离与融合》,《经济体制改革》2006年第4期。

[111] 张捷、陈皓:《金融基础设施创新与经济发展》,《中国软科学》2001年第11期。

[112] 张平:《发展农村小额信贷,完善普惠金融体系建设》,《开发研究》2011年第2期。

[113] 张维迎:《博弈论与信息经济学》,上海人民出版社2012年版。

[114] 张维迎:《博弈与社会》,北京大学出版社2014年版。

[115] 张雪春:《政府定位与农村信用社改革》,《金融研究》2006年第6期。

[116] 张迎春:《浅析农村信用社农户小额信贷》,《财经科学》2002年第7期(增刊)。

［117］ 张郁：《结构视角下中国农村普惠金融发展的现实困境与制度选择》，《南方金融》2015 年第 9 期。

［118］ 张正平、何广文：《国际小额信贷可持续发展的绩效、经验及其启示》，《金融理论与实践》2012 年第 11 期。

［119］ 章奇、黄季焜：《中国农村金融现状与政策分析（之二）：加快立法工作，改进农村金融服务》，https：//wenku. baidu. com/view/bf41c8eff8c75fbfc77db25a. html。

［120］ 赵倩：《论农村正规金融与非正规金融的竞争与合作》，《农村经济》2011 年第 8 期。

［121］ 赵晓菊、刘莉亚、柳永明：《正规金融与非正规金融合作会提高农户期望收益吗？——理论分析和实证检验》，《财经研究》2011 年第 4 期。

［122］ 赵振宗：《正规金融、非正规金融对家户福利的影响——来自中国农村的证据》，《经济评论》2011 年第 4 期。

［123］ 周立：《农村金融供求失衡与政策调整：广东东莞、惠州、梅州调查》，《农业经济问题》2005 年第 7 期。

［124］ 周立：《三次农村金融改革评述》，《银行家》2006 年第 3 期。

［125］ 周小川：《践行党的群众路线　推进包容性金融发展》，《求是》2013 年第 9 期。

［126］ 周月书、班丝蓼、周通平、牛遵博：《正规与非正规金融下农户借贷选择行为研究——基于南京与徐州农户的调查》，《农业经济与管理》2013 年第 6 期。

［127］ Aguilera A. N., Claudio G. V., "A Multinomial Logit Analysis of Loan Targeting and Repayment at the Agricultural Development Bank of the Dominican Republic", Agricultural Finance Review, No. 53, 1993, pp. 55 – 64.

［128］ Aleem I., "Imperfect Information, Screening and the Costs of Informal Lending: A Study of Rural Credit Markets in Pakistan", World Bank Economic Review, No. 3, 1990, pp. 329 – 349.

［129］ Andersen T. B., Malchow – Moller N., "Strategic Interaction in Undeveloped Credit Markets", Journal of Development Economics,

No. 2, 2006, pp. 275 – 298.

[130] Bell C., "Interaction between Institutional and Informal Credit Agencies in Rural India", *The World Bank Economic Review*, No. 3, 1990, pp. 296 – 327.

[131] Bell C., Srinivasan T. N., Udry C., "Rationing, Spillover, and Interlinking in Credit Markets: The case of Rural Punjab", *Oxford Economic Papers*, No. 49, 1997, pp. 556 – 585.

[132] Besley T., "How Do Market Failures Justify Interventions inRural Credit Market?", *The World Bank Research Observer*, No. 1, 1994, pp. 26 – 47.

[133] Besley T. J., Jain S., Tsangarides C., *Household participation in formal and informal institutions in rural credit markets in developing countries: evidence from Nepal*, http://www.doc88.com/p – 1846 983896726.html, pp. 2 – 9.

[134] Besley T. J., Jain S., Tsangarides C., "*Household participation in formal and informal institutions in rural credit markets in developing countries: evidence from Nepal*", http://www.doc88.com/p – 18 46983896726.html.

[135] Boart J. R., *Ethics in France*, Oxford: Blackwell publisher, 1999, pp. 36 – 41.

[136] Bose P., "Formal – informal Sector Interaction in Rural Credit Markets", *Journal of Deve – lopment Economics*, No. 2, 1998, pp. 265 – 280.

[137] Braverman A., Huppi M., "Improving Rural Finance in Developing Countries", Finance and Development, No. 1, 1991, pp. 42 – 44.

[138] Chakrabarty D., Chaudhuri A., "Formal and Informal Sector Credit Institutions and Interlinkage", *Journal of Economic Behavior & Organization*, No. 46, 2001, pp. 313 – 325.

[139] Chaudhuri S., Dwibedi J., "*Horizontal and Vertical Linkages between Formal and Informal Credit Markets in Backward Agriculture: A Theoretical Analysis*", https://mpra.ub.unimuenchen.de/55666/

1/MPRA_paper_55666. pdf, pp. 2 – 10.

[140] Chaudhuri S., Gupta M. R., "Delayed Formal Credit, Bribing and the Informal Credit Market in Agriculture: A Theoretical Analysis", *Journal of Development Economics*, No. 2, 1996, pp. 433 – 449.

[141] Chaudhuri S., Gupta M. R., "Delayed Formal Credit, Bribing and the Informal Credit Market in Agriculture: A Theoretical Analysis", *Journal of Development Economics*, No. 2, 1996, pp. 433 – 449.

[142] Chaves R. A., Claudio G. V., "The Design of Successful Rural Financial Inter – mediaries: Evidence from Indonesia", *World Development*, No. 1, 1996, pp. 65 – 78.

[143] Christen R. P., Lyman T. R., Rosenberg R., *Microfinance Consensus Guidelines: Guiding Principles on Regulation and Supervision of Microfinance*, Washington: CGAP, 2003, pp. 21 – 35.

[144] Christen R. P., Rhyne. E., Voge R. Cl., McKean C., *Maximizing the Outreach of Microenterprise Finance: An Analysis of Successful Microfinance Programs*, Washington: Agency for International Development, Program and Operations Assessment Report, 1995.

[145] Christen R. P., Rosenberg R., Jayadeva V., *Financial institutions with a "Double Bottom Line": Implications for the future of microfinance*, Washington: CGAP, 2004, p. 36.

[146] Claudio Gonzalez – Vega., "*Deepening Rural Financial Markets: Macroeconomic, Policy and Political Dimensions*", http://www.aede.osu.edu/Programs/Rural/Finance/PDF% 20Docs/Publications/BASIS/woccu.pdf.

[147] Cuevas C. E., Graham D. H., *Agricultural Lending Costs in Honduras*, Boulder: West view Press, 1984, p. 8.

[148] Dieter S., "Mainstreaming Informal Financial Institutions", *Journal of Developmental Entrepreneurship*, No. 1, 2001, pp. 83 – 95.

[149] Dimitri G., "Interlinking the Formal and Informal Financial Sectors in Developing Coun – tries", *Savings and Development*, No. 1, 1990, pp. 5 – 21.

[150] Duong P. B., Izumida Y., "Rural development finance in Vietnam: A Microeconometric Analysis of Household Surveys", *World Development*, No. 2, 2002, pp. 56 – 71.

[151] Ghate P. B., "Interaction between the Formal and Informal financial Sectors: The Asian Experience", *World Development*, No. 6, 1992, pp. 859 – 872.

[152] Guirkinger C., "Understanding the Coexistence of Formal and Informal Credit Markets in Piura, Peru", *World Development*, No. 8, 2008, pp. 1436 – 1452.

[153] Hirshleifer J., Glazer A., *Hirshleifer D. Price theory and applications: Decisions, Markets, and Information*, Cambridge: Cambridge university press, 2005, pp. 35 – 42.

[154] Hossain M., *Credit for Alleviation of Rural Poverty: The Grameen Bank in Bangladesh*, Washington: IFPRI Research Report, 1988.

[155] Isaksson A. *The Importance of Informal Finance in Kenyan Manufacturing*, SINWorking paper, 2002, pp. 1 – 26.

[156] Jain S., "Symbiosis VS. Crowding – Out: The Interaction of Formal and Informal Credit Markets in Developing Countries", *Journal of Development Economics*, No. 2, 1999, pp. 419 – 444.

[157] Jones J. H. M., "Informal finance and rural finance policy in India: historical and contem – porary perspectives", *Contemporary South Asia*, No. 3, 2008, pp. 269 – 285.

[158] Khandker, Shahidur R., "The Impact of Farm Credit in Pakistan", *Agricultural Economics*, No. 3, 2003, pp. 196 – 213.

[159] Kochar A., "An empirical investigation of rationing constraints in rural credit markets in India", *Journal of Development Economics*, No. 2, 1997, pp. 339 – 371.

[160] Kunju B., "Reforms in Banking Sector and Their Impact in Banking Services," *SAJOSPS*, July – December, 2006, pp. 77 – 81.

[161] Littlefield E., Morduch J., Hashemi S., "Is Microfinance an Effective Strategy to Reach the Millennium Development Goals", Focus

Note, No. 24, 2003, pp. 1 - 11.

[162] Mohieldin M. S., Wright P. W., "Formal and Informal Credit Markets in Egypt", *Economic Development and Cultural Change*, No. 3, 2000, pp. 657 - 670.

[163] Otero M., Rhyne E., *The New World of Microenterprise Finance*, London: IT Publications, 1994, p. 65.

[164] Pagnra M., Kirsten M., "Formal - informal financial linkages: lessons from developing countries", *Small Enterprise Development*, No. 1, 2006, pp. 16 - 29.

[165] Patrick H. T., "Financial Development and Economic Growth in Underdeveloped Countries", *Economic Development and Cultural Change*, No. 2, 1966, pp. 174 - 189.

[166] Shaw E. S., *Financial Deepening in Economic Development*, New York: Oxford University Press, 1973, pp. 126 - 154.

[167] Siamwalla A. et al., "The Thai rural credit system: public subsidies, private information, and segmented Markets", *The World Bank Economic Review*, No. 3, 1990, pp. 271 - 295.

[168] Steel W. F., et al., "Informal Markets Under Liberalization in Four African Countries", *World Development*, No. 5, 1997, pp. 128 - 139.

[169] Stiglitz J. E., Weiss A., "Credit Rationing in Markets with Imperfect Infor - mation", *American Economics Review*, No. 12, 1981, pp. 912 - 927.

[170] Taylor M. P., Jonker L., "Evolutionary Stable Strategies and Game Dynamics", *Mathematical Biosciences*, No. 16, 1978, pp. 76 - 83.

[171] Tsai K. S., "Imperfect Substitutes: The Local Political Economy of Informal Finance and Micro - finance in Rural China and India", *World Development*, No. 9, 2004, pp. 1486 - 1507.

[172] Waller G. M., "Mcrocredit as a Grass - Roots Policy for International Develop ment", *Policy Studies Journal*, No. 2, 2001, pp. 266 - 282.

[173] Yaron J., "What Makes Rural Financial Institutions Successful?", *Word Bank reseach observer*, No. 1, 1994, pp. 49–70.

[174] Zeller M., Lapenu C., Greely M., "*Measuring Social Performance of Microfinance Institutions: A Proposal*", Final Report Submitted to Argidius Foundation and CGAP, 2003.

[175] Zeller M., Meyer R. L., *The Triangle of Microfinance: Financial Sustainability, Outreach, and Impact*, Baltimore and London: Johns Hopkins University Press, 2002, pp. 32–51.